本书受如下项目资助：

吉林省教育科学"十二五"规划项目
（项目编号：GH11016）

东北师范大学青年学者出版基金资助
（中央高校基本科研业务专项基金资助）

东北师范大学哲学社会科学校内青年基金项目
（中央高校基本科研业务专项基金资助）
（项目编号：11QN020）

奕阳教育研究院2013年度青年学者学术研究项目
（资助档案编号：SEI-QXZ-2013-007）

3-5岁儿童自我调节各成分与其心理理论发展水平的关系

王元 著

中国社会科学出版社

图书在版编目（CIP）数据

3—5岁儿童自我调节各成分与其心理理论发展水平的关系/王元著.
—北京：中国社会科学出版社，2017.1
ISBN 978 – 7 – 5161 – 9862 – 9

Ⅰ.①3…　Ⅱ.①王…　Ⅲ.①儿童—心理健康—健康教育
Ⅳ.①G444

中国版本图书馆 CIP 数据核字（2017）第 038094 号

出 版 人　赵剑英
责任编辑　刘　芳
责任校对　王　斐
责任印制　李寡寡

出　　　版　中国社会科学出版社
社　　　址　北京鼓楼西大街甲 158 号
邮　　　编　100720
网　　　址　http://www.csspw.cn
发 行 部　010 – 84083685
门 市 部　010 – 84029450
经　　　销　新华书店及其他书店

印刷装订　北京鑫正大印刷有限公司
版　　次　2017 年 1 月第 1 版
印　　次　2017 年 1 月第 1 次印刷

开　　本　710×1000　1/16
印　　张　12.5
插　　页　2
字　　数　205 千字
定　　价　56.00 元

谨以此书献给我的父亲。

The reason I forgive you is because you are not perfect. You are imperfect, and so am I. All humans are imperfect, even the man outside my apartment who litters. When I was young, I wanted to be anybody but myself. ⋯ He said I would have to accept myself, my warts and all, and we don't get to choose our warts. They are part of us and we have to live with them. We can, however, choose our friends and I am glad I have chosen you.

摘自电影 Mary and Max

序

　　随着现代社会的发展逐渐加快，个体在社会中扮演的角色日益多面化，随之而来的压力也可想而知。作为与个人内心世界直接相关的学科，心理学将目光直接对准了"自我调节"（self regulation），以期从个体内部找到面对问题时的解决方案。自我调节是由自我引发的一种具有目标指向性、反馈性的行为。有研究指出，以冷自我调节——执行功能为代表的一系列变量，在对个体未来学业成就、事业发展，乃至身心健康等方面，都有较好的预测作用，其预测效力远远强于智力测验分数。可见，这一系列心理学研究具有较高的研究价值和较强的现实意义。王元博士的这部著作正是在这样的研究背景下展开的。

　　王元博士选择的切入点显示了她在理论应用层面上的前瞻性与实践性。本书以自我调节为核心变量，关注的对象是幼儿群体，使研究具有更为长远的基础性意义。同时，自我调节与幼儿社会化之间以"心理理论"（theory of mind）为连接点。心理理论是个体能够认识自己和他人的心理状态的能力，在个体社会性发展中是不可或缺的社会性认知成分。自我调节与心理理论，一个是向内追求自主性的过程，另一个是向外寻求与他人实现相互理解的过程，二者是否可以建立内在的功能联系呢？作者认为，首先，在发展时序上自我调节与心理理论在幼儿期的发展都是非常迅速的；其次，二者的功能脑区存在着交叉，即二者共用前额叶（prefrontal cortex）的广大皮层，说明在神经基础上二者是存在必然联系的；最后，在自闭症谱系人群身上，可见二者的功能减退甚至丧失。因此，关注二者的关系，寻找二者的因果联系，是具有逻辑合理性的。

　　本书对自我调节的理论结构、心理理论两成分模型的合理性进行了因素分析。在求解二者相关后，进一步通过改变心理理论任务范式中的自我调节成分难度，探索自我调节对心理理论的影响。具体操作过程则显示了作者丰富的研究思路与创新性。通过研究发现，自我调节对心理理论的影响主要发生在认知调节和行为调节两个自变量层面上。具体来说，是工作记忆和抑制控制在共同影响着幼儿心理理论的发展水平。作者对自我调节各成分的划分具有新意。对心理理论的测量并没有简单采用经典错误地点范式，而是将心理理论中情绪与认知成分进行分离，丰富了心理理论研究的范式选择，创造性地将自我调节的子成分从心理理论范式中剥离出来，并进行系统操纵，巧妙地完成了对二者因果关系的探寻。

赘述了许多，一方面是我个人在指导王元博士论文的阶段，对自我调节领域逐渐产生了一定的兴趣；另一方面也是想通过这寥寥数语，为读者勾勒出本书的完整图景。希望读者可以借由本书一窥自我调节研究领域的端倪，进一步了解认知发展领域的研究工作。

作为王元博士在硕士阶段和博士阶段的导师，我了解她对认知发展领域研究的热忱，更支持她在发展心理学这条道路上继续前进。今天，她已经成为我的同事、助手，与我一起专门从事发展心理学的教学和科研事业，在儿童发展研究中心的小小舞台上共同燃烧着我们对儿童、对发展心理学的全部热情。希望，在不可抗拒的岁月流逝中，我们对发展心理学的热爱始终纯粹而永恒；更希望，每一代发展心理学人都能不忘初心、不悔初衷，将这小小的火炬传递下去，温暖每一个人，温暖这个社会。

张向葵

2016 年 8 月 8 日于东北师范大学儿童发展研究中心

目　录

第一章 引言

自我调节（self regulation）被心理学家看作是一种由自我引发的，具有目标指向性、反馈性的行为，它是人类努力改变自己内部状态或行为反应的尝试，也是个体主观能动性的集中体现。自我调节概念的提出，有其积极的意义。向外延展开来，自我调节是宇宙动态平衡的一种表现形式，上至生态平衡、下至生物体细胞代谢，无不在追求自身的平衡。从拓宽领域来看，中华五千年文化立中庸、取阴阳之道，人寻求与自然、与他人、与宗教的相容相依，也是通过动态的调节来实现平衡的。回归人本身而言，平衡既可以在有机体生理层面实现，也能够在心理层面实现，即追求心理的平衡——自我调节。自我调节作为人类主观能动性的力量，对人类的生存和发展有不可估量的影响。

自我调节作为自我系统中意志的表现形式，是各种心理机能发挥作用的动力因素。进化论指出，物种种系内部任一重要特性的保存，是因为该特性有利于这一种系的生存，因而得以保留。自我调节使得人类能够跳脱动物属性，适应在不同文化环境中千差万别的社会和道德规范，以积极适应人类社会环境。这从根本上促进了人生成其社会文化属性，使人成为不同于其他生物的"智慧物种"。Vohs 和 Baumeister 就提到，自我调节是人的动物性向社会文化性转变的必要因素。[1] 从这个意义上来说，自我调节在个体身上实现了动物性与社会性的统合、生物进化与文化传承的综合。

自我调节的研究始于 20 世纪 80 年代，其中自我调节学习、自我管理和自我控制的研究占据了很大的比例。在教育心理学中，自我调节被应用于学习领域，以自我调节式学习的研究为代表；在人格心理学领域，自我

---

[1] Vohs K. D. and Baumeister R. F. , *Handbook of self regulation: research, theory, and applications*, New York: Guilford, 2004.

调节作为人格的一个稳定特质出现，以自我控制研究居多；在心理健康领域，自我调节与有效的自我管理结合起来，成为新的热点。但随着自我调节研究的日益丰富，从既有形态的研究逐步发展为对塑造和建构过程的研究。在个体的毕生发展中，童年早期被认为是自我调节发展的关键阶段。这是因为，在这一时期个体的自我调节从出生时仅具备对刺激和觉醒状态的有限的控制能力，快速发展为能够按照自己和社会的期许，采用一定的认知策略，调控注意、认知、冲动、情绪、行为的一个相对高的水平，其变化的速度快，变化范围较大。因此，自我调节能力的发展被认为是儿童早期心理发展的最高成就之一。[①]

个体的自我调节能力好坏不仅关系到个人的成长与适应，甚至能够产生社会问题。例如，有人把工作积压到最后的"deadline"才仓促处理，这是认知调节不良引发的拖延行为；有人一身赘肉却仍不采取行动减重，这是行为调节不良而导致的健康问题；有人容易与他人发生口角引发恶性犯罪，这是情绪调节不良导致的攻击性行为；有人薪水优渥却仍旧"月光"，这是需要动机调节不良导致的过度消费。在不同心理层面展现的自我调节能力，是可以直接影响个体生活质量和生存状态的。只要每个人能够发挥自我调节的积极效用，就能够主导动态平衡的过程，反之则会陷入随波逐流，被环境和他人所左右的被动局面，丧失主动性。因此，自我调节是人类心理与行为的基础与核心，其发展水平能够从根本上影响人类社会的有序发展。

自我调节是个体实现有意识干预平衡的心理机制，这种有意识的干预既可以指向物理世界，也可以指向精神世界。在指向精神世界的路径上，又根据自我调节的结果是指向个体自身还是个体周围的他人，区分为影响对自我的认识和对他人的认识。个体能够认识自己和他人的心理状态的能力即心理理论（theory of mind）。因此，如果要建立自我调节对精神世界的平衡的有意识干预，首要的就是建立自我调节与心理理论之间的联系。

自我调节与心理理论存在密切联系的理论性推演可分为以下三个层面。首先，自我调节是基因、早期经验和成人作用间相互作用的重要的调

---

① Eisenberg N., Spinrad T. L. and Fabes R. A., et al., "The relations of effortful control and impulsivity to children's resiliency and adjustment", *Child Development*, Vol. 75, No. 1, 2004.

节因素。^① 从心理理论的获得过程来看，它是一个个体由关注自我走向关注社会的过程，是心智走向成熟的必由之路。儿童获得心理理论，正是先天、后天因素动态作用共同铸就的，自我调节的监控机制保障儿童能够关注内部外部环境的差异，而操作机制则实现了对差异的分析、处理，最终使得自我调节以心理理论的能力为基础之一，实现主动调节和干预心理层面平衡的功能。因此，自我调节机制可能会是影响心理理论发展的一个重要的因素。

其次，自我调节和心理理论都处于自我与外部环境的相互作用区域。自我调节是依据外部规则改善自身状态，以适应社会和物理环境的过程；心理理论是以理解他人心理为基础的理解外部社会的过程，目的也是为了更好地适应社会环境。二者都是为了实现主客体的协调而产生的，都类似于"中介"，同时服务于内外两大系统。因此，自我调节与心理理论在功能水平上是类似的。

最后，心理理论的模拟论认为，个体是通过模拟自我的心理状态，借以体验他人的心理活动的。这种类比并不代表着自我与他人的心理状态是等价的，因为人和人之间必然存在着或多或少的差异。因此，如果要正确理解他人的心理，必须要有条件地抑制模拟自我的优势性反应趋向，即控制趋同倾向，认识到他人与自我的差异，心理理论的错误信念任务正是基于这种逻辑设计的。自我调节的抑制功能所起的作用就是抑制优势反应，激发非优势反应。^② 这就意味着，基于模拟论的观点，自我调节与心理理论二者在机制上都必须有抑制的参与。这一推论得到了执行功能与心理理论关系研究的支持。^③

心理理论的获得是个体在童年期的另一项非常重要的成就。有人曾做过这样一个浪漫的比喻——儿童认识自我与现实间差异的过程，如同哲学家毕生致力于探索思想与现实的关系问题。当然，哲学家是为了追求真理而苦苦探索，而儿童所付出的努力只是为了通过区分行为的目的性，达到

---

① Fonagy P. and Target M. , "Early intervention and the development of self – regulation", *Psychoanalytic Quarterly*, No. 22, 2002.

② Posner M. J. and Rothbart M. K. , "Developing mechanisms of self regulation", *Development and psychopathology*, No. 12, 2000.

③ Carlson S. M. , Moses L. J. and Breton C. , "How specific is the relation between executive function and theory of mind? Contributions of inhibitory control and working memory", *Infant and Child Development*, No. 11, 2002.

解释甚至预测他人行为的效果，使自己更利于适应社会生活。对儿童来说，心理理论的存在是具有生物进化意义的。儿童获得心理理论后，不断地获得非自我指向的信息，逐渐将外部社会或道德规范内化为个体观念，丰富着个体的心理世界。人逐渐从自己的小世界走入了人生的大舞台，形成了相对成熟的全局性视角，对自身认知、行为和情绪的控制更为精准恰当，对交往尺度拿捏得更为合理。而自我调节以这种视角为支持，通过其主动性机制实现最终的人类特性的发挥，即克服动物性走向文明性，实现有意识主导或引导作用，建立人在宇宙中的能动地位，诠释人类发展的特殊价值性。

因此，本书将人的向内调控和向外探索他人心理世界创造性地结合起来，通过文献梳理和实证研究，尝试描绘出在人类生命早期，两项重要的心理发展成就的变化趋势和内在联系，以期深入挖掘儿童早期个体心理变化的适应意义和丰富的价值。

第二章　研究综述与问题提出

第一节　自我调节

一　自我调节基础概念辨析

（一）自我调节与自我控制概念的辨析

如引言所述，自我调节（self regulation）既指向有机体的物理环境又指向其心理环境。指向物理环境的自我调节，是具有生物学意义的概念，是有机体通过缩小自身与外界环境差异，实现自身平衡状态的一种功能。指向心理环境的自我调节则是借助于心理过程，缩小个体与环境间差异，实现心理平衡的功能。可见，所谓调节（regulation），是减少内外环境差异的方式，既包括控制（control），也包括激活（arousing）、调整（adjustment）、维持（maintaining）乃至适应（adaptation）。[①] 因此，自我控制（self - control）是自我调节的一个下位概念。

理论上，自我调节中的个体差异与其他领域存在相关。Blair 假设，在情绪调节上存在困难的儿童可能行为或者认知调节上表现欠佳。[②] 在执行功能和行为控制影响情绪调节的方面，Kopp 有关自我控制发展性研究[③]较具代表性，其研究关注的是自我控制与自我调节在发展时间和形态、功能上的差异等一系列问题。Kopp 指出，从发展的时间来看，自我

① Moilanen K. L. , "The adolescent self - regulatory inventory：The development and validation of a questionnaire of short - term and long - term self - regulation", *Journal of Youth and Adolescence*, No. 36, 2007.

② Denham S. A. , Blair K. A. , DeMulder E. , Levitas J. , Sawyer K. , Auerbach - Major S. and Queenan P. , "Preschool emotional competence：Pathway to social competence?", *Child Development*, Vol. 74, No. 1, 2003.

③ Kopp C. B. , "Antecedents of self - regulation：A developmental perspective", *Developmental psychology*, Vol. 18, No. 2, 1982.

控制在 2 岁左右出现，而真正意义上的自我调节能力要在 3 岁以后才会发展起来；从发展的形态来看，儿童在 2 岁前甚至没有出现真正的自我控制能力。具体来说，儿童在 2—3 个月时只能实现对自身生物属性的控制，即"调控"自身的清醒状态和先天的反射行为；到 3—12 个月时，随着儿童的感知运动的复杂化、精细化，对感知动作"调控"成为主要的调控形式。在这两个时期，自我控制或自我调节的初级形态，都是以"调控"动作为主的；这同时表明，在自我调节的发展中行为调节能力的发展是最早的。在 1—2 岁阶段，儿童从行为控制到自我控制的发展，要经历一个外部控制阶段。在这一时期，儿童逐渐能够意识到外部的社会性刺激，而开始有意识地根据社会性刺激控制自身行为，具体表现为出现了顺从行为（compliance）。但由于这时儿童记忆、心理表征等认知能力水平较低，所以"调控"还需要借助来自外部的支持。而到了儿童 2 岁时，由于记忆和表征能力的发展，自我控制脱离了外部支持，以顺从、延迟行为、有意控制和独处时遵从社会期许的形式正式出现。3 岁以后，自我控制发展为自我调节，即儿童能够进行反省和使用策略；从发展的功能来看，自我控制和自我调节的区别是量变关系而非质变关系，二者的共性是均依赖于记忆和表征能力的发展而发展；区别是自我控制较自我调节缺乏依环境和刺激变化而灵活调整的适应性（adaptation），而自我调节则因元认知、反省等高级认知能力的成熟[1]而更具普适性。

根据上面对自我控制和自我调节的概念性与发展性辨析，以本书实证研究的年龄样本为基础（3—5 岁儿童），全书将采用自我调节的概念，而不再使用自我控制，在下文中用以分析儿童在这一时期的自我"调控"能力的特点。

（二）有代表性的自我调节概念辨析

心理学领域关于自我调节的研究由来已久，但由于涉及的心理学分支领域众多，因此造成了自我调节研究出现了两种情况：一是概念混用，如有关自我调节的研究涉及的核心性概念有——执行功能、努力控制、自我调节、认知调节、社会情绪调节、行为调节、延迟满足等多个概念，出现了大量交叉、重复的问题。二是自我调节概念被扩展得越来越大，不同分支研究，如人格、心理健康和教育心理学关注的自我调节研究主题差异

----

① Flavell J. H. , *Cognitive development*, N. J.：Prentice - Hall, 1977.

较大。

1. 自我调节概念界定的原则

（1）概念适用于研究对象。

（2）自我既是调节的主体，也是调节的客体。

（3）概念的操作定义能够反映出研究对象的适应性。

（4）概念不能局限于单一能力领域，但也不能过宽过大。

2. 有代表性的自我调节概念

（1）Fonagy 等人的观点：自我调节是遗传倾向性、早期经验和成人作用的关键中介变量，是儿童控制对压力的反应、维持注意、解释自我与他人心理状态的能力。[1]

（2）Rothbart 的观点：选择从气质角度分析自我调节，认为自我调节是除了反应性外，儿童的另一个稳定的气质特性，是调节反应性的过程，是依环境需求调整个体自身行为、情绪的过程。[2]

（3）Baumeister 的观点：把自我调节看作是个体激发、调节、中断、终止或改变行为，以达成个人目标、标准或计划的过程。[3]

（4）Calkins 的观点：自我调节是一个多维结构，包括控制目标指向行为的认知、动机、情绪、社会性和生理过程。[4]

（5）Carlson 的观点：自我调节是一个复杂的概念，包括对情绪、动机、认知（如注意）、社会交往和行为的调节。[5]

（6）Moilanen 的观点：自我调节是一种个体自内而外的指向性的有意行为。[6]

---

[1]　Fonagy P. and Target M. , "Early intervention and the development of self - regulation", *Psychoanalytic Quarterly*, No. 22, 2002.

[2]　Rothbart M. K. and Bates J. E. , *Temperament*, In Damon W. and Eisenberg N. , *Handbook of child psychology*：*Vol. 3. Social, emotional, personality development*, New York：Wiley, 1998.

[3]　Baumeister R. F. , Stillwell A. M. and Heatherton T. F. , "Guilt：An interpersonal approach", *Psychological Bulletin*, Vol. 115, No. 2, 1994.

[4]　Calkins S. D. and Fox N. A. , "Self - regulatory processes in early personality development：A multilevel approach to the study of childhood social withdrawal and aggression", *Development & Psychopathology*, Vol. 14, No. 3, 2002.

[5]　Karoly P. , "Mechanisms of self - regulation：A systems view", *Annual Review of Psychology*, No. 44, 1993.

[6]　Moilanen K. L. , "The adolescent self - regulatory inventory：The development and validation of a questionnaire of short - term and long - term self - regulation", *Journal of Youth and Adolescence*, No. 36, 2007.

（7）Kopp 的观点：将自我调节看作是有目的的对内部线索、环境刺激和他人反馈，灵活地激活、监控、抑制、维持或适应个体行为、注意、情绪和认知策略的能力。①

Fonagy 提出的概念侧重于对认知的调节；Rothbart 的观点是从气质角度强调对个体生物性属性（反应性）的调节；Baumeister 关注于有目的的行为的调节；Calkins、Carlson 和 Kopp 的观点基本覆盖了自我调节研究的主要内容，包括认知、动机、情绪、行为四个方面的调节；Moilanen 的观点范围过宽，不具有操作性。从以上界定可以看出，当前有关自我调节研究基本上是从认知、动机、情绪和行为四个角度展开讨论的。故本书综合 Carlson 和 Kopp 的观点。同时，作者认为根据自我调节与自我控制的关系辨析，自我调节不仅包括控制功能，还应包括激活、维持、调整和适应等作用。因此，本书将自我调节界定为——个体有目的、有策略地对自身认知、情绪、动机和行为进行激活、控制、调整和维持的过程。即自我调节的基本构成要素至少包括对认知、情绪、动机和行为的调节，调节的功能不仅限于控制，还包括激活、调整和维持等适应性功能。

二 自我调节的相关概念辨析

通过对自我调节概念的剖析，可以注意到自我调节的概念与传统的执行功能概念存在着密切的联系；基于发展研究的努力控制概念，在一些文献中与自我调节概念出现混同；在延迟满足与自我调节的研究中，延迟满足常作为自我调节的常用研究范式出现②，而自我调节在以延迟满足为研究范式的 willpower 理论模型中充当两类成分的调节因素。③ 因此，有必要对这些概念逐一说明并比较异同，同时对自我调节的各个子成分加以简要说明。

（一）执行功能（executive function）

在与自我调节概念经常发生混用的几个概念中，执行功能与神经心理学关系更为密切。执行功能概念的提出就是源于对前额叶（prefrontal cor-

---

① Kopp C. B., "Antecedents of self - regulation: A developmental perspective", *Developmental psychology*, Vol. 18, No. 2, 1982.

② Ibid. .

③ Metcalfe J. and Mischel W., "A hot/cool - system analysis of delay of gratification: dynamics of willpower", *Psychological Review*, Vol. 106, No. 1, 1999.

tex）损伤病患的神经心理学研究。

执行功能的脑区分布主要集中于前额叶皮层区域。解剖学将大脑皮层分为额叶、顶叶、颞叶、枕叶四个脑区。四个脑区中发展最晚、承担功能最为庞杂的就是额叶（frontal cortex），它大约占皮层总面积的40%，位置约在大脑的前端。额叶又可再分为初级运动皮层、前运动皮层、前额部和额叶底内侧。这里谈到的前额叶就是前额部与额叶底内侧的总称。前额叶包含的区域很大，有额叶凸面、内侧面、额叶底面和眶回。前额叶损伤往往会造成如计划、认知灵活性、概念形成、动作监控、抑制等方面的功能损伤，其中损伤对抑制功能的影响最为严重。事实上，虽然执行功能的提出是源于前额叶损伤研究，但前额叶损伤不一定会造成执行功能的完全丧失，这是因为执行功能还涉及其他的脑区，如边缘系统。在早期执行功能研究中，研究者从损伤所引起的功能失调出发，认为执行功能是计划、概念形成、认知灵活性、动作监控、抑制等功能的统合心理成分。但是，随着心理学对执行功能的广泛关注，已经出现了许多有针对性的理论界定。其中以抑制控制（inhibitory control）论[1][2]、工作记忆（Working Memory，WM）论[3]、抑制控制和工作记忆混合理论[4]以及新近盛行的冷热执行功能划分方式[5]最具代表性。

1. 抑制控制论视角下的执行功能

该理论认为执行功能等同于其核心成分——抑制控制。所谓抑制控制，是为了达成当前目标，抑制无关刺激的能力。[6] 基于抑制控制论的执行功能是狭义的，执行功能的作用在于解决目标指向问题，问题解决的全

---

① Carlson S. M., Moses L. J. and Hix H . R., "The role of inhibitory processes in young children's difficulties with deception and false belief", *Child Development*, Vol. 69, No. 3, 1998.

② Dempster F. N., "The rise and fall of the inhibitory mechanism: Toward a unified theory of cognitive development and aging", *Developmental Review*, Vol. 12. No. 1, 1992.

③ Roberts R. J. and Pennington B. F., "An interactive framework for examining prefrontal cognitive processes", *Developmental Neuropsychology*, Vol. 12, No. 1, 1996.

④ Diamond A., "Neuropsychological insights into the meaning of object concept development", In Carey S. and Gelman R., *The epigenesis of mind: Essays on biology and cognition*, Oxford: Blackwell Publishers, 1991.

⑤ Zelazo P. D. and Müller U., "Executive function in typical and atypical development", In Goswami U., *Handbook of Childhood Cognitive Development*, Oxford: Blackwell Publishers, 2002.

⑥ Rothbart M. K. and Posner M. I., "Temperament and the development of self regulation", In Hartledge H. and Telzrow C. R., *Neuropsychology of Individual Differences*, New York: Plenum, 1985.

程还包括一系列不同的认知过程，如计划、工作记忆、监控、矫正等；①② 此外对执行功能的因素分析结果也表明，执行功能具有多个维度。③ 目前，抑制控制的研究范式在执行功能发展研究中得到了广泛应用，④ 以抑制控制为主的研究范式也陆续出现在执行功能发展研究中。

2. 工作记忆论视角下的执行功能

Baddely 提出的工作记忆模型将执行功能与工作记忆进行了创造性的结合，⑤ 这大大扩展了执行功能的适用范畴，因此，有的研究者也认为低水平执行功能与工作记忆容量有限有直接关系。⑥ 有研究表明工作记忆对多种认知能力均有重要作用，⑦⑧⑨ 即工作记忆对个体心理过程具有普适性影响，那么采用工作记忆机制来说明执行功能的特性就不具有概念的独立性了，当前更多的研究是将刷新（updating）与工作记忆结合来说明执行功能的。⑩ 因此，该理论存在的问题是将执行功能等同于工作记忆，削减了执行功能的有效作用成分。

3. 抑制控制与工作记忆混合论视角下的执行功能

该理论被称为高级认知能力理论，认为执行功能应包括抑制控制和工

---

① Zelazo P. D. and Müller U. , "Executive function in typical and atypical development", In Goswami U. , *Handbook of Childhood Cognitive Development* , Oxford: Blackwell Publishers, 2002.

② Huizinga M. , Dolan C. V. and van der Molen M. W. , "Age – related change in executive function: Developmental trends and a latent variable analysis", *Neuropsychologia* , Vol. 44 , No. 11 , 2006.

③ Carlson S. M. and Wang T. S. , "Inhibitory control and emotion regulation in preschool children", *Cognitive Development* , Vol. 22 , No. 4 , 2007.

④ Ibid. .

⑤ Baddeley A. D. and Hitch G. J. , "Working memory", In Bower G. , *The psychology of learning and motivation* , Vol. 8 , New York: Academic press, 1974.

⑥ Rothbart M. K. and Posner M. I. , "Temperament and the development of self regulation", In Hartledge H. and C. R. Telzrow, *Neuropsychology of Individual Differences* , New York: Plenum, 1985.

⑦ Nobre A. C. , Coull J. T. and Maquet P. , et al. , "Orienting attention to locations in perceptual versus mental representations", *Journal of Cognitive Neuroscience* , Vol. 16 , No. 3 , 2004.

⑧ Capon A. , Handley S. and Dennis I. , "Working memory and reasoning: An individual differences perspective", *Thinking and Reasoning Volume* , Vol. 9 , No. 3 , 2003.

⑨ Fedorenko E. , Gibson E. and Rohde D. , "The nature of working memory capacity in sentence comprehension: Evidence against domain – specific working memory resources", *Journal of Memory and Language* , Vol. 54 , No. 4 , 2006.

⑩ Welsh M. C. and Pennington B. F. , "Assessing frontal lobe functioning in children: Views from developmental psychology", *Developmental Neuropsychology* , Vol. 4 , No. 3 , 1988.

作记忆等认知元素,① 因此执行功能兼具了抑制无关反应和实时保持信息的双重属性。已有研究发现,抑制控制与工作记忆可能是执行功能的核心要素。②③ 抑制控制是影响工作记忆的重要因素,④ 因此如何说明两者在执行功能中的关系,以及如何发挥作用可能是执行功能研究亟待解决的问题。

从以上几种代表性观点中不难看出,执行功能的概念仍旧是存在很大争议的。但从其生理基础来看,执行功能的功能性脑区还是明确的。它主要依赖的是前额叶皮层,以及其他皮层和皮层下结构。具体来说,是背外侧前额叶皮层、眶额叶、前扣带回和基底神经节等额叶—纹状体环路,以及小脑等结构。⑤ 执行功能发挥的多种作用是不同脑区协作的结果。⑥

4. 冷热执行功能理论

目前,在执行功能领域渐热的理论是由 Zelazo 等人提出的冷热执行功能。该理论认为,执行功能在现实生活中所面临的不仅是纯粹的"冷"认知问题,更多的是涉及情绪情感的"热"认知。因此,根据是否有情绪情感成分、脑功能定位和任务性质等因素,将执行功能划分为冷执行(cool executive function)和热执行(hot executive function)。⑦从情绪情感卷入来看,冷执行功能隶属于无动机和情绪卷入的认知,而热执行功能有情绪的参与;从脑功能定位来看,冷执行功能的功能定位在背外侧前额叶

---

① Diamond A., "Neuropsychological insights into the meaning of object concept development", In Carey S. and Gelman R., *The epigenesis of mind*: *Essays on biology and cognition*, Oxford: Blackwell Publishers, 1991.

② Carlson S. M., Moses L. J. and Breton C., "How specific is the relation between executive function and theory of mind? Contributions of inhibitory control and working memory", *Infant and Child Development*, Vol. 11, No. 2, 2002.

③ Hala S. and Hug S., "Executive function and false – belief understanding in preschool children: Two tasks are harder than one", *Journal of Cognition and Development*, Vol. 4, No. 3, 2003.

④ 王敬欣、沈德立、张阔:《抑制能力与工作记忆能量的相关研究》,《心理科学》2003 年第 26 卷第 6 期。

⑤ Karatekin C. and Lazareff J. A., "A Samow R F. Relevance of the cerebra hemispheres for executive functions", *Pediatic Neurology*, Vol. 22, No. 1, 2000.

⑥ 王勇慧等:《执行功能与注意缺陷多种障碍》,《中华精神科杂志》2002 年第 35 卷第 2 期。

⑦ Zelazo P. D. and Müller U., "Executive function in typical and atypical development", In Goswami U., *Handbook of Childhood Cognitive Development*, Oxford: Blackwell Publishers, 2002.

皮层，而热执行功能的脑区定位于眶前额叶皮层；从任务性质来看，冷执行功能多采用威斯康辛卡片分类测验（Wisconsin card sorting test）、停止信号任务（stop signal task）、Stroop 类任务、问题解决任务等研究范式，而热执行功能则采用延迟满足、儿童博弈任务和反向择物任务等实验任务。① 这种界定方式与 Mischel 等提出的冷热系统理论②相呼应，但仍旧无法克服与心理理论、情绪调节等概念的混用、包含、交叉等问题。③

5. 高级认知理论

该理论把执行功能定义为一种更高级的认知机制或能力，认为执行功能是一种认知模型，它由效应器的输出元素组成，具体包括抑制、工作记忆、作出反应所必需的组织策略等。④ 该观点仅仅对执行功能所包含的成分进行了简单罗列，并未对执行功能的获得过程，执行功能各成分之间存在的功能关系等实质性问题进行说明。与此相对，Zelazo 等认为需要做的是抓住执行功能所包含的复杂过程的多样性，并描述这些复杂过程的特征，而不仅仅是列举这些过程。⑤

6. 认知复杂性及控制理论（CCC 理论）

该理论打破了将执行功能看作一种认知机制或结构的观点，直接根据执行功能的结果出发，把执行功能定义为一种功能。执行功能的结果就是经过深思熟虑的把问题解决。基于这种框架，他们将执行功能定义为一个宏观的概念，包括四个时间上相继、功能上不同的方面：问题表征、计划、执行和评价。其中计划包括形成意向和规则使用两个子步骤，评价包括错误觉察和错误修正两个子步骤。根据 CCC 理论，规则复杂性使用的核心是解释儿童执行功能发展。他们认为儿童随年龄的增长，得到更复杂的规则，对思想意识的控制加强，从而表现出更强的控制力。比如 2.5 岁

---

① Rothbart M. K., Ahadi S. A. and Hershey K. L., et al., "Investigations of temperament at three to seven years: the children's behavior questionnaire", *Child Development*, Vol. 72, No. 5, 2001.

② Metcalfe J. and Mischel W., "A hot/cool – system analysis of delay of gratification: dynamics of willpower", *Psychological Review*, Vol. 106, No. 1, 1999.

③ 李红、高山、王乃弋：《执行功能研究方法评述》，《心理科学进展》2004 年第 12 卷第 5 期。

④ Rothbart M. K. and Posner M. I., "Temperament and the development of self regulation", In Hartledge H. and TelzrowC. R., *Neuropsychology of Individual Differences*, New York: Plenum, 1985.

⑤ Zelazo P. D. and Cunningham W. A., "Executive function: Mechanisms underlying emotion regulation", In Gross J. J., *Handbook of emotion regulation*, New York: Guilford, 2007.

的儿童只能使用单一的一级规则，3 岁儿童能对一级规则进行整合，4 岁以上儿童能利用二维合取规则。CCC 理论的规则复杂程度为我们测量儿童执行功能的发展状况提供了一个客观依据，但它不能解释为什么有的时候，具有相同合取规则结构的任务会在儿童中引起不同程度的困难。

（二）努力控制（effortful control）

如果说执行功能是神经生理学层面的自我调节成分，那么努力控制就是气质层面的自我调节成分。努力控制作为一个气质因素是通过执行性注意与神经系统功能发生联系的。[①] 努力控制是 Rothbart 在前后两次对儿童气质的研究数据和理论进行整合的过程中形成的。努力控制是第一次整合的产物，而第二次整合的结果就是将自我调节界定为儿童气质的一个稳定的维度。[②] 在基于儿童行为问卷的因子分析中，Rothbart 将气质析成外倾性（extraversion）、负性情绪（negative affectivity）和努力控制三个维度。其中，努力控制代表了原有 15 个因子中的低愉悦度（low intensity pleasure）、微笑/大笑（smiling/laughter）、抑制控制、知觉敏感性（perceptual sensitivity）和注意控制（attentional control）。[③]

Rothbart 认为气质是由反应性和自我调节两个维度构成的，其中的反应性是情绪、行为和注意三大维度反映出的个体生物属性，而自我调节是气质维度中个体的适应性表现。她指出，努力控制是自我调节的核心性和代表性成分，因此在其研究中，仍以努力控制作为自我调节的测量指标。[④] 狭义的努力控制是"一种抑制优势反应，以执行次级反应的能力"[⑤]，其测量指标通常包括代表注意调节的注意控制和代表行为调节的抑制控制。广义的努力控制是"执行功能发展的产物，是为了实现激活非优势反应、计划和侦测错误的目的，而抑制优势反应的能力"[⑥]，包括

---

① Posner M. I. and Rothbart M. K., "Attention, self - regulation and consciousness", *Philosophical Transactions of the Royal Society*, Vol. 353, No. 1377, 1998.

② Rothbart M. K. and Bates J. E., "Temperament", In Damon W. and Eisenberg N., *Handbook of child psychology*: Vol. 3. *Social, emotional, personality development*, New York: Wiley, 1998.

③ Rothbart M. K., Ahadi S. A. and Hershey K. L., et al., "Investigations of temperament at three to seven years: the children's behavior questionnaire", *Child Development*, Vol. 72, No. 5, 2001.

④ Rothbart M. K. and Bates J. E., "Temperament", In Damon W. and Eisenberg N., *Handbook of child psychology*: Vol. 3. *Social, emotional, personality development*, New York: Wiley, 1998.

⑤ Ibid..

⑥ Jones L. B., Rothbart M. K. and Posner M. I., "Development of executive function in preschool children", *Developmental Science*, Vol. 6, No. 5, 2003.

觉察有计划行为、对有意控制的主观感受性、计划新行为、纠错、解决冲突等围绕抑制能力展开的相关能力。努力控制的脑功能定位也支持这一界定，即不同的努力控制任务均能激活皮层中与执行性注意相关的脑区。[1]作为执行性注意的一部分，努力控制包括对计划性行为的觉察，对思维和感受的有意控制的主观感受。[2]

其他研究者关于努力控制的研究侧重各有不同，Kochanska 采用的研究任务主要是延迟、放慢动作、抑制/激活反应、努力注意和低语;[3] 而 Eisenberg 的研究则关注注意控制和行为控制。[4] 可见，尽管研究方向有所差异，但是多数研究者都认同努力控制必须包含注意控制机制，同时也力图将努力控制由注意指向扩大为认知指向（包含注意，还包括其他成分），并将对行为的控制纳入进来。

（三）延迟满足（delay of gratification）

延迟满足是放弃当前利益，抑制个体满足即时需要的冲动，为实现未来目标而付出的努力，是针对需要动机的一种自我调节能力。延迟满足的理念最早出现在弗洛伊德有关个性结构的论述中，他认为自我对本我冲动的抑制过程，就是对满足即时需要的冲动的一种延宕。从适应角度来看，延迟满足是个体满足社会和道德规范，通过调节动机和需要指向，进而改变认知与行为的过程，其目的是使个体适应环境，得以生存发展。

Mischel 对延迟满足的研究具有开创性和系统性。他不但确立了延迟满足的经典研究范式，而且为延迟满足和自我调节研究中结构与成分的界定提供了富有创见的理论构架。他提出延迟满足的两阶段论——延迟选择和延迟维持。在延迟选择阶段，儿童要在当前可得的小奖励和延迟获得大礼物之间抉择；在延迟维持阶段，儿童必须要完成维持决定和抑制冲动两项任务，以最终获得更有价值的结果。如果能实现延迟满足，也就标志着儿童心理的成熟。

① Posner M. I. and Rothbart M. K., "Attention, self - regulation and consciousness", *Philosophical Transactions of the Royal Society*, Vol. 353, No. 1377, 1998.

② Posner M. J. and Rothbart M. K., "Developing mechanisms of self regulation", *Development and Psychopathology*, Vol. 12, No. 3, 2000.

③ Kochanska G., Coy K. C. and Murray K. T., "The development of self - regulation in the first four years of life", *Child Development*, Vol. 72, No. 4, 2001.

④ Eisenberg N., Spinrad T. L. and Fabes R. A., et al., "The relations of effortful control and impulsivity to children's resiliency and adjustment", *Child Development*, Vol. 75, No. 1, 2004.

这一思想发展成为经典的选择和等待范式。[①②③] Karniol 和 Miller 在此基础上进一步发展了延迟满足的结构，提出了维持后的一个新的阶段——延迟中止，即儿童对延迟奖励物的认知重评会随时间而产生变化，最终中止延迟行为。

他们还从延迟满足施加对象、发展时序等方面区分了自我延迟满足（Self – Imposed Delay of gratification，SID）和外加延迟满足（External – Imposed Delay of gratification，EID）。[④] 从施加对象上来看，自我延迟满足的施加对象是个体自主产生的，有选择的余地，Mischel 提出的选择和维持范式测量就是这种延迟满足能力。当由于外力作用而不得不出现延迟行为，个体失去了主动性，没有选择的机会，这种延迟就是外加的延迟满足。从发展时序上来看，自我延迟满足行为的出现晚于外部延迟满足行为。外部延迟满足情境更适合测量 3 岁以前的儿童，这是因为外部延迟满足情景体现出的是一种不完全的或不成熟的延迟满足能力，并非真正形态的延迟满足。当个体的认知能力和独立于外部支持的延迟行为出现时，才能认为个体获得了延迟满足的能力。

在延迟满足理论研究中，目前最具影响力和洞见力的理论之一即冷热系统理论。冷热系统包括一个冷认知系统和一个热情绪系统：冷认知系统具有认识能力，较热情绪系统更为复杂，是具有思维分析能力的，其反应相对较慢、发展也晚于热情绪系统，是自我控制性质的；热认知系统是情绪性的、较为简单、对刺激会不经过认知过程直接做出反应、发展较早、受刺激的控制，易于在压力下出现激化反应。[⑤] 二者的相互作用会影响自我调节的过程和结果。[⑥] 理论假设冷认知系统的脑功能定位在额叶和海马，即执行功能等认知能力和记忆的皮层区域；而热情绪系统的主要脑区是杏仁核。

---

① Mischel W. , "Theory and research on the antecedents of self – imposed delay of gratification", In Maher B. , *Progress in experimental personality research* (*Vol.* 3), New York: Academic Press, 1966.

② Mischel W. , "Process in delay of gratification", In Berkowitz L. , *Advances in experimental social psychology* (*Vol.* 7), New York: Academic Press, 1974.

③ Karniol and Miller, "The development of self control in children", In Brehm S. , Kassin S. and Gibbons F. , *Developmental Social Psychology*, New York: Oxford University Press, 1981, pp. 32 – 50.

④ Ibid.

⑤ Carlson S. M. , Moses L. J. and Hix H. R. , "The role of inhibitory processes in young children's difficulties with deception and false belief", *Child Development*, Vol. 69, No. 3, 1998.

⑥ Ibid.

冷热系统的平衡受到压力、年龄等多种因素的影响。当个体处于压力状态下，压力过大或有压力出现了强烈的负性情绪，都会使得平衡被打破，热情绪系统占据上风。自我调节要通过调节冷认知系统的强度，抑制热系统唤起的行为反应。根据以往对情绪调节和认知调节的相关研究，有效的抑制行为与良好的情绪调节能力是密切相关的。[1] 从执行功能的发展研究来看，儿童从3—4岁开始冷认知系统（以执行功能为代表）发展日趋成熟。[2][3][4][5][6][7] 而热情绪系统也有一定程度的发展。[8] 冷系统的先行发展，确保了能有效控制热情绪系统。冷、热系统理论的设想解决了延迟满足任务中认知与情绪动态平衡的问题，且为自我调节的成分划分提供了创见，但仍缺乏实证研究的支持。

（四）执行功能、努力控制、延迟满足与自我调节的联系和区别

1. 执行功能、努力控制、延迟满足的辨析

（1）执行功能与努力控制的辨析

Rothbart 等将努力控制定义为执行功能发展的产物，包括抑制和激活的双重作用。[9] 根据这个定义，努力控制是执行功能的一种高级形式，能够体现执行功能的一个重要的功能——抑制。执行功能与努力控制是自我调节在神经生理和心理学、人格研究中的不同用法，都体现出了自我调节的作用。二者的区别在于，执行功能必须付出更多的意志努力，必须是有

① Carlson S. M. and Wang T. S., "Inhibitory control and emotion regulation in preschool children", *Cognitive Development*, Vol. 22, No. 4, 2007.

② Zelazo P. D. and Müller U., "Executive function in typical and atypical development", In Goswami U., *Handbook of Childhood Cognitive Development*, Oxford: Blackwell Publishers, 2002.

③ Hala S. and Hug S., "Executive function and false-belief understanding in preschool children: Two tasks are harder than one", *Journal of Cognition and Development*, Vol. 4, No. 3, 2003.

④ Carlson S. M., "Developmentally sensitive measures of executive function in preschool children", *Developmental Neuropsychology*, Vol. 28, No. 2, 2005.

⑤ 张文静、徐芬：《3—5岁幼儿执行功能的发展》，《应用心理学》2005年第11卷第1期。

⑥ 张婷等：《不同维度的执行功能与早期心理理论的关系》，《心理学报》2006年第38卷第1期。

⑦ 廖渝、吴睿明、Zelazo P. D.：《意外地点任务中不同测试问题及意图理解与执行功能的关系》，《心理学报》2006年第38卷第2期。

⑧ Cole P. M., "Children's spontaneous expressive control of facial expression", *Child Development*, Vol. 57, No. 6, 1986.

⑨ Jones L. B., Rothbart M. K. and Posner M. I., "Development of executive function in preschool children", *Developmental Science*, Vol. 6, No. 5, 2003.

意识、有目的的认知方面的调节；努力控制在某些情况下更具有自然反应或情绪冲动的特性，确实还包含着对情绪反应的调节、自动化和无意识的调节等方面。[①]

（2）执行功能与延迟满足的辨析

一方面，根据执行功能的冷热成分划分，延迟满足出现在热执行功能之中；从冷热执行功能的发展时序来看，冷执行功能的发展要早于热执行功能，故延迟满足是执行功能发展到相对成熟后出现的一种热执行功能。[②] 另一方面，根据冷热系统理论，冷执行功能或经典执行功能成分是冷认知系统的主要组成部分，且成熟相对较早，所以可以认为执行功能是执行延迟满足任务所需的认知成分。

（3）努力控制与延迟满足的辨析

努力控制的代表性成分是对注意的控制能力，是儿童自我延迟满足实现的一个基础性因素。已有研究发现，儿童在 2 岁左右的注意策略使用能力能够预测 5 岁时的延迟满足行为。[③] 可见努力控制至少是延迟满足的一个影响因素。从努力控制、延迟满足与自我调节三者的概念来看，延迟满足体现出的主要是个体抑制并调节需要动机引发行为的能力，是努力控制在动机层面的具体体现。因此努力控制在与自我调节互换使用的时候，是可以涵盖延迟满足的。如果将努力控制难度嵌套入延迟满足任务中，也可以考察二者是否存在着关联。

2. 执行功能与自我调节的辨析

执行功能可分为冷执行功能与热执行功能两类，冷执行功能是纯粹的认知成分；热执行功能是有情绪卷入的成分，二者都在解决问题的过程中起到了计划、抑制、激发、维持等功能，这些功能综合起来，即为调节。因此，指向自我的执行功能在功能上基本等同于自我调节。在结构上，执行功能的冷热成分基本涵盖了自我调节所覆盖的认知、行为、情绪和动机

① Blair C. and Razza R. P. , "Relating effortful control, executive function, and false – belief understanding to emerging math and literacy ability in kindergarten", *Child Development*, Vol. 78, No. 2, 2007.

② 郑红兰、李红：《简述延迟满足与执行功能、心理理论的关系》，《贵州师范大学学报》（社会科学版）2005 年第 6 期。

③ Sethi A. , Mischel W. , Aber J. L. , Shoda Y. and Rodriguez M. L. , "The role of strategic attention deployment in development of self – regulation：Predicting preschoolers' delay of gratification from mother – toddler interactions", *Developmental Psychology*, Vol. 36, No. 6, 2000.

几大领域，二者基本上是同构的。在研究范式上，二者共用许多研究任务。在发展时序上，二者的认知成分发展较早、成熟较快，而情绪成分发展相对较晚、受到认知成分的影响较大。

3. 努力控制与自我调节的辨析

努力控制是执行功能发展到相对成熟的产物，[1] 但与传统的执行功能概念（主要是冷执行功能）相比，努力控制与自我调节的情绪成分关系更为密切，甚至被认为是情绪调节过程的核心因素。[2] 努力控制的测验任务还涉及较多的行为自我调节成分。根据 Rothbart 对儿童努力控制的研究可见，努力控制是自我调节的核心，在儿童期早期气质研究中，常常充当自我调节的操作性定义。[3] 由于 Rothbart 研究团队对努力控制的研究多针对儿童期早期（2—6 岁），所以本书认为，在儿童期早期阶段，努力控制有时可以与自我调节概念互换。

4. 延迟满足与自我调节的辨析

延迟满足既作为热执行功能、努力控制的主要维度出现，也经常用于与自我调节相关的研究中。延迟满足是自我调节中的一种未来目标指向的调节能力，是社会化和自我的核心，[4] 是自我调节结构中唯一与需要满足、未来结果和目标相联系的动机调节成分。虽然针对延迟满足任务本身的理论和结构都存在许多不同的观点，但是从延迟满足主要的功能特性来看，其反映的仍旧是对需要性动机的调控，故本书将延迟满足划入自我调节的动机调节中，主要是指对需要动机的调节。

三　自我调节的主要成分及其测量指标

自我调节是一个多维度多层次的构念，这些维度既包括认知成分，又包含情绪内容；既有内部的心理表现，又有外部的行为趋向；既有操

---

①　Jones L. B. , Rothbart M. K. and Posner M. I. , "Development of executive function in preschool children", *Developmental Science*, Vol. 6, No. 3, 2003.

②　Eisenberg N. , Fabes R. A. , Guthrie I. K. and Reiser M. , "Dispositional emotionality and regulation：Their role in predicting quality of social functioning", *Journal of Personality and Social Psychology*, Vol. 78, No. 78, 2000.

③　Rothbart M. K. and Bates J. E. , "Temperament", In Damon W. and Eisenberg N. , *Handbook of child psychology：Social, emotional, personality development*, New York：Wiley, 1998.

④　Harter S. P. H. , and Mussen E. , *Handbook of Child Psychology*, New York：Wiley, 1983, pp. 275 – 385.

作性，又有动力性。因此，本书借鉴了三位学者的两类自我调节成分观，归纳并总结自我调节的核心成分，以及其对应的测量指标和研究范式。

（一）基于 Karoly 和 Moilanen 观点划分的自我调节主要成分

Karoly 和 Moilanen 提出的自我调节概念均强调自我调节的多个维度，如对个体自身注意、情绪、行为和动机等的调节。[1][2] 故下面将自我调节分为认知、情绪、行为和需要（动机）调节四个维度。

1. 认知自我调节（cognitive self – regulation）

认知自我调节的出现始于儿童 12 个月大左右，在 3—6 岁发展达到最快。这一时期，儿童通过推理的规则和公开性言语来监控自己的行为，抑制固有的优势反应的能力显著提高。[3] 认知自我调节包含冷执行功能、努力控制的认知成分以及延迟满足任务中的冷认知成分。其中，抑制控制成分是执行性注意的主要维度，是注意控制的典型形式，在这几个概念范围中都居于核心地位，因此要首先纳入认知自我调节的维度之中。工作记忆在认知领域具有基础性地位。首先，工作记忆负责对所有认知所需信息的暂时保存和实时加工，在许多复杂认知活动中发挥重要作用；其次，工作记忆的暂时保持和加工信息能力，使得其成为认知活动的加工资源库和能量来源，支持心理活动和行为的生成。因此，工作记忆也应纳入认知自我调节的维度中来。

（1）抑制控制

抑制和注意是执行功能的两大主要成分。Clark 提出的抑制的定义较为经典，他认为抑制是减少或制止神经、心理或行为活动的机制。是在不同领域的一般性操作，可以影响行为的各个方面。[4] Logan 认为可将抑制

---

① Karoly P. , "Mechanisms of self – regulation: A systems view", *Annual Review of Psychology*, Vol. 44, No. 44, 1993.

② Huizinga M. , Dolan C. V. and van der Molen M. W. , "Age – related change in executive function: Developmental trends and a latent variable analysis", *Neuropsychologia*, Vol. 44, No. 4, 2006.

③ Gerstadt C. L. , Hong Y. J. and Diamond A. , "The relation between cognition and action: Performance of children 3. 5 – 7 years old on a Stroop – like day – night test", *Cognition*, Vol. 53, No. 2, 1994.

④ Clark J. M. , "Contributions of inhibitory mechanisms to unified theory in neuroscience and psychology", *Brain and Cognition*, Vol. 30, No. 1, 1996.

按照主体参与的主动性分为反应抑制和主动抑制。[1] 反应抑制是克服前面的加工对当前加工产生影响的努力，其产生的效果是无意识的；主动抑制就是个体有意识的、有目的的减缓作用。Harnishfeger 对抑制的划分更有针对性，[2] 她将抑制分为行为性和认知性两种，分别代表对行为的控制和对认知的控制。其中行为抑制也就是常说的反应抑制（response inihibition），是用来抑制不符合当前需要的或不恰当行为反应的能力。再进一步，又将认知抑制分为自动认知抑制和有意认知抑制两种。自动认知抑制是不随意注意的机制，控制信息去留；有意认知抑制是需要意志努力地控制加工，是针对与目标无关信息的认知成分。从抑制概念的分类中不难看出，抑制无论是否需要意识的参与、抑制的对象是行为还是认知，其核心内容是不变的，即控制无关刺激产生的反应。Friedman 等人将抑制进一步分为对任务无关信息激活与通达的抑制，以及对不适宜优势反应的抑制。这其中对优势反应的抑制是在执行功能研究中较多涉及的。[3] 因此，相较于抑制，目前较多采用的概念是抑制控制，它又被称为执行性控制或执行性抑制，是为了达到当前的认知目标，抑制对无关刺激反应的能力。[4] 由于抑制控制能力对认知和行为的各个方面具有较大的影响，因此也被看作是执行功能、努力控制等认知的自我调节能力的核心成分。

（2）工作记忆

工作记忆是直接刺激缺乏的情况下，用于短暂地储存信息以便引导行为的认知能力；是在解决认知任务的过程中，用于信息加工并同时保持与当前任务相关的信息系统，[5] 工作记忆的构念结构详见图1。心理学通常以可以同时有效激活的信息或心理操作的最大值作为工作记忆的测量指标。理解、学习和问题解决均与工作记忆有密切关联。这是因为

---

① Logan G. D. , *Inhibitory processes in attention, memory, and language*, San Diego：Academic Press, 1994.

② Harnishfeger K. K. , "The development of cognitive inhibition", In dempster F. N. and brainerd C. J. , *Interference and Inhibition in Cognition*, New York：Plenum, 1995, pp. 175 - 204.

③ Friedman N. P. and Miyake A. , "The relations among inhibition and interference control functions：a latent - variable analysis", *Journal of Experimental. Psychology：General*, Vol. 133, No. 1, 2004.

④ Rothbart M. K. and Bates J. E. , "Temperament", In Damon W. and Eisenberg N. , *Handbook of child psychology：Social, emotional, personality development*, New York：Wiley, 1998.

⑤ Miyakea and Shah P. , *Models of working memory：mechanisms of active maintenance and executive control*, New York：Cambridge University Press, 1999.

工作记忆得到增强，就会增加新信息之间，或者是新信息与已经存在于长时记忆中的信息之间的联结和联合。存储功能体现在信息被选择并编码后，必须根据当前的问题对它进行积极表征，这个时候就需要个体以积极的状态容纳信息并与其他信息整合起来直到问题得到解决。

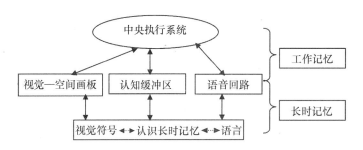

图1　Baddeley 的新工作记忆模型①

　　目前工作记忆的理论模型首推 Baddeley 的工作记忆模型。在这个模型中，工作记忆由一个中央执行系统和两个从属系统（语音回路和视觉—空间画板）构成。中央执行系统是一个注意控制系统，它负责监控和调节两个从属系统的操作；选择策略；利用长时记忆中的信息调整工作记忆中的信息。语音回路，包括一个短时语音缓冲区和一个默读复述回路。语音缓冲区存储进入工作记忆的语音信息；信息在这个缓冲区内衰退得很快。复述回路可以通过复述恢复记忆痕迹，以阻止信息的衰退——复述速度越快，语音回路中保持的信息越多。视觉—空间画板则是负责视觉或空间信息的保持与操作的。② 两个从属系统所需的信息有不同的来源。因此，两个从属系统只是受到各自系统可接受的信息的干扰。但是系统之间是存在一定联系的，一个系统的信息可以通过中央执行系统的复述作用转换为另外一个系统可接受的编码信息。

　　在后续研究中，Baddeley 和 Hitch 又把认知缓冲区加入到了工作记忆模型中。认知缓冲区是一个能用多种维度代码储存信息的系统，为语音回路、视觉空间画板和长时记忆之间提供了一个暂时信息整合的平台，通过

---

　　①　宋永健、张朕：《工作记忆研究的现状》，《宁波大学学报》2004 年第 5 期。

　　②　Carlson S. M. and Wang T. S.，"Inhibitory control and emotion regulation in preschool children"，*Cognitive Development*，Vol. 22，No. 4，2007.

中央执行系统将不同来源的信息整合成完整连贯的情景。认知缓冲区与语音回路、视觉空间画板并列，受中央执行系统的控制。[①] 因此，可以说Baddeley的模型既适用于特殊的认知功能，又适用于一般意义的认知操作。这里的特殊性是指接收到的不同的信息形态（听觉的和视觉的）和符号系统（言语的和表象的）；一般性则是指中央执行系统和认知缓冲区。一般性操作成分的存在保证了心理产品和操作能力的交互作用及整合，为两个从属系统设置了一般的功能性约束。

2. 情绪自我调节（emotion regulation）

情绪自我调节是针对考察自我调节的情绪性成分而提出的，是监控、评价和调整情绪反应或情绪表达的内部及外部过程。[②] 多数情绪研究往往采用情绪调节的提法，它在执行功能背景下也被称为热执行功能。[③]

情绪调节是针对情绪的调节过程。应先搞清楚相对于认知、行为、需要等概念，情绪代表什么样的心理状态。情绪能力的最初形态出现在婴儿期早期。[④] 随着年龄的增长，儿童更善于表达和调节自己的情绪。[⑤] 研究表明，儿童在3岁时已经能够根据社会规则对情绪表达进行自我调节，在1—5年级表现出与年龄相关的发展变化。[⑥] 但在实验条件下，情绪调节很难从情绪中剥离开来。一是无法统一情绪的定义。二是因为情绪对与之密切相关的领域具有调节能力，如生理活动，包括心血管系统、神经内分泌系统。三是因为情绪调节这个定义意味着情绪本身就能够被调节。许多研究也在关注个体如何调整他们的情绪反应，包括消除、减小、转换、转向、扩大情绪。情绪调节的动态观就指出，情绪可以被调节也能够调节其他方面。四是情绪调节包括最佳状态和对不适情绪的调节。严格的最佳状

① 陈彩琦、李坚、刘志华：《工作记忆的模型与基本理论问题》，《华南师范大学学报》2003年第4期。

② Gross J. J. and Thompson R．，"Emotion regulation：Conceptual foundations"，In Gross J. J．，*Handbook of Emotion Regulation*，New York：Guilford Press，2007.

③ Zelazo P. D. and Cunningham W. A．，"Executive function：Mechanisms underlying emotion regulation"，In Gross J. J．，*Handbook of Emotion Regulation*，New York：Guilford，2007.

④ Jahromi L. and Stifter C. A．，"Individual differences in preschooler's self‐regulation and theory of mind"，*Merrill‐Palmer Quarterly*，Vol. 54，No. 1，2008.

⑤ Gross J. J. and Thompson R．，"Emotion regulation：Conceptual foundations"，In Gross J. J．，*Handbook of Emotion Regulation*，New York：Guilford Press，2007.

⑥ Saarni C．，"An observational study of children's attempts to monitor their expressive behavior"，*Child Development*，Vol. 55，No. 4，1984.

态混淆了情绪调节和心理健康，忽视了情绪对风险性个体的调节特点。一些有临床问题或处于问题边缘的人对于情绪调节的努力可能带来风险或造成其他问题。这种混淆使积极情绪等同于好，消极情绪等同于差。最后，情绪必须要基于特定的环境。

情绪，并非一个独属于心理学的词汇。在日常生活中，经常会听到"情绪低落""闹情绪"等说法。可是，如果从心理学的角度来探讨情绪的定义，那么我们就会面临如下的尴尬境地，在心理学研究传统中，由于心理活动不可直接观测，因此往往采用行为测量的办法实现对心理活动的推测性研究。但是问题就在于，如 Damasio 所言，如果严格按照科学研究的方法，我们是可以根据可观测的行为，如攻击、逃避等来界定情绪的。可是如果情绪仅仅就等同于进攻、回避，心理学并不需要再增加一个新的术语"情绪"了。

这似乎是一个悖论，人人都知道什么是情绪，却无法定义情绪。但是从 Rusell 的解释中我们还是能发现问题的症结的，如同艺术和非艺术、音乐与非音乐，我们争论情绪的概念，就是为了区分情绪与非情绪，这些界定或是划分都是不存在于自然和社会之中的。因此对情绪的界定应被看作是存在着必然的局限性的。

（1）对情绪的四种界定

以 Izard 为代表的<u>生物观点</u>，强调情绪的生物学基础，认为情绪是"神经过程的特殊组合，引导特定的表达和相应特定的感觉"[1]。因此，Izard 等认为情绪是不同于认知等其他心理成分的。生物取向的观点明确了情绪在心理过程中的独立性。<u>机能主义</u>重视情绪的适应性机能，把情绪看作是一个多成分、多水平的组织过程，情绪是有目的性的并与评价相联系，Campos 对情绪的定义能够全面概括机能主义的情绪观——情绪是根据对个人的意义，建立、维持和破坏有机体与环境之间的关系的过程。[2] 认知取向的情绪观把情绪看作是认知的结果，情绪是由对刺激的表征、思

① Izard C. E. and Malatesta C. Z., "Perspectives on emotional development", In Osofsky J. D., *Handbook of Infant Development*（2*nd*），New York：Wiley，1987.

② Campos J. J., Campos R. G. and Barrett K. C., "Emergent themes in the study of emotional development and emotion regulation", *Development Psychology*，Vol. 25，No. 3，1989.

维和情调及其相互关系的动态变化组成的。① 三者任一发生变化都会使得个体的情绪体验发生变化，而三者方向一致的变化则能够形成常见的各种情绪。社会文化对情绪的影响是目前情绪研究较为关注的方面，这些研究是基于强调情绪的文化和社会化差异性的。Dickson 等人认为，情绪是与个体所处社会、生理基础有关的多种成分交互作用形成的一种自组织系统。② 情绪不是单独的生理激活或是认知的结果，又或是适应性行为，而是在社会互动中由文化、习俗和人际交往联合个体因素的动态组织过程。情绪脱离了生物性或个体性的局限，具有了更符合人类社会属性的内涵。

综合以上对情绪的界定，可以归纳出情绪的几个基本特征：情绪具有生理和心理的独立性；情绪具有功能性，无论其是否能够产生符合当时情境的适应性行为，但是都可以驱使个体迅速做出判断乃至产生行为；情绪是个体内因素（生理、认知、情绪本身）和个体间因素（人际交往、文化习俗）协同影响而产生并发挥作用的。

情绪的功能性决定了情绪必然要产生行为（当然这种行为也会是内隐的，或是因为某种原因被抑制了而未发生）。情绪所导致的行为，从进化的观点来看，具有一定的适应性意义。当我们在野外踏青，突然看到一条蛇横在小路上，这时人马上出现的情绪是恐惧，会一动不动或是马上逃开，这些都是情绪产生的适应性行为，以躲避危险。对现代社会的人来说，情绪的作用要更具有社会性。如，老板对某位员工的业绩不满，当面斥责其工作能力，这时的情绪适应性行为是员工评估了自己的工作成绩、考虑了当时自己在公司中的位置、自己的经济收入、家庭以及人际关系等许多因素后发出的，在中国文化背景下，员工的典型反应是谦卑、不做声，并虚心接受批评。事实上，人受到外界的消极评价，直接的情绪反应是生气、悲伤等，但是由于人能够综合考虑各种因素，因此有效地调节了自己的情绪表达行为，很好地调节了自己的消极情绪，并反映出积极情绪，"适应"了当时的社会环境。因此，由于情绪及其引发的行为不是经

---

① Kagan J., "The idea o f emotion in human development", In Izard C., Kagan J. and Zajonc R., *Emotions, cognition and behavior*, Cambridge: Cambridge University Press, 1984, pp. 38 – 72.

② Dickson K. L., Fogel A. and Messinger D., "The development of emotion from a social process view", In Mascolo M. F. and Griffin S., *What develops in emotional development?*, New York: Plenum Press, 1998, pp. 253 –272.

常能够适应各种情境，产生积极效果的，因此需要个体对情绪进行调节，实现其功能价值。

（2）对情绪调节的不同界定

由于不同研究取向对情绪调节的主体、客体及其相互关系，调节的意识性，以及调节的主动与被动性等问题存在着分歧，因此情绪调节的概念也存在着不同的界定。

适应性观点。Cole 认为情绪调节是指伴随情绪激活的变化，既有情绪的变化（强度、持续时间的变化），也有其他心理过程的变化（记忆、社会交往等），包括情绪调节和被调节两个过程。其中，情绪的调节是指由于情绪的激活而产生的变化；情绪的被调节是指激活的情绪本身的变化，包括情绪的效价、强度或时程的变化。无论是调节还是被调节过程都存在于个体内和个体间。[①] 该定义强调了情绪调节的灵活性，但也由于定义范围过为宽泛而不具有良好的操作性。Thompson 将情绪调节界定为"个体监控、评估和修正情绪反应的内在与外在过程"[②]。他认为情绪反应的灵活性，是个体建构适应性行为的主要基础。

功能性观点。Campos 等人反对将情绪调节看作被动地适应情境的过程，认为调节是为了实现个体的目的，个体调节自我情绪的内外过程，特别是其强度和持续性，都与目的密切相关,[③] 情绪调节的启动和方式都是情境的意义性和自我认知权衡后的结果，个体对意义和认知的评估也可以处于意识水平之下。

特征性观点。观点关注的是情绪调节的某个特征层面，如 Dodge 强调情绪调节的激发特点。他认为，情绪调节是激发一种行为调节另一种行为。[④] 而 Cicchett 等强调情绪调节的动力性，把情绪调节界定为既可存在

---

① Cole P. M., Martin S. E. and Dennis T. A., "Emotion regulation as a scientific construct: Methodological challenges and directions for child development research", *Child Development*, Vol. 75, No. 2, 2004.

② Thompson R. A., "Emotion regulation and emotion development", *Educational Psychological Review*, No. 3, 1991.

③ Campos J. J., Mumme D., Kermoian R. and Campos R. G., "A Functionalist perspective on the nature of emotion", In Nathan A. and Fox, *The Development of Emotion Regulation: Biological and Behavioral Considerations*, Monographs of the society for research in child development, New York: Plenum Press, 1994.

④ Dodge K. A. and Cole J. D., "Social – information – processing factors in reactive and proactive aggression in children's", *Journal of Personality and Social Psychology*, Vol. 53, No. 66, 1987.

于意识范围内，也可在无意识条件下发生，包括生理、认知、体验和行为反应的动力组织，可用于驱动和组织行为。[①] Salovey 和 Mayer 将情绪调节归入情绪智力中，并认为情绪调节是 Gardner 多元智力理论中社会智力的子成分，[②] 强调情绪调节在智力结构中的作用。

Gross 的观点。Gross 认为情绪调节是个体对具有什么样的情绪、情绪什么时候发生、如何进行情绪体验与表达施加影响的过程。[③] 情绪调节调节的情绪包括积极和消极情绪，调节过程可以是有意识或无意识的。而该观点的核心是需要将情绪调节与情境结合起来，才能判断情绪调节的优劣。

从以上对情绪调节的概念中不难看出，尽管不同的研究者强调了情绪的功能、作用和特点等，但是他们均认同以下情绪调节的基本原则：第一，不仅要调节消极情绪，而且还要对不符合当前情境的积极情绪进行调节；第二，无论作为调节的起因还是结果，适应都是情绪调节价值的根本体现；第三，情绪调节可以在意识状态发生，也可以在无意识状态发生。

（3）情绪与情绪调节的关系

二者的联系。从情绪和情绪调节的概念中不难发现，二者的概念存在着许多交叉。首先，情绪本身会影响人的心理体验和行为表现，而情绪调节的作用也是如此，可以认为情绪本身就具备了调节性，[④] 因此二者呈现了概念部分同质的情况。其次，情绪可以影响生理活动，生理活动也可以反过来影响情绪，而情绪调节的标志之一就是生理指标的变化，二者在与生理活动的跨领域调节中存在着功能同质性。最后，情绪调节是与情绪的激活相伴随而发生变化的，情绪自身的变化和情绪引起的其他心理成分的变化都会是情绪调节的原因，也可以是情绪调节的结果，二者在发生时间上存在着同步性。

① Cicchetti D., Ackerman B. P. and Izard C. E., "Emotions and emotion regulation in developmental psychopathology", *Development and Psychopathology*, Vol. 7, No. 1, 1995.

② Salovey P. and Mayer J. D., "Emotional Intelligence", *Handbook of Emotions*, New York: Plenum Press, 2008.

③ Gross J. J., "Emotion regulation: affective, cognitive, and social consequences", *Psychophysiology*, Vol. 39, No. 3, 2002.

④ Campos J. J., Mumme D., Kermoian R. and Campos R. G., "A Functionalist perspective on the nature of emotion", In Nathan A. and Fox, *The Development of Emotion Regulation: Biological and Behavioral Considerations*, *Monographs of the society for research in child development*, New York: Plenum Press, 1994.

二者的区别。情绪和情绪调节的联系如此紧密，但并不能认为情绪调节就等同于情绪，二者仍旧有独立存在的必要性。第一，可以通过区别评价过程和待发行为来区分情绪与情绪的调节。评价过程是直接作用于调节方式的，然后影响情绪表达行为，即待发行为代表了调节的效果。调节方式的不同就会产生不同的效果，也就将情绪调节的过程剥离了出来。第二，情绪调节可以位于情绪激活之后也能够先于情绪激活。[①] 位于情绪激活之后，情绪调节不是激活本身，而是激活产生的系统性变化；位于激活之前，情绪调节可以影响激活的强度、方向甚至情绪的效价。

3. 行为自我调节（behavioral self – regulation）

行为自我调节的发展表现为儿童获得更强的运动能力和更为复杂的行为表现。抑制一些行为活动对不需要身体活动的目标的实现是很必要的。[②] 这种能力在 1 岁后开始发展，到了学前阶段，儿童已经获得了能够更为灵活地平衡社会期望与自我需要的能力。[③] 行为控制包括主动压抑或延迟、调节个人运动的速度、有意抑制禁止的冲动、延迟满足、压抑开始某一活动、服从其他人要求的能力。[④] 尽管这些技能出现和稳定的年龄都不相同，但是有一些共性存在。如，有几项研究已经证明了传统执行功能指标与更多的行为和注意调节的指标间的相关。[⑤] 同样的，也有研究考察了行为控制与情绪调节[⑥]和其他行为自我调节指标间的关系。[⑦] Carlson 和

[①] Kochanska G. , Coy K. C. and Murray K. T. , "The development of self – regulation in the first four years of life", *Child Development*, Vol. 72, No. 4, 2001.

[②] Maccoby E. E. and Degerman R , "Activity level and intellectual functioning in normal preschool children", *Child Development*, Vol. 36, No. 3, 1965.

[③] Kopp C. B. , "Regulation of distress and negative emotions：A developmental View", *Developmental Psychology*, Vol. 25, No. 3, 1989.

[④] Moilanen K. L. , "The adolescent self – regulatory inventory：The development and validation of a questionnaire of short – term and long – term self – regulation", *Journal of Youth and Adolescence*, Vol. 36, No. 6, 2007.

[⑤] Carlson S. M. and Moses L. J. , "Individual differences in inhibitory control and children's theory of mind", *Child Development*, Vol. 72, No. 4, 2001.

[⑥] Jahromi L. and Stifter C. A. , "Individual differences in preschooler's self – regulation and theory of mind", *Merrill – Palmer Quarterly*, Vol. 54, No. 1, 2008.

[⑦] Kochanska G. , Tjebkes T. L. and Forman D. R. , "Children's emerging regulation of conduct：Restraint, compliance, and internalization from infancy to the second year", *Child Development*, Vol. 69, No. 5, 1998.

Moses[1]证明了冲突任务与延迟任务的需要是不一样的，表现为冲突任务是需要儿童做出与固有反应不一致的新异反应的执行功能任务，延迟任务要求延迟、缓和或压抑冲动反应。可能冲动性的指标与情绪调节指标在延迟任务中的相关要比冲突任务更大。

行为自我调节在自我调节的各成分中出现得最早，甚至在真正意义上的自我调节、自我控制出现之前，个体就出现了对行为的非自主和自主调节。非自主调节最早发生在0—2、3个月这个阶段，这时的非自主行为调节主要是维持觉醒状态和反射行为；自主调节最早出现在儿童3—4个月时，此时感知运动成为了行为调节的主要方面。[2] 但对于进入幼儿期的儿童来说，行为调节要复杂得多。一方面是有意控制行为冲动，另一方面体现为对成人的要求和社会规则的内化。[3][4] 从有意控制行为冲动的意义上来看，行为自我调节需要包括努力控制的成分，也需要一些冷执行功能的参与。具体来说，持冷执行功能观的研究者认为，行为调节包括抑制控制、注意和工作记忆，[5] 这几乎等同于认知自我调节。认同努力控制含有情绪因素的研究者认为，顺从行为[6]和延迟满足[7]都应包含于其中。但为了区别于对需要的调节、对认知的调节和对情绪的调节，本书将行为自我调节的范围限定在对行为的控制之内，选取主要反映行为变化的变量作为行为自我调节的代表性指标，如身体运动和言语运动的任务就可以代表对行为的控制。

---

① Carlson S. M. and Moses L. J. , "Individual differences in inhibitory control and children's theory of mind", *Child Development*, Vol. 72, No. 4, 2001.

② Fonagy P. and Target M. , "Early intervention and the development of self – regulation", *Psychoanalytic Quarterly*, Vol. 22, No. 3, 2002.

③ Eisenberg N. , Spinrad T. L. and Fabes R. A. , et al. , "The relations of effortful control and impulsivity to children's resiliency and adjustment", *Child Development*, Vol. 75, No. 1, 2004.

④ Kochanska G. , Coy K. C. and Murray K. T. , "The development of self – regulation in the first four years of life", *Child Development*, Vol. 72, No. 4, 2001.

⑤ Cameron Ponitz C. E. , McClelland M. M. and Jewkes A. M. , et al. , "Touch your toes! Developing a direct measure of behavioral regulation in early childhood", *Early Childhood Research Quarterly*, Vol. 23, No. 2, 2008.

⑥ Mischel W. , Shoda Y. and Rodriguez M. L. , "Delay of gratification in children", *Science*, Vol. 244, No. 4907, 1989.

⑦ Eisenberg N. , Valiente C. and Fabes R. A. , et al. , "The relations of effortful control and ego control to children's resiliency and social functioning", *Developmental Psychology*, Vol. 39, No. 4, 2003.

4. 需要动机自我调节——延迟满足

尽管在自我调节的概念界定中，很少明确提到对需要性动机的自我调节这一概念。但由于延迟满足作为自我调节的一个重要的相关概念和主要的研究范式，被证实在幼儿期能够敏感地反映出幼儿自我调节能力的发展变化，[①] 因此本书认同王慧[②]的提法，认为延迟满足能够反映儿童对即时需要和长远需要间调节的关系，直接针对儿童的需要性动机，故可以设定为是对需要动机的一种自我调节方式。延迟满足的背景介绍详见第二节第三部分"延迟满足"。

（二）基于 Mischel 的冷热系统理论划分的自我调节主要成分

Mischel 的冷热系统理论原本是为解释基于延迟满足研究范式的毅力（willpower）而提出的，将之界定为自我调节结构的理论，是出于以下几点考虑：第一，自我调节涵盖内容极广，涉及心理与行为生活的各个侧面，需要选择一个相对简洁、清晰的划分依据，对自我调节的主要成分进行统合归类；第二，冷/热系统虽然主要针对毅力这一概念，但其推广性是值得期待的，它丰富的构成维度和结构划分依据简单明了，都使其可能推广到自我调节理论研究；第三，许多研究表明，毅力与自我调节密切相关。[③][④] 因此，这一部分不使用上文提到的认知、情绪、行为和需要自我调节的维度划分方式，而是按照冷热系统理论，将自我调节划分为冷自我调节和热自我调节两部分，对所有成分和维度进行重新归类。

根据冷热系统理论的原始系统特征划分，[⑤] 结合自我调节研究的特点，将各个测量指标按照冷热自我调节成分基本特征，划分如表 1 所示。

---

① 杨丽珠、徐丽敏、王江洋：《四种注意情境下幼儿自我延迟满足的实验研究》，《心理发展与教育》2003 年第 4 期。

② 王慧：《珠心算对儿童自我调节能力的影响》，硕士学位论文，东北师范大学，2009 年。

③ Mischel W., Shoda Y. and Rodriguez M. L., "Delay of gratification in children", *Science*, Vol. 244, No. 4907, 1989.

④ Baumeister R. F. and Heatherton T. F., "Self-regulation failure: An overview", *Psychological Inquiry*, Vol. 7, No. 1, 1996.

⑤ Metcalfe J. and Mischel W., "A hot/cool-system analysis of delay of gratification: Dynamics of willpower", *Psychological Review*, Vol. 106, No. 1, 1999.

表1　　　　　　冷/热自我调节成分的基本特征与测量指标

	冷自我调节 （cool self - regulation）	热自我调节 （hot self - regulation）
特征	偏重认知、行为	偏重情绪、需要性动机
	以信息驱动为主	以动机驱动为主
	速度慢	速度快
	反思性质的	反射性质的
	发展较晚，但成熟较快	发展较早，但成熟较慢
	成分相对简单	成分相对复杂
	调节受自我影响较大	调节受刺激影响较大
成分维度	注意控制	情绪调节
	抑制控制 执行功能 }	需要动机调节（延迟满足）
	工作记忆	
	行为调节	

四　自我调节的主要成分间关系

自我调节的核心是努力控制，即儿童对各种类型冲动性的处理。为了与以往研究保持一致，本书围绕着自我调节中的努力控制，梳理努力控制与行为调节、努力控制与情绪调节、努力控制与延迟满足的关系。考虑到目前针对执行功能与情绪调节关系的研究日益增多，故将执行功能与情绪调节的关系并入努力控制与情绪调节关系的部分加以说明。同时需要说明的是，由于努力控制与自我调节的概念和功能的重叠性较高，下文中的努力控制都是选取其认知调节成分，特别是抑制控制、注意调节等方面的研究结果，因此这里的努力控制更接近于自我调节的认知调节成分。

（一）努力控制与行为调节间的关系

在以往的研究中，行为调节与努力控制在许多方面存在着关联和交叉。在构成要素上，努力控制的核心是抑制控制，[1] 而行为调节的代表性

---

[1]　Rothbart M. K. and Bates J. E. , "Temperament", In Damon W. and Eisenberg N. , *Handbook of child psychology：Social，emotional，personality development*, New York：Wiley, 1998.

指标也是抑制控制,[①] 故抑制控制能力是联系二者的关键因素。在发展时序上, 在学前期儿童的努力控制能力发展是比较迅速的, 儿童按照要求抑制行为的能力要到 24—26 个月才发展起来, 从 Kochanska 等人的一项研究中可以看到, 其测量的幼儿的放慢动作、低语和依信号抑制/激发活动的能力都在 22—33 个月有显著的提高。而以往研究也表明儿童有意抑制行为的能力到 4 岁就发展得比较好了。[②③]

努力控制的注意集中性, 对婴儿的约束性顺从 (committed compliance) 具有显著的预测作用。[④] 二者关系最为有力的证据来自 Kochanska 等人对顺从行为和努力抑制控制的纵向研究,[⑤] 结果支持二者存在显著相关的结论。这个研究有一个很有趣的发现, 即儿童在抑制动作时, 比激发或维持行为时, 努力控制与约束性顺从的相关程度更高。研究者认为是儿童的早期经验和家长的要求造成了这样的结果, 因为家长对幼儿提出的要求更多的是具有限制性的, 所以儿童所经验到的抑制性刺激相对要多于趋向性 (approach) 刺激, 这进一步提高了儿童抑制性行为的水平。

(二) 努力控制与情绪调节的关系

Eisenberg 等人认为, 努力控制在情绪调节过程中起到了核心性作用。[⑥] 由于情绪的反应性特性, 所以二者在关系上是存在着歧义的。一方面, 努力控制和反应控制 (reactive control) 的关系是比较密切的, 努力控制可以有效降低冲动性反应的强度, 故 Rothbart 认为努力控制就能够实

---

① Cameron Ponitz C. E. , McClelland M. M. and Jewkes A. M. , et al. , "Touch your toes! Developing a direct measure of behavioral regulation in early childhood", *Early Childhood Research Quarterly*, Vol. 23, No. 2, 2008.

② Posner M. I. and Rothbart M. K. , "Attention, self – regulation and consciousness", *Philosophical Transactions of the Royal Society*, Vol. 353, No. 1377, 1998.

③ Reed M. , Pien D. L. and Rothbar M. K. , "Inhibitory self control in preschool children", *Merrill – Palmer Quarterly*, Vol. 30, No. 2, 1984.

④ Kochanska G. , Tjebkes T. L. and Forman D. R. , "Children's emerging regulation of conduct: Restraint, compliance, and internalization from infancy to the second year", *Child Development*, Vol. 69, No. 5, 1998.

⑤ Kochanska G. , Coy K. C. and Murray K. T. , "The development of self – regulation in the first four years of life", *Child Development*, Vol. 72, No. 4, 2001.

⑥ Eisenberg N. , Fabes R. A. , Guthrie I. K. and Reiser M. , "Dispositional emotionality and regulation: Their role in predicting quality of social functioning", *Journal of Personality and Social Psychology*, Vol. 78, No. 78, 2000.

现对反应性的管理;① 另一方面，情绪调节无法与反应性中的情绪成分截然分开，因为情绪调节有主动的有意识的管理的一面，也有无意识的自动化的一面,② 而反应性过程中的情绪是不同于反应系统的协同作用。③ 从这个意义上说，所有的情绪过程都包含了情绪调节的作用。因此，作为两个相对独立但存在联系的因素，探讨努力控制与情绪调节的关系首先要强调努力控制对冲动性的主动、有意识控制作用；另外要强调情绪在调节中的对象地位。综合来看，Eisenberg 等人认为，努力控制中的抑制控制成分对情绪的被调节过程具有核心作用。从情绪调节对努力控制的影响方向来看，情绪作为调节的主体出现，是通过其激活而产生的变化对情绪本身和认知、行为等产生调节作用。④ 这意味着情绪调节实现的是对情绪自身领域内的"情绪被调节"和对努力控制等认知、行为因素的"调节"影响作用。执行功能发展的研究一直独立于情绪发展的研究。然而，随着对成人研究的增加，人们开始研究认知在情绪表达中的控制作用。⑤ 多数对情绪调节的定义表明情绪表达中不仅包括情感性经验，也包括对认知和行为的加工。⑥ 然而，对发展中认知与情绪交互作用本质的探索仍旧来自于现代执行功能理论。其双向影响是：情绪有助于思维、学习和行为的组织（情绪起调节作用）以及认知对情绪施加调节（情绪被调节）。

Zelazo 和 Cunningham 提出了一个相互模型，认为情绪可以相当于意识水平认知，目标指向问题解决的动机。⑦ 基于这种观点，情绪调节就无法完全脱离执行功能了。当问题得到解决时（达到工作记忆指向的目

---

① Posner M. I. and Rothbart M. K. , "Attention, self‐regulation and consciousness", *Philosophical Transactions of the Royal Society*, Vol. 353, No. 1377, 1998.

② Gross J. J. and Thompson R. , "Emotion regulation: Conceptual foundations", In Gross J. J. , *Handbook of Emotion Regulation*, New York: Guilford Press, 2007.

③ Levenson R. W. , "The intrapersonal functions of emotion", *Cognition and Emotion*, Vol. 13, No. 5, 1999.

④ Garber J. and Dodge K. A. , *The development of emotion regulation and dysregulation*, New York: Cambridge University Press, 1991.

⑤ Zelazo P. D. and Cunningham W. A. , "Executive function: Mechanisms underlying emotion regulation", In Gross J. J. , *Handbook of Emotion Regulation*, New York: Guilford Press, 2007.

⑥ Cole P. M. , Martin S. E. and Dennis T. A. , "Emotion regulation as a scientific construct: Methodological challenges and directions for child development research", *Child Development*, Vol. 75, No. 2, 2004.

⑦ Zelazo P. D. and Cunningham W. A. , "Executive function: Mechanisms underlying emotion regulation", In Gross J. J. , *Handbook of Emotion Regulation*, New York: Guilford Press, 2007.

标），情绪也得到了调节。事实上，情绪调节和执行功能是同构的。然而，当情绪调节是次要的，并发生在解决其他问题上时（如，在 Simon 说游戏中抑制挫折反应，保证能够集中更大的自我控制能力），这时候执行能力包括情绪调节和其他非情绪性的、更高级的控制和反思也被激活了。因此，根据 Zelazo 和 Cunningham 的模型，执行功能和情绪调节的确切关系取决于问题的动机水平与问题本身的冷热属性。[1]

儿童执行能力和情绪调节的关系研究很少。我们已经发现了二者在学龄前阶段共同的发展时序。此外，越来越多的研究表明执行功能和情绪调节具有共同的神经机制。[2][3] 已有研究发现，实验室内的执行功能任务与家长报告的儿童气质、特别是有意控制方面存在一定程度的相关，这支持情绪调节和执行功能关系的研究结果。[4][5][6][7] 但是这些研究，仅仅是通过有意控制的气质量表或者有限的执行控制测度来考察的。根据 Welsh 和 PenLnington 的定义，执行控制是"保持适当的问题解决定势的能力以达到未来目标"。其中包含的两个基本面是为了选择恰当的反应，组织目标定向行为以及整合多源信息（如，知觉和记忆）。根据信息加工理论，人类的认知与学习是相当复杂的心智历程，该过程需要复杂的执行系统来协调。Beck、Carlson 和 Rothbart 通过对 420 名学前儿童执行功能得分和气质维度的聚合分析发现，有意控制（高）和外向性（低）可以代表具有高

---

① Zelazo P. D. , Frye D. and Rapus T. , "An age – related dissociation between knowing rules and using them", *Cognitive Development*, Vol. 11, No. 1, 1996.

② Zelazo P. D. and Müller U. , "Executive function in typical and atypical development", In Goswami U. , *Handbook of Childhood Cognitive Development*, Oxford: Blackwell Publishers, 2002.

③ Zelazo P. D. and Cunningham W. A. , "Executive function: Mechanisms underlying emotion regulation", In Gross J. J. , *Handbook of Emotion Regulation*, New York: Guilford Press, 2007.

④ Harter S. , "Developmental perspectives on the self system", In Hetherington E. M. , *Handbook of child psychology: Socialization, personality, and social development*, New York: Wiley Press, 1983.

⑤ Gerardi – Caulton G. , "Sensitivity to spatial conflict and the development of self – regulation in children 24 – 36 months of age", *Developmental Science*, Vol. 3, No. 4, 2000.

⑥ Jones L. B. , Rothbart M. and Posner M. I. , "Development of executive function in preschool children", *Developmental Science*, Vol. 6, No. 5, 2003.

⑦ Moilanen K. L. , "The adolescent self – regulatory inventory: The development and validation of a questionnaire of short – term and long – term self – regulation", *Journal of Youth and Adolescence*, Vol. 36, No. 6, 2007.

度执行功能的儿童。[1]

总之，有几项关于执行功能与情绪调节关系的研究也发现，二者存在着显著的联系，但是其方向性仍旧不确定。[2][3][4]

（三）努力控制与延迟满足的关系

上文已有关于二者关系的论述，这里从努力控制的认知成分与延迟满足的需要动机成分的角度再深入了解二者的联系。延迟满足任务主要体现的是对当前需要的一种抑制作用，既要抵制对当前需要的趋近冲动，又要通过延迟策略，如分心策略等，[5] 将注意转移开，对儿童期早期的孩子来说，还必须抑制行为的发生（如，触摸、抓取诱惑性刺激），故努力注意的认知调节成分对延迟满足的实现是有影响的。[6] Eisenberg 等认为延迟满足任务包含了努力注意控制的成分。[7]

（四）各成分间关系

以努力控制为核心的自我调节，强调对行为的控制、组织或抑制。[8]因此，可以推论出有关各种对象的控制都应该是相关的。[9] 具体来说，Blair 认为，以情绪调节为因果起始，在情绪调节上存在困难的儿童，其

① Carlson S. M. and Wang T. S. ，"Inhibitory control and emotion regulation in preschool children"，*Cognitive Development*，Vol. 22，No. 4，2007.

② Ibid.

③ Hoeksma J. B. ，Oosterlaan J. and Schipper E. M. ，"Emotion regulation and the dynamics of feelings：A conceptual and methodological framework"，*Child Development*，Vol. 75，No. 2，2004.

④ Kieras J. E. ，Tobin R. M. ，Graziano W. G. and Rothbart，M. K. ，"You can't always get what you want：Effortful control and children's responses to undesirable gifts"，*Psychological Science*，Vol. 16，No. 5，2005.

⑤ Raver C. C. ，Blackburn E. K. ，Bancroft M. and Torp N. ，"Relations between effective emotional self – regulation，attentional control，and low – income preschoolers' social competence with peers"，*Early Education and Development*，Vol. 10，No. 3，1999.

⑥ Sethi A. ，Mischel W. ，Aber J. L. ，Shoda Y. and Rodriguez M. L. ，"The role of strategic attention deployment in development of self – regulation：Predicting preschoolers' delay of gratification from mother – toddler interactions"，*Developmental Psychology*，Vol. 36，No. 6，2000.

⑦ Eienberge N. ，Smith C. ，Sadovsky A. and Spinrad T. ，"Effortful control with emotion regulation，adjustment，and socialization in childhood"，In Baumeister R. F. and Vohs K. D. ，*Handbook of Self – Regulation*，New York：Guilford Press，2004.

⑧ Rothbart M. K. and Posner M. I. ，"Temperament and the development of self regulation"，In Hartledge H. and Telzrow C. R. ，*Neuropsychology of Individual Differences*，New York：Plenum，1985.

⑨ Calkins S. D. and Howse R. B. ，"Individual differences in self – regulation：Implications for childhood adjustment"，In Philippot P. and Feldman R. S. ，*The Regulation of Emotion*，NJ：Erlbaum，2004，pp. 307 – 332.

认知调节和行为调节也会存在问题。[1] 而针对认知和行为调节对情绪调节的影响，Kopp 强调认知的计划、组织、监控和反思作用，有助于形成缓释压力的自我支持性策略。[2] 可见，无论自我调节的各个成分间是以何种方式发生联系的，其间可能存在着一个共同成分——抑制控制，这一推测与以往对额叶损伤患者的研究是相一致的，即额叶损伤病患在心理许多领域，如认知、情绪、动作乃至人格方面都会出现抑制功能丧失的症状。[3] 尽管有大量的假设和神经心理学个案的支持，但关于各成分间关系的研究还不多见，[4] 因此，本书拟将在实证部分，通过因素分析明确自我调节构成成分后，探讨成分间的相关关系，并进一步关注成分的测量指标间的相关，以澄清自我调节各成分的关系。

五　自我调节的研究范式

为了更清楚地总结自我调节的多种研究手段和范式，首先要回顾直接测量自我调节的研究方法（主要是成人评定问卷），其次依据冷热系统理论的划分方式，分别介绍冷自我调节和热自我调节的主要研究方法与范式。

（一）综合评定——成人评定问卷

儿童行为问卷（Child Behavior Questionnaire，CBQ）是测量学前儿童自我调节能力的一种常见的成人评定问卷。问卷是由 Rothbart 等人开发的，由主要抚养者（caregiver），即父母与教师填写，适用于 3—7 岁的儿童。CBQ 原用于测定儿童的气质特征，故该问卷包含 15 个气质性特征，经过因素分析和大规模施测，并借助于理论修正，编制者将该问卷的维度进一步缩小到了 3 个，[5] 这 3 个维度 15 个特征分别是：外倾性（extraver-

---

① Blair C. , "School readiness: Integrating cognition and emotion in a neurobiological conceptualization of children's function at school entry", *American Psychologist*, Vol. 57, No. 2, 2002.

② Kopp C. B. , "Regulation of distress and negative emotions: A developmental View", *Developmental Psychology*, Vol. 25, No. 3, 1989.

③ Luria A. R. , *The working brain: An introduction to neuropsychology*, New York: Basic Books, 1973.

④ Jahromi L. and Stifter C. A. , "Individual differences in preschooler's self‐regulation and theory of mind", *Merrill‐Palmer Quarterly*, Vol. 54, No. 1, 2008.

⑤ Rothbart M. K. , Ahadi S. A. and Hershey K. L. , et al. , "Investigations of temperament at three to seven years: the children's behavior questionnaire", *Child Development*, Vol. 72, No. 5, 2001.

sion/surgency）包括微笑/大笑（smiling/laughter）、高愉悦感（high intensity pleasure）、活动水平（activity level）、冲动性（impulsivity）、害羞（shyness），其中害羞一项是负向计分。消极情绪（negative affectivity）包括不适（discomfort）、恐惧（fear）、生气/愤怒（anger/frustration）、悲伤（sadness）；努力控制（effortful control）包括抑制控制（inhibitory control）、注意集中性（attentional focusing）、低愉悦感（low intensity pleasure）、知觉敏感性（perceptual snesitivity）；还剩余积极期待（positive anticipation）和缓释能力（soothability）两个气质特性没有进入任何一个因子。该问卷具有跨文化一致性、良好的重测信度和会聚效度（r = 0.51）。[①]

（二）冷自我调节的研究范式

由于在目前已知的研究范式中，几乎都有抑制控制和工作记忆成分的成分在内，且冷执行功能、努力控制、执行性注意、注意控制和冷认知等的研究范式有大量交叉，因此，下面不区分任务所测量的核心成分，以任务为单位介绍各个研究范式的内容。需要说明的是，本书介绍的所有研究范式，都是针对儿童期早期年龄阶段的测量任务。

1. Stroop 任务

研究抑制性控制较为经典的是 Stroop 任务范式。在 Stroop 任务中，需要给参与者呈现用黑色或其他颜色印刷的表示颜色的单词，例如，用蓝色染料印刷的"红"这个词。这样就出现了四种实验条件。根据认知整体变化理论的实验需要，选择的是 Stroop 任务的经典条件——｛条件1｝读印成黑色的颜色词；｛条件2｝命名印刷颜色与词义不符的词的印刷颜色。Stroop 本人发现在第一种条件下的读词（100 个词）速度为 43.30s；而第二种条件下的命名速度却为 110.3s。Stroop 把第二种条件花费较多时间归结为刺激的优势维度（读词）对劣势，但是对目标维度（命名）的干扰。所以，两个条件下反应时之差就可以作为抑制控制的指标。由于儿童对 Stroop 任务相对不熟悉，故研究儿童抑制性控制的研究经常采用的是 Stroop 任务的简化变式，包括 Simon 说任务、熊—龙任务、白天—黑夜任务、绿草—白雪任务等研究范式。

---

① Rothbart M. K., Ahadi S. A. and Hershey K. L., et al., "Investigations of temperament at three to seven years: the children's behavior questionnaire", *Child Development*, Vol. 72, No. 5, 2001.

（1）Simon 说任务（Simon says task）

选自 Carlson 等人的改编任务。[①] 该任务不要求儿童记忆所有的动作，只要记得听到"Simon 说"时模仿动作，因此工作记忆的负荷是较低的；此外，儿童需要抑制的是没有出现"Simon 说"命令时模仿动作的反应倾向，所以将之归入抑制控制类研究范式。该任务的实验程序为，主试先做 10 个动作，要求被试跟着模仿，如摸鼻子、下蹲等，然后向儿童解释规则，要求儿童在主试做动作后说出命令"Simon 说"后，儿童才能够模仿主试的动作，否则要原地不动。一般在任务开始前要先进行两个练习试次（trial），确定被试是否掌握规则，一个类型的任务做一次，还要在被试反应后做规则检查。常用来询问的问题有（1）当我说"Simon 说"的时候，你要做我做的动作吗？（2）当我不说"Simon 说"的时候，你还做动作吗？如果儿童的反应是错误的，在练习阶段必须要纠正错误。共施测 10 个试验，所有试验均无反馈和校正，两类任务各半，在任务进行一半时要提醒规则一次，试次顺序要随机化排列。每个试次 4 点计分，Simon 说实验/非 Simon 说实验计分方式是，0 代表没动/完全按要求动；1 代表退缩/部分按要求动；2 代表部分按要求动/退缩；3 代表完全按要求动/没动。总得分为 0—30 分。

（2）熊—龙任务（bear – dragon task）

与 Simon 说任务相类似。[②] 熊—龙任务范式要求儿童根据口令"小熊说""小龙说"来模仿动作。如要求儿童在听到"小熊说"时，模仿主试的动作；在听到"小龙说"的口令时，不动。要求做动作的口令部分为正向计分，0 代表没有做出反应；1 代表错误反应；2 代表先做错后纠正过来的反应；3 代表完全正确的反应。不要求做动作的部分为反向计分，即与做动作部分的计分完全相反。两部分任务次数各半，呈现顺序随机。最后计算两部分的总分。

（3）白天—黑天任务（day – night Stroop task）

这个任务选自 Gerstadt 等的实验任务，[③] 是抑制控制的经典研究范式。

---

① Carlson S. M. and Wang T. S. , "Inhibitory control and emotion regulation in preschool children", *Cognitive Development*, Vol. 22, No. 4, 2007.

② Reed M. , Pien D. L. and Rothbart M. K. , "Inhibitory self control in preschool children", *Merrill – Palmer Quarterly*, Vol. 30, No. 2, 1984.

③ Gerstadt C. L. , Hong Y. J. and Diamond A. , "The relation between cognition and action: Performance of children 3. 5 – 7 years old on a Stroop – like day – night test", *Cognition*, Vol. 53, No. 2, 1994.

儿童既要记住规则，又要抑制看到常识性标识后的惯性反应，即报告与画面一致的反应，故其中既有抑制控制成分又有工作记忆的成分。研究具体程序是，请儿童看两张卡片，一张是白色背景上画有一个黄色的太阳，一张是黑色背景上画有一个白色的月牙。要求儿童在看到黑色卡片上的白色月牙时说"白天"，在看到白色卡片上的黄色太阳时说"黑天"。共进行16个试次，每类卡片各半，呈现顺序随机，总分为0—16分。

（4）绿草—白雪任务（grass - snow task）

该任务与白天—黑夜任务设计的逻辑相似，差别仅在于白天—黑夜任务是呈现视觉刺激，要求儿童口述答案，而绿草—白雪任务则是呈现听觉刺激，要求儿童对视觉选项做出反应。实验程序是，首先要求儿童在听到"草"时指向颜色相对的白色纸片，在听到"雪"时指向绿色纸片。共进行16个试次，两个词出现次数各半，呈现顺序随机，可记总分0—16分。[①] 该任务与白天—黑夜任务一样，都是抑制控制的典型研究范式，但其中也有工作记忆的成分。

2. Stroop 控制任务（Stroop - control task）

选自 Gerstadt 等的实验任务。[②] 为儿童展示两张卡片，一张画有国际象棋棋盘，一张画有波浪形曲线。要求被试看到国际象棋棋盘卡片时，说"黑天"；看到画有波浪形曲线的卡片时，说"白天"。一般要先进行练习试次，确保儿童理解指导语和任务规则。要求儿童一类卡片看一次，然后根据规则做反应。如果被试对两类卡片都能正确反应，就进行正式实验；相反地则要纠正被试的错误，再进行一个试次。前测最多只能有3个试次。每个试次中，被试要看1张卡片，主试记录其反应，不进行反馈和纠正。一共测试16张卡片，两类各半，卡片呈现顺序随机，但不能连续呈现同一类型的卡片3次。总分为0—16分。

3. 打乱六个盒子任务（six - box scramble task）

这个任务是在 Hala 等人的研究中使用的范式，[③] 用以测量儿童的工作

① Rothbart M. K. and Posner M. I. , "Temperament and the development of self regulation", In Hartledge H. and Telzrow C. R. , *Neuropsychology of Individual Differences*, New York: Plenum, 1985.

② Gerstadt C. L. , Hong Y. J. and Diamond A. , "The relation between cognition and action: Performance of children 3. 5 – 7 years old on a Stroop – like day – night test", *Cognition*, Vol. 53, No. 2, 1994.

③ Hala S. and Hug S. , "Executive function and false – belief understanding in preschool children: Two tasks are harder than one", *Journal of Cognition and Development*, Vol. 4, No. 3, 2003.

记忆和抑制控制能力。任务首先选择六个形状不同的盒子，主试当着儿童的面将六张卡通贴纸放在六个盒子里，盒子此时全部打开。主试告诉儿童，如果他们能找到贴纸就把贴纸送给儿童，但是要求要快速完成任务。刚开始，主试把所有盒子装好贴纸后都盖上，然后把一个盒子推到儿童面前，要求儿童打开盒子找到贴纸。儿童找到贴纸后马上盖上盒子，把这只没有贴纸的盒子与其他盒子重新打乱，使得所有盒子的位置都发生变化，然后再要求儿童进行下一轮的找贴纸试次。不论是否找到贴纸，都要在儿童打开盒子完成试次反应后拿走盒子重新打乱。拿走盒子后要停顿10秒后继续下一轮试次。最多进行15个试次，直到被试找到所有的贴纸（所有被试都能通过15个试次找到所有贴纸）。得分是错误的数量，得分为0代表儿童用了15个试次才找到所有的贴纸。

4. 敲打任务（Luria's tapping task）

该任务选自 Diamond 等人 1997 年的研究。[①] 这是一种抑制手部动作的任务。主试需告诉儿童，主试手中拿着一根魔杖（指挥棒），边演示边解释游戏规则，看到主试敲一下，儿童就要敲两下；主试敲两下，儿童就要敲一下。此任务是在记住规则的同时必须抑制模仿的倾向。共16个试次，8次敲一下、8次敲两下，敲击方式随机出现，总分为0—16分。

5. 倒序数字广度任务（backward digit span task）

选自 Davis 等人 1996 年研究的倒序数字广度任务。[②] 主试向儿童介绍一个叫 Ernie 的娃娃，并告诉儿童无论主试说什么，Ernie 都会倒着说一遍。主试举例，如果主试说"1、2"，娃娃说"2、1"。然后请儿童尝试也说一遍（用同一个例子）。然后主试建议儿童再跟她玩一些类似的游戏，无论主试说什么，儿童都要倒着说一遍。接着主试从2个数字开始，直到儿童连续三次不能倒着复述主试说出的全部数字为止。记录复述的最好成绩。

6. 放慢动作任务（slowing down motor activity）

放慢动作中有针对行走抑制的慢走（walk – a – line）任务，还有针对

---

① Diamond A., Prevor M. B., Callender G. and Druin D. P., "Prefrontal cortex cognitive deficits in children treated early and continuously for PKU", *Monographs of the Society for Research in Child Development*, New York: Basic Books, 1997.

② Davis H. L. and Pratt C., "The development of children's theory of mind: The working memory explanation", *Australian Journal of Psychology*, Vol. 47, No. 1, 1996.

手部动作抑制的慢画直线（drawing activity）任务。① 行走任务要求儿童沿一条 1.5 米以上长度的直线正常走和慢走，记录二者差值。慢画直线任务要求儿童按照正常速度和慢速徒手连接纸上的两点。两个任务的要求都是越慢越好，是典型的动作控制任务。

7. 低语任务（lowering voice task：whisper）

低语任务是行为调节中对语音的抑制任务。主试要给儿童看 12 张动物卡片，要求儿童压低声音告诉主试每个动物的名称。0 代表大声说（喊）；1 代表声音时大时小；2 代表正常声音；3 代表低语。②

8. 图形任务（shapes task）

图形任务是一项努力注意任务，③④ 是一种非常重要的自我调节测量任务，是 Stroop 任务的一种变式。任务要求给儿童呈现同一种水果的三个大图和三个小图，使其熟悉水果的名称和"大小"两个维度。然后再呈现三张由小水果组成不同的大水果的图片，要求儿童回答每种小水果的名称。1 代表指出的是大水果的名称；2 代表指出了大水果但自己纠正了；3 代表指出了小水果的名称。得分为多个任务的平均成绩。

9. 头—脚任务（hand – and – feet task）

常用于测量儿童的行为调节能力。⑤ 要求儿童在听到口令"摸头"的时候，做出摸脚的反应；听到"摸脚"的口令，做出摸头的反应。即做出违反口令的行为。0 代表反应错误；1 代表反应正确。

10. 卡片任务

卡片分类任务由 Frye 等设计而成，主试呈现包含两种维度的图片（如颜色和形状），在前一阶段，指导儿童按照其中一个维度（如形状）对卡片进行分类，当儿童熟悉掌握此维度分类后，在后转换阶段中，按照

---

① Kochanska G., Murray K. T. and Harlan E. T., "Effortful control in early childhood：continuity and change, antecedents and implications for social development", *Developmental Psychology*, Vol. 36, No. 2, 2007.

② Ibid. .

③ Ibid. .

④ Kochanska G., Murray K. and Coy K. C., "Inhibitory control as a contributor to conscience in childhood：from toddler to early school age", *Child Development*, Vol. 68, No. 2, 1997.

⑤ McCabe L. A., Hernandez M., Lara S. L. and Brooks – Gunn J., "Assessing preschoolers' self – regulation in homes and classrooms：Lessons from the field", *Behavioral Disorders*, Vol. 26, No. 1, 2000.

另一个维度（如颜色）重新进行分类。在该任务中，为顺利完成后转换阶段，儿童需要抑制前转换阶段规则。最后，记录儿童在后转换阶段的得分作为抑制性控制总分。[①]

（三）热自我调节的研究范式

热自我调节的任务以其情绪卷入、动机性而区别于冷自我调节任务，包括情绪驱动的自我调节——情绪自我调节和需要驱动的自我调节——延迟满足任务。

1. 情绪自我调节研究方式

情绪自我调节在自我调节的所有成分中的独立研究较多，因此也发展出了相对丰富的研究方法，包括问卷法和情景实验。

（1）问卷法

问卷法分为自评式和他评式问卷两种。自评式问卷是具有一定言语能力的被试根据自己的情绪调节情况逐项作答，可用于集体施测。自评式问卷存在的问题有两个，一是研究对象必须是具备一定言语能力，特别是书面言语能力的群体，因此不适用于婴幼儿等低龄群体或者是存在一定言语能力障碍的群体；二是自评式问卷无法保证获得被试真实的情绪调节情况，研究对象在作答中可能有掩饰等不实作答问题。他评式问卷由研究对象的密切接触者，如父母和老师、同伴等按照要求逐项作答，也可用于集体施测。他评式问卷很好地解决了自评式问卷无法获得不具备一定言语能力样本群体信息的问题，也能够一定程度上回避研究对象的不实作答问题。但他评式存在的一个致命的问题是，作答者对研究对象可能会出现认知偏差而影响作答质量。目前采用问卷法的研究，一般都会同时使用自评式和他评式问卷，综合评价情绪调节的真实状况。

情绪调节问卷（Emotion Regulation Questionnaire，ERQ）。情绪调节问卷是由 Gross 根据"情绪调节两阶段动态过程模型"编制的，具体测量的是情绪调节的策略。分为认知重评（cognitive reappraisal）和表达抑制（expression suppression）两个分量表，其中各包括一项以上对积极、消极

---

① Zelazo P. D. , Frye D. and Rapus T. , "An age - related dissociation between knowing rules and using them", *Cognitive Development*, Vol. 11, No. 1, 1996.

情绪的调节项目。多项研究均表明该量表有较好的信度和效度。[1][2][3]

情绪调节困难量表（Difficulties in Emotion Regulation Scale，DERS）。情绪调节困难量表由 Gratz 等人研发，[4] 测量情绪理解和情绪调节策略使用，可分为缺乏对情绪反应的意识；缺乏对情绪反应清晰度的认识；不能接受情绪反应；缺乏有效的情绪调节策略；当体验消极情绪的时候，难以控制冲动反应；难以按照目标的指导调节情绪六个维度。该量表的信效度良好，但由于适用年龄为小学中高年级以上，因此在应用于儿童期早期被试时仍需进一步修订。[5]

儿童情绪调节策略问卷（Children's Emotion Regulation Strategies Questionnaire）。该问卷属于他评式问卷，由教师完成七点量表，评定儿童在三类同伴冲突情境下的应对方式（10 项），最后对儿童在压力或应激情境中的应对行为进行整体评价（14 项）。三类情境是：儿童堆的积木被同伴故意撞倒，儿童被排除在同伴游戏之外，儿童被同伴取笑。每种情境都用事例进行描述。分为建构性策略、攻击性策略、寻求帮助策略、发泄策略和无应对五种应对方式。分数越高说明儿童越有可能使用该种策略。

儿童情绪调节核查表（Emotion Regulation Checklist，ERC）。情绪调节核查表是由 Shields 和 Cicchetti 设计的一套包含 24 个项目的他评式问卷。[6] 该量表一般要求由家长、教师等熟悉儿童的成人来完成。采用四点量表（1 = 从不；2 = 偶尔；3 = 经常；4 = 几乎总是）考察儿童出现某种情绪性行为的频率，量表分为两个维度，分别是不稳定性/消极维度（labili-

---

① Gross J. J., "Antecedent – and response – focused emotion regulation: divergent consequences for experience, expression, and physiology", *Journal of Personality and Social Psychology*, Vol. 74, No. 1, 1998.

② 王力、柳恒超、李中权等：《情绪调节量表的信度和效度研究》，《中国行为医学科学》2007 年第 16 卷第 9 期。

③ 王力、柳恒超、李中权等：《情绪调节问卷中文版的信效度研究》，《中国健康心理学杂志》2007 年第 15 卷第 6 期。

④ Gratz K. L. and Roemel L., "Multidimensional Assessment of Emotion Regulation and Dysregulation: Development, Factor Structure, and Initial Validation of the Difficulties in Emotion Regulation Scale", *Journal of Psychology and Behavioral Assessment*, Vol. 26, No. 1, 2004.

⑤ 王力、柳恒超、杜卫等：《情绪调节困难量表在中国人群中的初步测试》，《中国健康心理学杂志》2007 年第 15 卷第 4 期。

⑥ Shields A. and Cicchetti D., "Emotion regulation among school – age children: the development and validation of a new criterion Q – sort scale", *Developmental Psychology*, Vol. 33, No. 6, 1997.

ty/negativity）和情绪调节（emotion regulation）。项目 2、6、8、10、13、14、17、19、20、22 和 24（正向计分），项目 4、5、9 和 11（反向计分）代表不稳定性/消极维度，分数越高代表儿童的情绪失调越严重。项目 1、3、7、15、21 和 23（正向计分），项目 16 和 18（反向计分）代表情绪调节维度。项目 12 分数不计算。

（2）情景法

情景法通过模拟儿童生活的真实情境，诱发儿童情绪，通过观察和问卷结合的方式考察儿童情绪调节的发展状况。Cole 等的失望礼物（disappointment gift）任务[①]中，主试许诺被试在活动结束后赠送礼物，但是儿童最后只得到了一份很让人失望的礼物（破损的玩具或小木片，引发失望情绪），此时就儿童的情绪调节方式进行观察，通常采用录像记录的办法。王莉等采用陌生情境、陌生人情境法考察儿童的情绪调节水平，最后也采用录像记录后编码的方式收集数据。[②]

失望礼物任务（disappointment gift）。主试许诺儿童在活动结束后赠送礼物，当主试将礼物交给儿童时，鼓励儿童立刻打开礼物。当儿童打开礼物时，主试要强调礼物很不错、很好玩，然后观察儿童的面部表情。儿童看礼物时询问儿童："礼物好玩吗？你喜欢吗？"记录儿童 15 秒内的面部表情，[③] 以及儿童对礼物的反应。得分是儿童的回答（喜欢得 1 分，不喜欢得 0 分）、负性表达和评价都要记录。礼物的选择要根据前测确定。该任务如果结合礼物延迟任务效果更为理想。

陌生人情境。将儿童及其母亲置于观察室内，室内可以设置一些玩具。记录儿童在三种条件下的情绪表现：陌生人与母亲同时在室内、母亲和陌生人都不在室内、母亲离开而陌生人在室内。计分采用录像记录后编码的办法，通过单向玻璃观察。

2. 需要动机调节研究范式——延迟满足任务

经典延迟满足任务可分为延迟选择和延迟等待两类范式，其中今天一

---

① Cole P. M., Zahn – Waxle C. and Smith K. D., "Expressive control during a disappointment: variations related to Preschooler's behavior Problems", *Developmental Psychology*, Vol. 30, No. 6, 1994.

② 王莉、陈会昌、陈欣银等：《两岁儿童情绪调节策略与其问题行为》，《心理发展与教育》2001 年第 3 期。

③ Saarni C., "An observational study of children's attempts to monitor their expressive behavior", *Child Development*, Vol. 55, No. 4, 1984.

明天任务是较为典型的仅考察延迟选择的任务；礼物延迟任务则是典型的测量延迟等待的任务；常用的糖果延迟任务则是两种范式结合的经典。

（1）今天—明天任务（today – tomorrow task）

这是一个操作简单但测量效果理想的延迟选择范式，可在非实验室条件下测量。[①] 主试询问儿童，如果今天就要拿到礼物，就只能得到一件；如果可以明天再拿礼物，就可以得到两件。要求儿童做出选择。

（2）点心延迟任务（snack delay）

儿童要等到主试摇铃，才能吃碟子里的小点心。主试和儿童相对而坐，碟子放在两人中间，实验根据 Kochanska 等的研究设计，[②] 分为四个试验（持续时间设定为 10 秒、20 秒、30 秒、40 秒）。每个试验中途，主试都要拿起铃铛，但是不摇。单个试验的得分如下：0 分为没有拿起铃铛就拿了点心；1 分为在铃响之前就拿了点心；2 分为在铃铛拿起来之前就碰铃铛或者杯子；3 分为铃铛响之前就拿起铃铛或者杯子；4 分为铃铛响之后拿了点心。

（3）礼物任务（gift task）

该任务由 Kochanska 等人设计，[③] 又被称为礼物延迟任务（gift delay task）。由于该任务的主要心理过程是要求儿童抑制住偷看行为，而不需要有意识地运用工作记忆，保持规则信息，故将之归入抑制控制类研究范式。具体程序是，首先告诉儿童他将获得一个礼物，然后要求其背对主试，等待主试将礼物包装好。此时，主试须请被试坐在椅子上，将之朝向隐藏的摄像机方向。然后主试在背对儿童的桌子上用秒表计时 60 秒，采用标准流程包装礼物，并要故意弄出很大的响动（目的是诱导被试关注礼物包装过程）。标准程序分四个步骤，分别是 A 将礼物从纸袋

① 杨丽珠、徐丽敏、王江洋：《四种注意情境下幼儿自我延迟满足的实验研究》，《心理发展与教育》2003 年第 4 期。

② Kochanska G., Murray K., Jacques T. Y., Koenig A. L. and Vandegeest K. A., "Inhibitory control in young children and its role in emerging internalization", *Child Development*, Vol. 67, No. 2, 1996.

③ Kochanska G., Murray K. T. and Harlan E. T., "Effortful control in early childhood: continuity and change, antecedents and implications for social development", *Developmental Psychology*, Vol. 36, No. 2, 2007.

中取出；B 将礼物放入包装盒中；C 裁剪包装纸（可事先裁剪好，故此步可省略）；D 用纸包好盒子。如果担心这个过程无法在 60 秒内完成，可以在流程的最后用已经包好的礼物迅速代替未包装好的礼物（但这一过程不可被被试看到）。该任务要记录儿童偷看的得分。总分从 0—2。0 代表头全部转过来或者连同身体都转过来偷看；1 代表只是头贴在肩膀上窥视；2 代表没有偷看。还要记录第一次偷看的时长和总的偷看次数。

六　自我调节的发展性研究

在近年的自我调节主题研究中不难发现，几乎每 5 篇有关自我调节的研究就会有一篇引用 Bronson 的这句话——自我调节是"儿童期早期的一个关键性、标志性的发展成就"[①]。我们可以从三个角度来理解这一论断：一是关注自我调节的发展性，必然要首先关注儿童期早期的发展情况；二是自我调节是心理发展中的核心能力，其发展全貌要由构成成分的发展综合表现出来，自我调节的各个方面是彼此相关的，冲动控制、情绪调节、认知调节和顺从行为等是彼此影响的；三是自我调节的同质性概念（执行功能、努力控制等）的发展研究也应纳入自我调节研究的范畴之中。

为了更好地梳理自我调节的众多发展性研究成果，这一部分仍将以冷热系统理论来划分自我调节的各种成分。为了便于整合同质性的研究成果，将冷执行功能和以认知调节为主的努力控制研究纳入冷自我调节发展研究部分，情绪自我调节和延迟满足发展研究相应地归为热自我调节发展研究部分。

（一）冷自我调节的发展性研究

1. 冷执行功能的发展性研究

冷执行功能的发展与前额叶的成熟密切相关。前额叶属于脑的新皮层，是种系发展中出现最晚的脑皮层，其成熟也最为缓慢，一般要持续到成年初期（25 岁左右）结束，但前额叶皮层在学前阶段的发展也是非常

① Benson P., *Teaching and Researching Autonomy in Language Learning*, Harlow：Longman/Pearson Education，2001.

迅速的。许多研究均表明，冷执行功能在 3—6 岁发展变化是十分显著的。[1][2][3][4][5][6] 具体来说，3 岁儿童的冷执行功能发展水平是偏低的，表现在 3 岁儿童尽管能够理解任务规则，但是难以抑制自己的行为；但从 4 岁开始儿童的抑制能力显著强于 3 岁儿童，[7][8][9][10] 能够完成任务，也就是说 3 岁和 4—5 岁的冷执行功能成绩的差异是极其显著的。[11] 儿童的热执行功能在 3—4 岁的发展是非常迅速的。[12] Carlson 的研究表明，3 岁儿童很难完成对注意和动作反应进行抑制控制的任务，到了 5 岁儿童对这些任务可以熟练完成。[13]

不同学者提出了不同的抑制性控制概念。Pemer 的定义侧重于对干扰刺激的抑制，他认为抑制性控制是排除干扰刺激以达到整体的认知表征目标的过程。[14] Hishfeger 突出了抑制性控制中的能动性，抑制控制中的能动

① Zelazo P. D. and Müller U., "Executive function in typical and atypical development", In Goswami U., *Handbook of Childhood Cognitive Development*, Oxford: Blackwell Publishers, 2002.

② Hala S. and Hug S., "Executive function and false - belief understanding in preschool children: Two tasks are harder than one", *Journal of Cognition and Development*, Vol. 4, No. 3, 2003.

③ Carlson S. M., "Developmentally sensitive measures of executive function in preschool children", *Developmental Neuropsychology*, Vol. 28, No. 2, 2005.

④ 张文静、徐芬：《3—5 岁幼儿执行功能的发展》，《应用心理学》2005 年第 11 卷第 1 期。

⑤ 张婷、吴睿明、李红等：《不同维度的执行功能与早期心理理论的关系》，《心理学报》2006 年第 38 卷第 1 期。

⑥ 廖渝、吴睿明、Zelazo P. D.：《意外地点任务中不同测试问题及意图理解与执行功能的关系》，《心理学报》2006 年第 38 卷第 2 期。

⑦ Zelazo P. D. and Müller U., "Executive function in typical and atypical development", In Goswami U., *Handbook of Childhood Cognitive Development*, Oxford: Blackwell Publishers, 2002.

⑧ Hala S. and Hug S., "Executive function and false - belief understanding in preschool children: Two tasks are harder than one", *Journal of Cognition and Development*, Vol. 4, No. 3, 2003.

⑨ 张婷、吴睿明、李红等：《不同维度的执行功能与早期心理理论的关系》，《心理学报》2006 年第 38 卷第 1 期。

⑩ 廖渝、吴睿明、Zelazo P. D.：《意外地点任务中不同测试问题及意图理解与执行功能的关系》，《心理学报》2006 年第 38 卷第 2 期。

⑪ Carlson S. M., "Developmentally sensitive measures of executive function in preschool children", *Developmental Neuropsychology*, Vol. 28, No. 2, 2005.

⑫ 李红、高山、白俊杰：《从儿童赌博任务看热执行功能的发展》，《心理发展与教育》2005 年第 1 期。

⑬ Carlson S. M., "Developmentally sensitive measures of executive function in preschool children", *Developmental Neuropsychology*, Vol. 28, No. 2, 2005.

⑭ Perner J. and Wimmer H., "'John thinks that Mary thinks that…': attribution of second - order belief by 5 - to 10 - year old children", *Journal of Experimental Child Psychology*, Vol. 39, No. 3, 1985.

性是指个体主动压制干扰刺激，不让其进入工作记忆、占有工作记忆资源的过程。Logan 的定义中强调了抑制性控制在复杂的认知加工过程中的重要作用，认为它是个体自发产生的。[①] Mivake 也肯定了抑制性控制的主动生成性，但认为所要抑制的干扰不是无关信息，而是主动抑制个体可能存在的优势反应或者自动反应的过程。总结以上研究者们的定义，根据主动性和干扰信息的性质划分，可将抑制性控制分为三类：抑制已激活但与任务无关的信息通路；抑制不适当的优势反应；抑制无关信息的激活。

抑制控制是冷执行功能成分中对前额叶皮层依赖最明显的一个维度。具体来说：来自动物研究的证据表明，猴子的额叶损伤会导致抑制的缺陷。[②] 有研究表明，处于学前期的儿童在包含抑制控制成分的作业上的表现与额叶受损患者的表现相似，[③] Zelazo 等的研究也得出了类似的结论。[④] 有证据表明，抑制控制的发展是平行于前额叶结构和功能的成熟的。[⑤]

抑制控制在 1 岁前还没有出现，多数婴儿在 A 非 B 任务中，会在物体原来的位置 A 处寻找。[⑥] 由于在 A 非 B 任务中通过与否与儿童获得客体永存性的时间是一致的，因此有些研究者认为儿童的抑制控制能力的出现对客体永存性的获得有重要的作用，[⑦] 这个时间大约在 11 个月。儿童在 2—3 岁，抑制控制能力得到了进一步的发展，具体表现为在禁止触摸玩具的任务中，随年龄的增加儿童等待时间显著增长。[⑧] 根据 Luria 的研究，

---

① Logan G. D. , *Inhibitory processes in attention, memory, and language*, San Diego: Academic Press, 1994.

② Diamond A. , "Developmental time course in infants and infant monkeys, and the neural bases of inhibitory control in reaching", *Annals of the New York Academy of Sciences*, No. 608, 1990.

③ Luria A. R. , *The working brain: An introduction to neuropsychology*, New York: Basic Books, 1973.

④ Zelazo P. D. , Frye D. and Rapus T. , "An age – related dissociation between knowing rules and using them", *Cognitive Development*, Vol. 11, No. 1, 1996.

⑤ Diamond A. , "Developmental time course in infants and infant monkeys, and the neural bases of inhibitory control in reaching", *Annals of the New York Academy of Sciences*, No. 608, 1990.

⑥ Diamond A. , Werker J. and Lalonde C. , "Toward understanding commonalities in the Development of object search, detour navigation, categorization, and speech perception", In Dawson G. and Fischer K. W. , *Human behavior and the developing brain*, New York: Guilford, 1994.

⑦ Russell J. , *Agency: Its role in mental development*, Hove: Erlbaum, 1996.

⑧ Baughn B. E. , Kopp C. B. and Krakow J. B. , "The emergence and consolidation of self – control from 18 to 30 months of age: Normative trends and individual differences", *Child Development*, Vol. 55, No. 3, 1984.

儿童的自我调节能力在3—5岁会发生显著的变化，[①] 这也支持了抑制控制在学前阶段会发生显著变化的假设。在白天—黑夜任务中，儿童会经常忘记规则按照卡片标识回答，或是不根据卡片给出答案，还可能会对所有的卡片做出同一种命名。[②] 即便是儿童能够做出反应，但是他们所花费的时间会更长。3岁儿童比5岁儿童在白天—黑夜任务中的正确反应少，且反应潜伏期更长。[③] 在敲打任务、卡片分类任务中，儿童都表现出3—5岁成绩和反应显著地发生变化。[④][⑤]

2. 努力控制能力的发展性研究

由于个体的前注意系统在2岁前发展极为缓慢，因此努力控制能力要到儿童3岁以后的学龄前期才开始快速发展，且发展能够持续到成年阶段。[⑥] 具体来说，在1岁左右，儿童已经能通过协调手的动作和视觉，完成抓取远处物体的动作，这说明儿童此时已经能够有效控制动作，具备了一定的抑制能力。[⑦] 到了2岁半即30个月左右，儿童Stroop类任务的准确率显著提高，且注意转移能力也发生明显的变化。[⑧] Kochanska设计的努力控制测试系列任务，是测量2—3岁儿童的经典任务，其中包括延迟、努力注意、低语和信号激停任务，其结果也表明儿童努力控制在22—33

---

① Luria A. R., *The working brain: An introduction to neuropsychology*, New York: Basic Books, 1973.

② Hoeksma J. B., Oosterlaan J. and Schipper E. M., "Emotion regulation and the dynamics of feelings: A conceptual and methodological framework", *Child Development*, Vol. 75, No. 2, 2004.

③ Luria A. R., *The working brain: An introduction to neuropsychology*, New York: Basic Books, 1973.

④ Zelazo P. D., Frye D. and Rapus T., "An age – related dissociation between knowing rules and using them", *Cognitive Development*, Vol. 11, No. 1, 1996.

⑤ Diamond A., Werker J. and Lalonde C., "Toward understanding commonalities in the Development of object search, detour navigation, categorization, and speech perception", In Dawson G. and Fischer K. W., *Human behavior and the developing brain*, New York: Guilford, 1994.

⑥ Posner M. I. and Rothbart M. K., "Attention, self – regulation and consciousness", *Philosophical Transactions of the Royal Society*, Vol. 353, No. 1377, 1998.

⑦ Diamond A., "Neuropsychological insights into the meaning of object concept development", In Carey S. and Gelman R., *The epigenesis of mind: Essays on biology and cognition*, Oxford: Blackwell Publishers, 1991.

⑧ Posner M. I. and Rothbart M. K., "Attention, self – regulation and consciousness", *Philosophical Transactions of the Royal Society*, Vol. 353, No. 1377, 1998.

个月有大幅度提高。[1] Gerardi - Caulton 发现，儿童努力控制能力在 24—36 个月有了显著的改善，[2] 而 Ponsner 和 Rothbart 的研究进一步发现，儿童努力控制能力到 4 岁发展得已经很好了。[3] Kochanska 等的研究提供了努力控制发展稳定性的证据，并进一步指出，努力控制是一种稳定的气质特质。[4]

3. 行为调节能力的发展性研究

Kochanska 等人的研究表明，儿童的顺从行为在 14—45 个月发展比较迅速，具有年龄的稳定性。[5] 我国学者的研究也发现，儿童在 18—36 个月有显著的发展趋势。[6] 行为调节能力在学前阶段与语言和数学能力的发展有关。[7]

（二）热自我调节的发展性研究

1. 情绪自我调节的发展性研究

婴儿已经具有初级形式的情绪调节能力，如吮吸手指、盯着令他/她不愉快的人或物看、接近母亲等。[8][9] 在压力情境中，婴儿会利用母亲的表情线索帮助调节自己的行为。2 岁时，儿童逐渐开始依靠自己的内部情

---

①　Moilanen K. L. , "The adolescent self - regulatory inventory: The development and validation of a questionnaire of short - term and long - term self - regulation", *Journal of Youth and Adolescence*, Vol. 36, No. 6, 2007.

②　Gerardi - Caulton G. , "Sensitivity to spatial conflict and the development of self - regulation in children 24 - 36 months of age", *Developmental Science*, Vol. 3, No. 4, 2000.

③　Posner M. I. and Rothbart M. K. , "Attention, self - regulation and consciousness", *Philosophical Transactions of the Royal Society*, Vol. 353, No. 1377, 1998.

④　Moilanen K. L. , "The adolescent self - regulatory inventory: The development and validation of a questionnaire of short - term and long - term self - regulation", *Journal of Youth and Adolescence*, Vol. 36, No. 6, 2007.

⑤　Kochanska G. , Coy K. C. and Murray K. T. , "The development of self - regulation in the first four years of life", *Child Development*, Vol. 72, No. 4, 2001.

⑥　张劲松:《儿童的自我调控能力——评估、影响因素及其事件相关点位的研究》，博士学位论文，华东师范大学，2006 年。

⑦　McClelland M. M. , Cameron C. E. and Connor M. , et al. , "Link between behavioral regulation and preschoolers' literacy, vocabulary, and math skills", *Developmental Psychology*, Vol. 43, No. 4, 2007.

⑧　Tronick E. Z. , "Emotions and emotional communication in infants", *American Psychologist*, Vol. 44, No. 2, 1989.

⑨　Buss K. A. and Goldsmith H. H. , "Fear and anger regulation in infancy: Effects on the temporal dynamics of affective expression", *Child Development*, Vol. 69, No. 2, 1998.

绪资源管理情绪行为。① 因此，学步期可能是情绪调节技能发展的一个重要阶段。1—3 岁的儿童能通过玩玩具等方式分散注意力，力图缓解负性的情绪。② Cole 的研究发现即使到学龄前阶段，儿童也很难在失望礼物任务中有积极的情绪反应。③

　　从这个年龄发展阶段的系列研究中，可以发现，儿童的情绪调节能力是随着运动能力的发展而发展的，当儿童能够爬行或更自由灵活地使用四肢时，他们的调节方式也由指向自身转向借助外部实现调节；儿童在学前阶段的情绪调节水平相对低下，即使能够控制住自己的行为也很难做到表现出相反的情绪行为（即积极的情绪行为）；随着年龄的增长，儿童的情绪调节能力越来越强，调节策略越来越丰富，运用手段也越来越灵活；情绪调节能力的发展也会随着社会认知等社会化发展而发展，这部分是由于儿童对他人情绪的理解能力也在发展，进而影响了其情绪调节能力的发展。④

　　早期研究中通过对母婴之间的实时互动的观察，预测母亲和子女双方情绪交流中双重调节的自发产生和互动的可能性。实验分别对母亲和婴儿的表达性行为连续地进行编码，然后分析每组的母婴两个人各自变化的时间和顺序。Feld 研究发现，母婴各自的表达性行为（面部表情和声音）以及他们的生理反应存在同步性。这可以解释为典型的母婴都对对方的情绪信号很敏感，通过调整行为来适应或调节另外一方的情绪，使关系维持在一种最佳的敏感状态下，以利于情绪的互动。母亲通过观察婴儿的情绪信号调整婴儿的情绪，提供适当的刺激、调整婴儿唤醒状态的水平以及加强婴儿的反应。婴儿通过感受母亲的情绪和状态来调整对刺激的接近或退

　　① Walden T. and Ogan T. , "The development of social referencing", *Child Development*, Vol. 59, No. 5, 1988.

　　② Grolnick W. S. , Bridges L. J. and Connell J. P. , "Emotion regulation in two – year – olds: Strategies and emotional expression in four contexts", *Child Development*, Vol. 67, No. 3, 1996.

　　③ Gratz K. L. and Roemel L. , "Multidimensional Assessment of Emotion Regulation and Dysregulation: Development, Factor Structure, and Initial Validation of the Difficulties in Emotion Regulation Scale", *Journal of Psychology and Behavioral Assessment*, Vol. 26, No. 1, 2004.

　　④ Denham S. A. , Blair K. A. , DeMulder E. , Levitas J. , Sawyer K. , Auerbach – Major S. and Queenan P. , "Preschool emotional competence: Pathway to social competence?", *Child Development*, Vol. 74, No. 1, 2003.

缩，同时对母亲情绪偶尔进行反应。[①]

　　这些情绪变化的程度对儿童自我情绪调节的发展具有重要的先导作用。例如，采用统计程序控制自然发生的情绪自相关来考察母婴间的同步性时，发现婴儿期情绪调节同步性的质量可以预测童年期的自我控制能力。此外，人际间或母亲的情绪调节不仅是婴儿期的现象，在父母与学步儿、学龄前儿童的互动研究中都有发现。这些研究都是采用实验程序，使得母子共同面对儿童在生活中遇到的常见问题。多数研究都是激起儿童的一种行为需求或者是对物体的渴求，然后阻止其实现，以激起其挫折感和愤怒感，包括要求儿童清理玩具，等妈妈做完事情才能得到需要的东西，忍住去摸不让动的玩具，或者坚持进行困难的任务。这些研究也包括积极的情绪变化（如吃小点心、自在玩耍、得到玩具）。

　　实验程序引发了社会交往，然后根据情绪线索编码。母子的情绪是根据面部表情和声音线索推得的，他们要被独立编码，但是由于时间上的同步性，允许存在父母双方反应的暂时联系。例如，采用连续记录母子情绪表现的起始，Denham 考察了分别在积极情绪（吃午饭）和消极情绪（医生检查）条件下的亲子对话。对母子情绪表现的分析结果表明母子对彼此的情绪反应是可预测的、系统的及同时可用的。[②]

　　另一种测量情绪调节的方法利用了社会交往中可知的混乱效应。平静脸说明儿童情绪变化时母亲感受变化的作用，故提供了另一条推断情绪调节的方法。标准的三阶段程序是，母子先产生自发的互动；接着，母亲按照指导语在一小段时间里表现出反应的迟钝，表情平静；最后，母亲恢复自发状态。结果发现，妈妈没有表情时，多数婴儿（1）发生了情绪变化，特别是微笑减少了，增加了悲伤的信号；（2）表现出想要再跟母亲交流，通过声音和手势来表达这种想法；（3）通过转移开对妈妈的注视来为重新与妈妈沟通而努力。在最后的恢复阶段，婴儿用恢复了更多积极情绪的表情注视母亲。这些情绪和行为的变化也伴随着自律行为。此外，

---

　　① Calkins S. D. and Howse R. B., "Individual differences in self - regulation: Implications for childhood adjustment", In Philippot P. and Feldman R. S., *The Regulation of Emotion*, Mahwah, NJ: Erlbaum, 2004, pp. 307 – 332.

　　② Denham S. A., Blair K. A., DeMulder E., Levitas J., Sawyer K., Auerbach - Major S. and Queenan P., "Preschool emotional competence: Pathway to social competence?", *Child Development*, Vol. 74, No. 1, 2003.

也证明了婴儿的变化不仅是在情绪、行为和生理上，也表现在双方的交往合作中。Weinberg 等人的 second – by – second 编码技术发现当母亲的情绪受到限制时，互动的干扰会干扰到母亲对双方情绪的调节。[①] 恢复阶段，她们既会表现出从平静脸阶段的消极情绪的残存，也会有与过去相比的母婴合作的变化。

平静脸程序的研究说明，婴儿是能够通过积极参与的行为（声音等）调节社会交往的，并能在他人交际策略失败时产生自我调节（转移视线、吮吸）。此外，有研究表明婴儿的表达性行为与方法之间存在着特殊的联系。因此，可预测婴儿的调节和反应过程。例如，Braungart – Rieker 等人发现，4 个月大的婴儿表情与行为调节之间存在联系。与程序中表现出更多积极情绪的婴儿相比，有更多消极情绪的婴儿，其自我满足行为更少，他们也鲜有对父母或者刺激物的朝向反应。[②] 在平静脸程序中表情愤怒的婴儿会有"抱我"的手势，声音悲伤，会发出试图从环境中逃离或远离信号。

Lamb 等人设计了一个 1—7 个月婴儿在家中情绪反应的纵向研究。他们关注的是婴儿哭泣时是否可以缓解悲伤，比较母亲或者女性实验者做出反应的异同，当研究控制了婴儿哭泣和成人放松之间的延迟时间（立即做出反应还是 60 秒后再反应）。比较两种条件，发现成人的到来令婴儿镇静下来（如婴儿在被成人抱起来前就自己安静下来）。这证明，在实验法以外，可利用社会期望的方法来研究婴儿早期情绪调节和早期自我调节。

2. 延迟满足的发展性研究

儿童在 3 岁前自我延迟满足能力已经开始发展，且随年龄的增长有显著提高。Vauhen 等人的研究测量了 2—3 岁儿童在三个延迟满足任务上的行为变化，[③] 发现儿童已经能通过分心等注意策略实现延迟满足，且等待时间随着年龄的增长有显著的提高。Kochanska 等对 22—33 个月儿童努力

① Weinberg M. K. , Tronick E. Z. , Cohn J. F. and Olson K. L. , "Gender differences in emotional expressivity and self – regulation during early infancy", *Developmental Psychology*, Vol. 35, No. 1, 1999.

② Ibid. .

③ Vaughn B. E. , Kopp C. B. , Krakow J. B. and Johnson K. , "Process analyses of the behavior of very young children in delay tasks", *Developmental Psychology*, Vol. 22, No. 6, 1986.

控制的研究，采用了延迟满足的任务，结果显示儿童延迟满足任务成绩随年龄的发展而显著提高。① 这表明，儿童早在学步期就已经具有一定的自我延迟满足能力，且开始逐步发展。从 3 岁开始，儿童延迟满足能力的发展随着认知能力、言语能力和自我意识等各方面的发展，而得到进一步的提高，具体表现为，儿童从注意策略发展出了多种延迟策略。杨丽珠等的研究表明，儿童在 3—5 岁期间，延迟满足能力有显著的提高，具有跨年龄和跨情境一致性。②

以上是对自我调节的概念性、理论性和实证性文献的回顾与分析。可以说，自我调节能力在个体心理结构中、在发展历程中都是关键性和决定性的因素，但如开篇所言，自我调节存在与发展的最大意义在于，它能实现个体从内在动物性，走向整合社会性，成为"社会性动物"的过程。所以，关注自我调节对个体社会认知的研究是具有积极的现实意义和教育价值的。在社会认知中，解读他人心理状态的能力是个体实现社会化的基本前提，而实现解读操作的正是个体的心理理论能力。关注儿童社会性发展和社会能力教育，应该着眼于对个体心理能力发展的研究。因此，本书将以自我调节为切入点，考察儿童心理理论的发展特点和个体差异性。

第二节　心理理论(theory of mind, ToM)

心理理论一词最早出现在 Premack 和 Woodruff 题为 "Does the Chimpanzee Have Theory of Mind?" 的文章中，③ 2008 年是这篇引发心理理论研究热潮的文章发表 30 周年，心理理论的研究数量远胜 30 年前，始终保持着较高的研究热度。④ 目前针对心理理论的研究遍布各个领域，本书拟将着重梳理发展心理学视角下的心理理论研究。

---

① Kochanska G., Murray K. T. and Harlan E. T., "Effortful control in early childhood: continuity and change, antecedents and implications for social development", *Developmental Psychology*, Vol. 36, No. 2, 2007.

② 杨丽珠、徐丽敏、王江洋：《四种注意情境下幼儿自我延迟满足的实验研究》，《心理发展与教育》2003 年第 4 期。

③ Call J., Tomasello M., "Does the chimpanzee have a theory of mind? 30 years later", *Trends in Cognitive Science*, Vol. 12, No. 5, 2008.

④ 陈友庆：《"心理理论"的研究概述》，《江苏教育学院学报》（社会科学版）2005 年第 21 卷第 5 期。

一 心理理论及其相关概念的辨析

在 Premack 和 Woodruff 的经典实验中，让黑猩猩观看一段录像。录像中一个人被关在笼子中，并努力伸手去拿笼子外的香蕉。录像结束后，给黑猩猩看两张照片，一张是笼中人用棍子把香蕉拨到笼子里（对策），一张是没有任何解决对策的场景。结果发现黑猩猩学会了照片中的解决方法，研究者推测如果黑猩猩能理解自己和他人的意图、信念等，就已经具有"心理理论"了。① 这与目前普遍认同的心理理论定义是一致的，即对自己和他人心理状态（如需要、信念、意图、感觉等）的认识，并由此对相应行为做出因果性的预测和解释。②

对这一概念的解析要从两个词的含义分别来看。"心理理论"中的"心理"（mind）即为个体的心理状态，如信念、目的、情感、动机、思维等，与心理学一般意义上的"心理"意义相同。而"心理理论"中的"理论"（theory），主要是使用了"理论"一词的预测性特质，认为个体的心理理论是对他人心理状态的一种推测能力，即可以预测他人的心理活动，③ 是对"灰箱"中无法直接测量到的心理状态进行的一种推理，并做出预测性决策的一个过程。类似于 Wegner 对理论的定义，④ 心理理论就是将某一现象置于心理状态，如信念、情感、动机、思维，以及社会规则等客观因素组成的概念系统中，经过分析和综合过程做出推断并进行预测。

（一）心理理论与观点采择（perspective-taking）

观点采择的概念最早来自 Piaget 对儿童思维自我中心的研究，是心理学对儿童心理知识研究的开端。心理理论概念的出现晚于观点采择（第一阶段），也晚于元认知概念（第二阶段），是儿童心理知识第三个研究阶段。观点采择是区分自己与他人的观点，以及发现这些不同的观点之间

① Call J., Tomasello M., "Does the chimpanzee have a theory of mind? 30 years later", *Trends in Cognitive Science*, Vol. 12, No. 5, 2008.

② Happe F. G. and Winner E., "The getting wisdom: Theory of mind in old age", *Developmental Psychology*, Vol. 34, No. 2, 1998.

③ Bretherton I. and Beegly M., "Talking about internal states: The acquisition of an explicit theory of mind", *Developmental Psychology*, Vol. 18, No. 6, 1982.

④ Wegner D. M. and Vallacher R. R., *Implicit psychology: An introduction to social cognition*, Oxford: Oxford University Press, 1977.

关系的能力。① 心理理论与观点采择都是反映个体对他人认知活动的概念，二者既有区别也存在联系。如果说心理理论是对他人心理状态的认知以及预测、推断，那么观点采择正是实现对他人心理状态的认知的能力，故此可以认为心理理论包含观点采择能力，观点采择侧重于心理理论能力的认知成分。

（二）心理理论与元认知（metacognition）

元认知的概念出现先于心理理论，而晚于观点采择。Flavell 给出的元认知定义是一个人所具有的关于自己思维活动和学习活动的认知与监控。② 元认知关注的是与任务相关的心理活动，是以问题为中心、目的为导向的，默认个体已经具备了了解心理状态的能力。而心理理论则反映了个体从尚未发展到逐渐具备对他人心理状态了解的能力。因此，元认知的研究对象多为学龄期以上群体，而心理理论研究早期的重点放在了学龄前期儿童身上。学界对二者关系的争论颇多，以下列出几种代表性的观点。

1. 等价论

Falvell 等研究者认为，心理理论与元认知并无本质的差异，只是"对同一认知现象的另一种表述方式"③。这种情况颇似执行功能、努力控制和自我调节之间的关系，但必须要认识到，心理理论和元认知之间还是存在一定的差异的。心理理论涉及的是双主体，而元认知却是个体自身对自身的再认识过程，是单个主体以主体本身为认识对象的一种认知能力。另外，更多的研究者认为心理理论包含在元认知之中，是元认知的知识部分。这也得到了元认知概念的提出者 Falvell 的支持。

2. 心理理论是元认知发展的基础

将心理理论视为元认知发展的基础，这一观点得到了多数研究者的支持。他们认为心理理论为元认知的发展提供了有关心理状态的知识。有研究者将元认知定义为"应用的心理理论"④，强调元认知对心理理论的应用性。元认知是基于问题的心理成分，心理理论是对心理状态的一般性理

---

① Selman R. L. and Bryne D. , "A structural developmental analysis of levels of role – taking in middle childhood", *Child Development*, Vol. 45, No. 45, 1974.

② ［美］弗拉维尔：《认知发展》，邓赐平，刘明译，华东师范大学出版社 2002 年版。

③ Flavell J. H. , "Development of children's knowledge about the mental world", *International Journal of behavioral development*, Vol. 24, No. 1, 2000.

④ Ibid. .

解，实现元认知的过程也就是将对心理状态的理解应用于具体问题的过程，从这个意义上来说，认为心理理论是元认知发展的基础是有其合理性的。

3. 元认知是心理理论发展的先兆

Marazita 等人的研究发现，在元认知任务上表现好的儿童在心理理论上不一定表现得好，反之亦然。[①] 她推测儿童是先认识到自己的心理状态后，才能理解他人的心理状态的，对自己心理状态的认识和把握即为元认知能力，而后理解他人的心理状态才是心理理论涉及的内容。由于其研究设计无法实现这一因果推论，因此，元认知是心理理论发展先兆的观点未得到多数研究者的认同。

4. 无关论

心理理论与元认知不存在联系的最直接证据来自儿童自闭症患者的行为研究。传统观点认为，自闭症儿童的心理理论发展水平严重落后于正常儿童，[②] 但患儿在元认知测验上却没有明显落后于正常儿童。[③] 据此研究者推测，心理理论与元认知可能并没有密切的联系。

（三）心理理论与情绪理解

Tager - Flusberg 和 Sullivan 认为心理理论包括社会认知成分（social - cognitive component）和社会知觉成分（social - perceptual component），[④] 这就是心理理论的两成分模型。社会认知成分是表征的概念性理解能力，与认知能力、言语等有密切的关系，[⑤] 错误信念理解任务就测量了心理理论的社会认知成分。社会知觉成分与情绪的关系更为密切，是根据面部表情、肢体动作等推断他人心理状态，进而做出迅速判断的能力，[⑥] 具有内

---

① 参见陈伟民《3—5岁幼儿心理理论与 FOK 发展之间的关系研究》，硕士学位论文，华东师范大学，2002年。

② Baron - Cohen S., Leslie A. M. and Firth U., "Does the autistic child have a 'theory of mind'?", *Cognition*, Vol. 21, No. 1, 1985.

③ Farrant A., Boueher J. and Blades M., "Meta - memory in children with Autism", *Child Development*, Vol. 70, No. 1, 1999.

④ Tager - Flusberg H. and Sullivan K., "A componential view of theory of mind: evidence from Williams syndrome", *Cognition*, Vol. 76, No. 1, 2000.

⑤ 隋晓爽、苏彦捷：《对心理理论两成分认知模型的验证》，《心理学报》2003年第35卷第1期。

⑥ Tager - Flusberg H. and Sullivan K., "A componential view of theory of mind: evidence from Williams syndrome", *Cognition*, Vol. 76, No. 1, 2000.

隐性。隋晓爽、苏彦杰的研究①发现，多数儿童要到 5 岁才能通过社会认知任务；而通过社会知道成分任务的年龄要早于 3 岁。情绪理解是指个体对所面临的情绪线索和情境信息进行解释的能力，主要包括对面部表情的识别能力以及对各种引发情绪的情境的认识和解释。② 从心理理论两成分模型③、情绪理解的定义④以及采用错误信念任务考察心理理论与情绪理解关系的研究⑤来看，情绪理解可以归入社会知觉成分中，且发展要早于社会认知成分。据此可得出两个推论：一是说明情绪理解能力是一种包含情绪成分的心理理论能力，隶属于心理理论大范畴中；二是对心理理论的测量，应从以往关注信念、愿望的认知任务扩展为同时考察认知与情绪性两类任务。

李佳和苏彦捷认为情绪调节是情绪理解发展的较高阶段，是对自己或他人心理状态的预测反映到行动的过程，也就是依据情绪理解进行反应。⑥ 因此，情绪调节是需要通过认知环节完成对心理状态的表征后，再进行调节的。

二　心理理论的相关理论研究

（一）理论论（theory theory）

理论论的心理理论概念是采用常识心理学（folk psychology）的现象，应用科学理论心理学的概念。把心理理论界定为一种认识心理生活的理论化思维，即儿童对心理状态的认识具有与科学理论类似的基本特征。⑦ 理论论认为，个体预测和推断自己及他人行为的能力是源于一般性内隐知

---

① 隋晓爽、苏彦捷：《对心理理论两成分认知模型的验证》，《心理学报》2003 年第 35 卷第 1 期。

② 姚瑞纬、陈英和、赵延芹：《3—5 岁儿童情绪能力的年龄特征、发展趋势和性别差异的研究》，《心理发展与教育》2004 年第 2 期。

③ Tager – Flusberg H. and Sullivan K. , "A componential view of theory of mind: evidence from Williams syndrome", *Cognition*, Vol. 76, No. 1, 2000.

④ 姚瑞纬、陈英和、赵延芹：《3—5 岁儿童情绪能力的年龄特征、发展趋势和性别差异的研究》，《心理发展与教育》2004 年第 2 期。

⑤ 陈英和、崔艳丽、王雨晴：《幼儿心理理论与情绪理解发展及关系的研究》，《心理科学》2005 年第 28 卷第 3 期。

⑥ 李佳、苏彦捷：《儿童心理理论能力中的情绪理解》，《心理科学进展》2004 年第 12 卷第 1 期。

⑦ 熊哲宏：《儿童"心理理论"发展的"理论论"（The theory – theory）述评》，《心理科学》2001 年第 3 期。

识，或称之为"理论"。其实质是一种经验论论调，① 将经验类比为理论，通过经验与儿童认识心理状态能力间的相互影响，获得并发展心理理论。

（二）模拟论（simulation theory）

Gordon 首先在 1986 年发表的 "Folk Psychology As Simulation" 一文中提出了模拟论的观点，Goldman1989 年发表的 "Interpretation Psychologized" 一文则标志着模拟论的正式提出。该理论假设，个体通过内省的方式激活自我心理状态性知识，模拟自己身处该场景的心理状态，而实现对他人心理活动的体验。简言之，即设身处地地采用"类比"的方式，通过实时体验来解释他人的行为与心理状态。因此，在完成心理理论的过程中，儿童是以现象而非理论引发对心理状态知识的认识，模拟的过程是加工导向（process - driven）而非理论导向（theory - driven）的。在发展过程中儿童仅发展精确化程度逐渐增大的模拟能力。针对模拟的产生机制，Harris 认为是一种内隐机制促使个体在婴儿期联合注意的发生和发展。②

（三）模块论（modularity theory）

模块论观点认为心理理论是一种先天存在的、具有领域特殊性的结构，③ 以模块的形式存在于神经系统中，由经验的累积而引发，类似于言语习得的过程。心理理论的核心机制是心理理论机制（Theory - of - Mind Mechanism，ToMM）和选择处理器（Selection Processing，SP）。④ Lelise 认为，通过三个模块机制（ToBy、ToMM1、ToMM2）的神经基础相继成熟，儿童实现了对心理状态的理解变化和认识水平的发展，而在完成错误信念任务时，儿童还需要有类似于抑制控制机制的功能参与完成，因此，还需要激活选择处理器以抑制优势反应的发生。模块论不同于理论论的经验论论调，它强调了模块的先天固有性，认为模块是发展的基础，而不是发展

① 陈友庆：《学前儿童心理理论的发展》，博士学位论文，天津师范大学，2004 年。

② Harris P. L.，"From simulation to folk psychology：The case for development"，*Mind and Language*，Vol. 7，No. 1 - 2，1992.

③ Leslie A. M.，"Pretending and believing：Issues in the theory of ToMM"，*Cognition*，Vol. 50，No. 1，1994.

④ Leslie A. M.，"Pretense and representation：The origins of theory of mind"，*Psychological Review*，Vol. 94，No. 4，1987.

的结果。[1]

（四）匹配论（matching theory）

匹配论认为，儿童首先要意识到自己与他人的心理状态具有等价性，然后通过模仿，如角色扮演[2]或对心理关系的整合，完善对等价性的认识，逐步形成关于心理生活的知识。这种论点得到了如 Andrew Meltzoff、Alison Gopnik 和 Chris Moore 等人的支持，他们认同经验在心理理论获得过程中是十分重要的这一观点，[3][4] 因此并不否定理论在做出预测时的作用，但把关注点放在了匹配在知识获得过程中的作用上。匹配论的基本前提是心理"等价性"的意识时序，即儿童理解自我心理状态和他人心理状态的出现时间是否具有同步性，这一点已得到了实验研究的证实。[5]

以上四种理论从各自的研究视角给出了心理理论的发生和发展机制性诠释。理论论以理论建构规律类比规律建构过程；模拟论以类比行为审视推己及人的心理过程；模块论强调了心理理论出现和发展的神经性心理基础；匹配论回到对心理状态建构的过程中，强调了匹配的重要性。四种理论模型既有强调先天固有结构的取向，也有强调后天经验的取向；既有强调获得心理理论过程的，又有强调发生发展基础的理论。但不论取向差异如何，有一点是四种理论所共有的，即经验的累积与获得是心理理论得以发展的重要推力。

（五）两成分理论（two components theory）

1. Williams 综合征

早期研究发现，Williams 综合征患者的心理理论社会知觉成分比较薄弱。Williams 综合征（WMS）是一种罕见的遗传性神经发育失调症，近

---

① 倪伟、熊哲宏：《ToMM - SP 模型：对儿童心理理论的核心机制之解读》，《华东师范大学学报》（教育科学版）2008 年第 26 卷第 4 期。

② Harris P. L.，"From simulation to folk psychology：The case for development"，*Mind and Language*，Vol. 7，No. 1 - 2，1992.

③ 陈英和、姚端维：《虚误信念理解的研究视角及其机制分析》，《心理科学》2001 年第 24 卷第 6 期。

④ 王桂琴、方格、毕鸿燕等：《儿童心理理论的研究进展》，《心理学动态》2001 年第 9 卷第 2 期。

⑤ Bartsch K.，Wellman H. M.，*Children talk about the mind*，Oxford：Oxford University Press，1995.

年来得到了认知科学、神经科学和发展心理学的关注。[1] WMS 的认知和行为症状非常明显，在儿童和成年患者身上都很典型。哲学家们认为，对心理状态表征水平的理解，源于个体具备错误信念。这一领域的早期研究关注的是正常儿童错误信念理解发展[2]和自闭症儿童的选择性缺失。[3]

绝大多数的 WMS 患者都存在智力迟滞症状，他们的 IQ 一般都处于中等水平以下。[4] 然而，有些 WMS 患者的认知能力相对较差，如词汇知识、人脸加工和听觉机械记忆。[5] 研究发现，WMS 患者在这些认知能力的任务上的成绩（上面 3 个）比心理年龄匹配组（如低症状表现或无智力迟滞的人），或相对于标注测验常模在这些认知能力任务上的成绩要高。但同时，WMS 患者在其他认知领域上损伤得比较严重，特别是视觉—空间建构，如摆积木或绘画任务。在视觉空间任务中，WMS 患者比心理年龄匹配组的得分显著要差，[6] 或显著低于常模。因此，WMS 患者的认知能力与其他类似的智力迟滞人群相比具有显著的不一致性。

WMS 患者在行为和人格方面也有独特的特征。儿童和成人患者都有显著的特点，是他们对人极度感兴趣。他们具有温柔的、开朗的、愉快的和友好的人格类型。[7] 他们对他人富有同情心，[8] 与其他迟滞组相比，WMS 儿童对陌生人的矜持程度更低，表现出更加接近、好奇、外向和过

---

① Karmiloff - Smith A., Klima E., Bellugi U. and Grant J., et al., "Is there a social module? Language, face processing and theory of mind in individuals with Williams syndrome", *Journal of Cognitive Neuroscience*, Vol. 7, No. 2, 1995.

② Perner J. and Wimmer H., "'John thinks that Mary thinks that…'：attribution of second - order belief by 5 - to 10 - year old children", *Journal of Experimental Child Psychology*, Vol. 39, No. 3, 1985.

③ Baron - Cohen S., "Does the study of autism justify minimalist innate modularity?", *Learning and Individual Differences*, Vol. 10, No. 3, 1998.

④ Mervis C. B., Morris C. A., Bertrand J. and Robinson B. F., "Williams syndrome：findings from an integrated program of research", *Neurodevelopmental Disorders Contributions*, 1999.

⑤ Karmiloff - Smith A., Klima E, . Bellugi U. and Grant J., et al., "Is there a social module? Language, face processing and theory of mind in individuals with Williams syndrome", *Journal of Cognitive Neuroscience*, Vol. 7, No. 2, 1995.

⑥ Ibid. .

⑦ Dunn J., "Children as psychologists：The later correlates of individual differences in understanding of emotions and others minds", *Cognition and Emotion*, Vol. 9, No. 2 - 3, 1995.

⑧ Gosch A., and Pankau R., "Personality characteristics and behaviour problems in individuals of different ages with williams syndrome", *Developmental Medicine & Child Neurology*, Vol. 39, No. 8, 1997.

度地关爱与友好。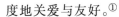①

WMS 患者在认知和人格方面的特点使得一些研究者假设 WMS 患者可能是在心理理论方面存在缺陷而出现了症状。② 相对较好的言语技能、极佳的面部加工能力、强烈的社交兴趣和对人脸及人的注意③等综合起来，导向 WMS 患者的心理理论缺陷假设。

Tager‒Flusberg 等人比较了 WMS 成人患者和匹配的 Prader‒Willi 综合征（PWS）患者在心理理论的社会知觉成分任务上的反应。④ PWS 是第五号染色体的 Q11—13 区域的半合子缺失引发的。PWS 和 WMS 的 IQ 分布非常相似。然而 PWS 患者的认知功能并不像 WMS 患者一样在言语和视觉空间能力上有巨大的反差。Thisstudy 采用 Baron‒Cohen 等人的眼睛任务，这个任务要求被试根据面部眼睛部位照片来描述所表达的心理状态。Tager‒Flusberg 等人发现 WMS 的成年患者在这个任务上的成绩显著好于 PWS 成人。此外，WMS 组一般被试与正常的年龄匹配人的水平是一样的。这些结果都用于证明 WMS 具有心理理论缺失症状；WMS 的一部分患者可能是完全缺失（如，那些不超过正常人群得分的群体），而有些是部分缺失（如与 PWS 患者相比）。在另一项研究中，Sullivan、Tager‒Flusberg⑤、Tager‒Flusberg 和 Sullivan ⑥发现，WMS 的患儿比 PWS 患儿的移情水平更高。任务是比较被试在面对主试假称伤了膝盖后表现出痛苦时的

① Huizinga M. , Dolan C. V. and Van Der Molen M. W. , "Age‒related change in executive function: Developmental trends and a latent variable analysis", *Neuropsychologia*, Vol. 44, No. 11, 2006.

② Karmiloff‒Smith A. , Klima E, . Bellugi U. and Grant J. , et al. , "Is there a social module? Language, face processing and theory of mind in individuals with Williams syndrome", *Journal of Cognitive Neuroscience*, Vol. 7, No. 2, 1995.

③ Mervis C. B. and Bertarand J. , "Developmental relations between cognition and language: Evidence from Williams syndrome", In Adamson L. B. and Romski M. A. , *Research on communication and language disorders: Contributions to theories of language development*, New York: Brookes, 1997, pp. 75‒106.

④ Karmiloff‒Smith A. , Klima E. , Bellugi U. and Grant J. , et al. , "Is there a social module? Language, face processing and theory of mind in individuals with Williams syndrome", *Journal of Cognitive Neuroscience*, Vol. 7, No. 2, 1995.

⑤ Sullivan K. and Tager‒Flusberg H, "Second‒order belief attribution in williams syndrome: intact or impaired?", *American Journal of Mental Retardation Ajmr*, Vol. 104, No. 6, 1999.

⑥ Tager‒FlusbergH. , and Sullivan K, "A componential view of theory of mind: evidence from williams syndrome", *Cognition*, Vol. 76, No. 1, 2000.

言语和非言语反应。WMS 儿童表现出更大的关心、更多正确的情绪和更多的言语移情性评论。这些任务中都使用了心理理论的社会认知成分，即阅读心理状态的面部表情，而不是通过别人心理的内容做出推断。综合来看，至少表明这种心理理论心理化成分的相对缺失。

Karmiloff - Smith 等人测试了一系列标准的心理理论任务，包括一级和二级错误信念任务，一级包括将意图归因于语言表达的更高级任务。Karmiloff - Smith 等人发现绝大多数的 WMS 患者通过了一级任务，有些甚至通过了二级和更高级任务。因此他们认为 WMS 患者具有"一点点相对保存下来的"心理理论能力。

但是在采用他们认为 WMS 患者的心理理论能力是部分缺失的结论前，必须要注意到他们方法学上的局限性。第一，被试的年龄是 9—23 岁，显著年长于匹配组的正常儿童。第二，没有包括匹配控制组；他们使用的是比较其他自闭症或正常儿童研究的数据。因为他们的 WMS 被试是智力迟滞的，因此缺少正确的匹配组是很严重的。尽管绝大多数的自闭症患者也是迟滞的，但是与这样一个群体比较，他们的特点是在心理理论上存在具体的和唯一的缺失，并不能特别地说明 WMS 是否具有领域特殊性缺失。第三，WMS 患者的取样非常小（11—16 岁），特别是考虑到样本年龄的取样范围。第四，他们实验中采用的绝大多数任务都是基于言语的心理理论指标。被试要听到详细的叙述，测验任务在语法上是复杂的。因为 WMS 患者的言语能力好，至少跟他们相同的心理年龄群体比要好，因此他们在心理理论任务上的成绩可能是因为言语能力而不是心理理论。如果要严格地考察 WMS 是否具有甚至是心理理论的相对缺失，必须要加入在年龄、言语和 IQ 上匹配的控制组。

目前仅有一项以标准错误地点任务为测量指标的 WMS 患儿心理理论能力研究。Tager - Flusberg、Sullivan 和 Boshart[1]比较了 14 名 5—9 岁 WMS 儿童与在年龄和 PPVT 的接受词汇测试上匹配的 10 名 PWS 儿童。尽管 WMS 儿童通过任务的百分比（43%）没有出现天花板效应，有点低于 PWS 组（60%），二者在错误信念任务上的得分没有显著差异。结果表明 WMS 的幼儿不比其他迟滞儿童在社会认知成分上好。因此，该研究

---

① Tager – Flusberg H. , Sullivan K. And Boshart J. , "Executive functions and performance on false belief tasks", *Developmental Neuropsychology*, Vol. 13, No. 4, 1997.

不支持缺失说法。但是，需要注意的是该研究的样本量不大，而且只测量了一个心理理论指标。因此，关于 WMS 的错误信念理解的论据还是不明确的。以往的两个研究得出了相反的结论，但是它们都有方法学的问题。

2. 心理理论的两个独立的成分：社会认知和社会知觉成分

Tager – Flusberg 和 Sullivan 根据 Williams 综合征的系列研究，[1][2][3] 按照以下四个标准：与其他认知能力的关联性；发展的时序；功能性脑区；神经病理学损伤病例对应的选择性功能缺失，将心理理论分为社会知觉和社会认知两个成分。[4] 社会认知成分是传统心理理论的成分，来自 Dennett 和其他学者对这一概念的哲学界定，其实质是一个用于概念理解的表征系统。经典的错误信念任务就能够测量心理理论的社会认知成分。这些任务与其他认知能力有密切的联系，如理论建构。[5] 此外，对心理状态表征水平的理解，与言语获得，特别是可得如何使用补语，有密切关系。因此，心理理论的认知成分与其他领域，特别是言语领域的交互作用非常明确。该成分的测量任务通常还包括额外的信息加工要求。社会知识的这一成分最早出现在大约 3 岁，这时儿童开始谈论并对认识状态进行推理；在 4 岁时稳定下来。

社会知觉成分属于个体的知觉、知识性惯性系统，是根据知觉到的面部表情、言语信息等，对意向、情绪和人格特质进行实时归因的能力，包括区分人与物的能力，根据表情和动作迅速判断个体实时心理状态的能力。虽然它并没有起到直接的行为推理作用，但却是推理不可缺少的

① Tager – Flusberg H. , Boshart J. and Baron – Cohen S. , "Reading the windows to the soul：evidence of domain – specific sparing in Williams syndrome", *Journal of Cognitive Neuroscience*, Vol. 10, No. 5, 1998.

② Karmiloff – Smith A. , Klima E. , Bellugi U. and Grant J. , et al. , "Is there a social module? Language, face processing and theory of mind in individuals with Williams syndrome", *Journal of Cognitive Neuroscience*, Vol. 7, No. 2, 1995.

③ Tager – Flusberg H. , Sullivan K. and Boshart J. , "Executive functions and performance on false belief tasks", *Developmental Neuropsychology*, Vol. 13, No. 4, 1997.

④ Farrant A. , Boueher J. and Blades M. , "Meta – memory in children with Autism", *Child Development*, Vol. 70, No. 1, 1999.

⑤ Gopnik A. and Wellman H. M. , "Why the child's theory of mind really is, a theory", *The child's theory of mind* , MIT Press, 1990.

"心理化"惯性。① 社会知觉成分并不是完全排除了认知的成分，因为多数的社会知觉任务需要一定的言语、工作记忆或注意的参与。②③ 因此，社会知觉与社会认知成分在测量任务时存在一定的重叠。

二者的区别在于：第一，从与其他认知能力的关联性来看，社会认知成分与其他认知能力的关系非常密切，特别是与言语能力的联系很紧密；④ 社会知觉成分与情绪的联系更加密切，而与其他认知能力的关系并没有社会知觉成分那样密切。第二，从发展时序来看，社会认知成分最早出现在3岁，这时儿童已经能谈论一些与认知有关的话题了，并能对认识状态做简单的推理，到了4岁儿童的社会认知能力趋于稳定，能够通过错误信念等任务了，而其他更高级的社会认知成分则会继续发展到童年中期；社会知觉的出现要早于社会认知成分，儿童不到1岁就能根据别人不同的表情做出不同的反应，⑤ 故许多研究者都假设，心理理论的社会认知成分是建立在社会知觉知识上的，⑥⑦ 尽管社会知觉成分的发展要早于社会认知成分，但是它的发展可能要持续到童年期。第三，从功能性脑区来看，社会认知成分的主要脑区是眶额皮层（orbito - frontal cortex）⑧ 和内侧前额叶皮层（medial prefrontal cortex），⑨ 它们分别被用于判断行为社会

① Baron - Cohen S., "Theory of mind and autism: a fifteen year review", In Baron - Cohen S., Tager - Flusberg H. and Cohen D. J., *Understanding other minds: perspectives from developmental cognitive neuroscience* (2nd ed.), Oxford: Oxford University Press, 2000.

② Harris P. L., Johnson C. N. and Hutton D., et al., "Young children's theory of mind and emotion", *Cognition and Emotion*, Vol. 3, No. 4, 1989.

③ Denham S. A., "Social cognition, prosocial behavior, and emotion in preschoolers: contextual validation", *Child Development*, Vol. 57, No. 1, 1986.

④ 隋晓爽、苏彦捷：《对心理理论两成分认知模型的验证》，《心理学报》2003年第35卷第1期。

⑤ Baron - Cohen S., "How to build a baby that can read minds: cognitive mechanisms in mind-reading", *Cahiers de Psychologie Cognitive/Current Psychology of Cognition*, Vol. 13, No. 5, 1994.

⑥ Ibid..

⑦ Wellman H., *The child's theory of mind*, Cambridge, MA: MIT Press, 1990.

⑧ Baron - Cohen S. and Ring H., "A model of the mindreading system: neuropsychological and neurobiological perspectives", In Mitchell P. and Lewis C., *Origins of an understanding of mind*, Hillsdale, NJ: Erlbaum, 1994.

⑨ Fletcher P. C., Happe Â F. and Frith U., et al., "Other minds in the brain: a functional imaging study of 'theory of mind' in story comprehension", *Cognition*, Vol. 57, No. 2, 1995.

适宜度[①]和归因等高级认知能力;[②] 要求被试判断认知心理状态的词汇（如想、想要、怀疑或想象），该任务的功能神经成像结果初步证明，这个脑区可以被单独激活。[③] 在其他的心理理论任务中内侧额叶皮层区域[④]会被激活，特别是在包含更多的高级能力的任务中。例如，Fletcher 等人测试了故事理解，比较那些有关心理状态归因和物理因果关系的故事理解的脑区激活模式，发现心理状态（心理理论）故事单独激活了左内侧颞上回（布罗卡区的第 8 区）。Goel 等人的研究考察了当被试推理别人对不熟悉物体功能的推理结果时，被试的脑区激活情况。他们也发现在心理理论条件下，左内侧颞上回能被单独激活，但是他们的任务也激活了左颞叶；社会知觉成分的神经生理学基础主要是杏仁核（amygdala）和内侧颞叶皮层（medial temporal cortex）的部分脑区，其中主要是指颞上回（superior temporal gyrus），杏仁核是加工情绪，特别是恐惧[⑤]和其他复杂社会刺激[⑥⑦]的脑区，而内侧颞叶皮层在面部表情再认和知觉等方面发挥作用。[⑧] 第四，从神经病理学损伤病例对应的选择性功能缺失来看，多数自闭症谱系患者在错误信念等心理理论社会认知成分任务上的表现都落后于正常对照组，[⑨] 但是有一个例外，即相对症状较轻的阿斯伯格综合征（Asperger syndrome）被试能通过这些任务；但是所有自闭症谱系患者，

①　Eslinger P. and Damasio A. , "Severe disturbance of higher cognition after bilateral frontal lobe ablation: patient EVR", *Neurology*, Vol. 35, No. 12, 1985.

②　Fletcher P. C. , Happe Â F. and Frith U. , et al. , "Other minds in the brain: a functional imaging study of ' *theory of mindz* ' in story comprehension", *Cognition*, Vol. 57, No. 2, 1995.

③　Baron – Cohen S. , Ring H. , Moriarty J. , Schmitz B. , Costa D. and Ell P, "Recognition of mental state terms. clinical findings in children with autism and a functional neuroimaging study of normal adults", *British Journal of Psychiatry*, Vol. 165, No. 5, 1994.

④　Goel V. , Grafman J. , Sadato N. and Hallett M. , "Modeling other minds", *Neuroreport*, Vol. 6, No. 13, 1995.

⑤　Adolphs R. , Tranel D. , Damasio H. and Damasio A. , "Impaired recognition of emotion in facial expressions following bilateral damage to the human amygdale", *Nature*, Vol. 372, No. 6507, 1994.

⑥　Brothers L. , Ring B. and Kling A. , "Responses of neurons in the macaque amygdala to complex social stimuli", *Behavioral Brain Research*, Vol. 41, No. 3, 1990.

⑦　Perrett D. , Harries M. , Mistlin A. and Hietanen J. , et al. , "Social signals analyzed at the single cell level: someone is looking at me, something touched me, something moved!", *International Journal of Comparative Psychology*, Vol. 4, No. 1, 1990.

⑧　Ibid. .

⑨　Baron – Cohen S. , Tager – Flusberg H. and Cohen D. , *Understanding other minds: perspectives from autism*, Oxford: Oxford University Press, 1993.

包括阿斯伯格综合征患者都在社会知觉成分的测量任务上存在着选择性损伤。[1] 此外，言语能力，特别是句法能力，是自闭症患者在心理表征性理解任务成绩最好的预测因素。[2] 阿斯伯格综合征的成年患者在心理理论的基本和高级任务中的表现都很好，但是却不能像正常成人一样激活用于心理理论任务的内侧额叶皮层。这表明他们是通过另外的一些非社会认知和言语机制来加工社会认知信息的。综合来看，除阿斯伯格综合征以外，其他症状较重的自闭症谱系患者都同时存在在两个成分上的选择性功能缺失，而阿斯伯格综合征患者只在社会知觉成分上出现了功能缺失。

可见，根据认知、神经机制、发展时序和神经病理学研究结果，可将心理理论划分为两个独立的成分，但二者的相对独立性目前还没有得到实证研究的支持。社会认知成分和社会知觉成分既是心理理论的构成要素，也是 Brothers 提出的"社会脑"的脑区功能。[3] 两种成分涉及的杏仁核—内侧颞叶皮层—前额叶的广泛脑区形成了一个完整的神经系统，可用于加工并调节表情、情绪、有目的行为，推测他人心理状态。二者以一种复杂的、交互式的联系形式构成了一个整合性知觉与认知系统。[4]

三 心理理论的影响因素

儿童心理理论的发展具有个体差异。影响儿童心理理论发展的因素有很多，从对发展的影响作用来看，大致可以分为量和质两类影响因素。量的因素主要来源于家庭（主要包括家庭的规模、家庭中的语言交流方式）和儿童的假装游戏，这些因素会影响儿童心理理论发展的速度；质的因素则主要包括执行功能、语言发展，它们与心理理论有深层次上的联系，不仅影响心理理论的发展速度，更可以影响儿童心理理论

[1]　Baron – Cohen S. , Jolliffe T. , Mortimore C. and Robertson M. , "Another advanced test of theory of mind: evidence from very high functioning adults with autism or Asperger Syndrome", *Journal of Child Psychology and Psychiatry*, Vol. 38, No. 7, 1997.

[2]　Tager – Flusberg H. and Sullivan K. , "Predicting and explaining behavior: a comparison of autistic, mentally retarded and normal children", *Journal of Child Psychology & Psychiatry*, Vol. 35, No. 6, 1994.

[3]　Brothers L. , "The social brain: a project for integrating primate behavior and neurophysiology in a new domain", *Concepts in Neuroscience*, No. 1, 1990.

[4]　Ibid. .

的获得与否。

（一）质与量的影响

1. 量的影响因素

家庭对儿童心理理论的影响主要集中在家庭的规模和家庭的交流方式上。研究表明儿童拥有兄弟姐妹的数量与其在错误信念任务上的得分存在显著的相关；在兄弟姐妹数量相同的情况下，拥有哥哥姐姐多的儿童比拥有弟弟妹妹多的儿童在错误信念任务上的得分高。之所以家庭规模的大小影响儿童的错误信念理解能力，是因为家庭成员越多儿童与其他人交往的机会就越多，儿童可以从与周围人的社会交往中获得关于心理的知识。家庭成员与儿童之间对心理相互交流的主动程度，谈论情感因果关系的次数，父母对儿童谈论心理状态时的积极反应都能促进儿童心理理论的发展。

假装游戏是幼儿的主要游戏方式。在游戏中，儿童用身边已有的玩具来代替假想的玩具，通过扮演不同的角色来对不同的任务的心理状态进行表征，促使儿童理解心理和现实的区别。研究发现，儿童早期参与社会性假装游戏的次数与儿童对他人情感和信念的理解存在显著的相关；特别是儿童—兄妹之间的假装游戏的质量、数量和儿童的心理理论有更高的相关。因此经常参与假装游戏，可以促进儿童心理理论的发展。

2. 质的影响因素

一定水平的语言能力是儿童获得心理理论的先决条件。儿童语言能力的发展会影响他们心理理论的获得与发展。如聋童的语言能力受损，他们的心理理论发展也就相对滞后。Astingdon 和 Jenkins 提出语言与心理理论的关系有三种可能，心理理论的发展依靠语言能力，语言的发展依靠心理理论或二者的发展都依靠其他的因素，如工作记忆、监控机制等。虽然目前的研究对此还没有定论，但我们可以看到，儿童心理理论的获得和语言确实是分不开的。儿童要理解他人的信念和意图，就需要在社会情境中正确使用和解释他人语言。首先，儿童需要理解他人所使用的特定的心理术语，从而理解他人的心理状态。如儿童需要知道"认为"表示某人对某事的看法，是代表信念；"想"是代表人们的愿望；"知道"是代表人们的知识内容等。其次，儿童还需要具有一定水平的语法能力，这使儿童能够听懂他人所说的复杂语句。心理状态经常可以被表达成动词带一个句子的补语，如"小狗认为骨头在绿色的房子里"。儿童需要理解类似于这样的语法结构，才能明白小狗的信念。而有语言损伤的儿童在面对这样的语句时，其理解能力就难以达到同龄水平。

（二）其他方面的影响

1. 家庭因素

家庭是导致儿童心理理论发展存在差异的一个重要因素，其中家庭规模、言语交流方式和假装游戏对儿童的心理理论发展起到了重要作用。

（1）家庭规模

建构理论认为，儿童早期与他人的社会交往有助于儿童心理理论的发展。兄弟姐妹作为儿童最早接触到的社会同伴，对儿童社会认知的发展有促进作用。

Pemer 等人对 76 名 3—4 岁儿童进行错误信念任务测验，这些儿童兄弟姐妹的数量在 1—3 个之间。研究结果表明，家庭规模是影响儿童错误信念理解的一个重要变量，儿童拥有兄弟姐妹的数量与其在错误信念任务上的得分存在显著的相关。Jenkins 和 Astington 的研究发现在兄弟姐妹数量相同的情况下，拥有哥哥姐姐多的儿童比拥有弟弟妹妹多的儿童在错误信念任务上的得分要高，Jenkins 等的研究结果支持"学徒假说"，即儿童在与周围一些知识更渊博的人的社会交往中获得有关心理方面的知识。同时，另一些研究表明兄弟姐妹之间的相互关系也会影响儿童心理理论的发展。Pemer 等人的研究发现儿童和兄弟姐妹之间的合作关系与后来的心理理论任务的成绩相关，而冲突、竞争、控制的关系与后来的心理理论任务的成绩不存在相关。

（2）家庭言语交流

关于语言与心理理论的关系还未有一致的观点，但两者之间存在的紧密关系是得到研究者一致认同的。很多相关的家庭言语交流研究表明，在家庭成员内，儿童与父母、兄弟姐妹的言语交流对其心理理论的发展存在重要作用。Fullow 等人发现母亲对儿童使用心理状态术语和儿童使用心理术语的频率相关。Bartsch 和 Wellinan 研究发现母亲更多更早谈论愿望会使儿童更早提及信念。而且他们还发现儿童越早参与到和母亲的愿望冲突中，他们就能在更早的年龄更多地真正提及信念。除此之外，Jenkins 和 Astington（19%）认为，兄弟姐妹能够促进儿童心理理论的发展，是因为兄弟姐妹能够为儿童提供更多的交流机会，使儿童能够接触到各种不同的观点，尤其是当儿童与其兄弟姐妹的观点不一致时，儿童就开始对自己和他人的愿望、信念进行思考。

（3）家庭假装游戏

家庭是儿童早期假装游戏的最重要的场所。儿童通过假装游戏，理解心理与现实的区别，发展其社会认知能力。大部分研究表明，在家庭内，儿童—父母假装游戏和儿童—兄弟姐妹假装游戏对比起来，儿童—兄弟姐妹的假装游戏是促进儿童心理理论发展的更有效的因素。

Youngblade 和 Durm 对 50 名 33 个月或 40 个月的儿童与其父母和兄弟姐妹间的假装游戏进行观察，以考察假装游戏与儿童心理理论发展之间的关系，研究发现儿童早期参与社会性假装游戏的次数与儿童对他人情感和信念的理解存在显著的相关。同时还发现，随着儿童年龄的增长，家庭中假装游戏的重心由父母—儿童转移到儿童—兄弟姐妹之间；与父母—儿童之间假装游戏相比，儿童—兄弟姐妹之间的假装游戏的质量、数量和儿童的心理理论能力有更高的相关。

（4）语言发展

大量的研究表明心理理论和语言之间存在着密切的关系，但具体关系如何，一直存在争议。目前有三种可能存在的关系：一是心理理论的发展依靠语言，语言的获得是成功通过心理理论测试的必要条件；二是语言的发展依靠心理理论，这与皮亚杰关于儿童思维先于语言的观点一致，认为儿童是先获得对错误信念任务的理解后才通过语言表达自己的理解；三是心理理论和语言两者均依靠其他因素，认为语言之所以和儿童心理理论发展存在相关关系主要是两者共同依靠其他因素，也就是说某种潜在的因素能引起心理理论和语言的发展变化，如工作记忆。

（5）文化环境

儿童生活在不同的文化环境中，其心理理论的发展既有相同之处，也有不同之处。如同样是迷路，日本和美国的小孩，以及日本的母亲均相信，百货商厦迷路的小孩会不开心，而美国的母亲则认为孩子体验到的情绪是害怕；而当一个孩子体验到某种情绪，并且父母给予这种情绪以某种称谓时，这种命名使这种情绪引人注目，并影响到儿童如何解释这种感受。甚至在相同的国家，不同区域儿童的心理理论发展也不尽相同，Lillard 对美国农村和城市的儿童进行了调查研究，发现城市的儿童用心理理论解释人的行为频率比农村的儿童高，而且出现得早；而 Bartsch 认为儿童理解心理状态的能力是一致的，但在不同文化背景下，不同种族对心理所形成的认识是不同的。总地来说，儿童均在早期就能够理解心理状态如情感、信念等，只是由于受文化背景、风俗习惯、语言和种族的影响，他们对于心理的认识表达方式不同。

四　心理理论的社会知觉成分——以情绪理解为代表

根据心理理论的两成分模型，情绪理解的定义以及采用错误信念任务，考察心理理论与情绪理解关系的研究，[①] 可将情绪理解归入社会知觉成分中。为了更全面地认识心理理论，有必要介绍情绪理解的一些基本理论与实证研究。根据 Cassidy 对情绪理解的界定，情绪理解是对情绪的原因和结果的解释，因此凡是情绪过程中涉及的要素，都是个体情绪理解的对象。所以，情绪理解的研究是从对表情、情绪产生原因，信念与愿望对情绪的作用，情绪调节以及情绪表达规则，知识的理解等角度展开的。[②]

（一）对情绪本身的理解——表情识别

面部表情的研究始于达尔文，在近年来逐渐成为非心理学人士广为关注的心理热点。这一方面归功于媒体对科学研究投入了更多的关注，另一方面也由于面部表情是否能够反映人的真实情绪成为争论焦点。面部表情这种外显行为是否具有文化一致性，一直是情绪研究的争论焦点。Ekman 的研究使得我们得以更细致、系统地了解表情。[③] 甚至出生仅 10 周的婴儿就能区分高兴、悲伤和生气的表情。[④] 当然区分表情甚至能够完成再认并不意味着婴儿已经能够识别情绪，但毫无疑问这种对表情的识别能力是理解他人情绪的重要前提。儿童到了 2 岁，不仅能够辨认出不同的表情，而且能够与成人进行有关情绪的谈话。[⑤] 研究从幼儿期开始的儿童的表情

---

①　陈英和、崔艳丽、王雨晴：《幼儿心理理论与情绪理解发展及关系的研究》，《心理科学》2005 年第 28 卷第 3 期。

②　Southam – Gerow M. A. and Kendall P. C.，"Emotion regulation and understanding implications for child psychopathology and therapy"，*Clinical Psychology Review*，Vol. 22，No. 2，2002.

③　［美］保罗·艾克曼：《情绪的解析》，杨旭译，南海出版公司 2008 年版。

④　Haviland J. and Lelwica M.，"The induced affect response：10 – week – old infants' responses to three emotion expressions"，*Developmental Psychology*，Vol. 23，No. 1，1987.

⑤　Southam – Gerow M. A. and Kendall P. C.，"Emotion regulation and understanding implications for child psychopathology and therapy"，*Clinical Psychology Review*，Vol. 22，No. 2，2002.

识别能力，就在于儿童能够根据成人的表情推测其心理状态。[1] 进一步来说，由于儿童借助的是外显的情绪线索，因此给予表情识别的情绪理解是儿童早期的情绪理解。

（二）对情绪原因的理解

对情绪原因的理解就是对情绪的归因。Cassidy 等的研究表明，儿童到 5—6 岁时已经可以进行情绪归因了。[2] 有研究发现，儿童对消极情绪的归因强于对积极情绪的归因，[3] 并认为可能是儿童更容易被消极情绪唤醒，消极情绪的强度更大。由于情绪归因研究通常采用的是访谈法，因此年龄较小的儿童可能由于语言和认知的原因无法通过测试。故儿童情绪归因研究更多地采用配以图片、人偶表演的半结构式访谈，或者如 Cassidy 等的研究通过与儿童讨论其生活中不同人物的情绪，让儿童回答某一人物产生情绪的原因。[4] 通过降低研究任务的难度，研究发现 3 岁的儿童也能够解释其情绪产生的原因。[5]

（三）对愿望与信念的情绪理解

基于愿望和信念的情绪理解是情绪理解与心理理论联系最为紧密的部分，是指儿童对情绪的理解是源自愿望还是信念。具体来说，基于愿望的情绪理解，是个体对愿望是否得到满足所引发的情绪的理解。[6] 儿童在 3 岁左右就能够理解愿望与情绪存在着联系，[7] 从 3 岁开始，儿童开始理解情境是否能够引发个体的情绪，是取决于该情境是否能够满足个体的愿望的，换句话说，愿望能够凌驾于情境对情绪的效价、强度和持续时间等产生影响。Wellman 等的研究则发现，2.5—3 岁期间，儿童

---

[1] Nelson C. A. , "The recognition of facial expression in the first two years of life: Mechanisms of development", *Child Development*, Vol. 58, No. 4, 1987.

[2] Cassidy J. and Parke R. D. , "Family – peer connections: the roles of emotional expressiveness within the family and children's understanding of emotions", *Child Development*, Vol. 63, No. 3, 1992.

[3] Fabes R. A. and Eisenberg N. , "Young children's appraisals of others'spontaneous emotional reactions", *Developmental Psychology*, Vol. 27, No. 5, 1991.

[4] Cassidy J. and Parke R. D. , "Family – peer connections: the roles of emotional expressiveness within the family and children's understanding of emotions", *Child Development*, Vol. 63, No. 3, 1992.

[5] 陈英和、崔艳丽、王雨晴：《幼儿心理理论与情绪理解发展及关系的研究》，《心理科学》2005 年第 28 卷第 3 期。

[6] 陈璟、李红：《幼儿心理理论愿望信念理解与情绪理解关系研究》，《心理发展与教育》2008 年第 1 期。

[7] Yuill N. , "Young children's coordination of motive and outcome in judgments of satisfaction and morality", *British Journal of Developmental Psychology*, Vol. 2, No. 1, 1984.

能够理解失望礼物任务中人物的情绪。① 这说明，3 岁可能是基于愿望的情绪理解发展的关键时期。基于信念的情绪理解，是对信念与情境的一致性所引发的情绪的理解。② 一般采用研究方法是在错误信念任务的基础上，考察儿童对情绪的理解。如故事中一只动物在不知情的情况下，它喜欢的饮料被换成不喜欢的，故事讲完后要求回答动物在喝饮料之前（基于信念的情绪），以及喝了之后感觉怎样（基于愿望的情绪）。Harris 等人的研究发现，3 岁儿童能够正确理解基于愿望的情绪，但是还不能正确理解基于信念的情绪；4 岁儿童则开始能够理解和信念有关的情绪；到了 6 岁，多数儿童才能够通过基于信念的情绪理解任务。③以上研究表明，儿童对基于愿望的情绪理解要早于基于信念的情绪理解。

（四）对情绪表达规则的理解

对情绪表达规则的理解就是获得有关情绪表达规则的知识，是在儿童社会化过程中获得的一种符合社会期望的规则。通常对规则的理解表现为，在特定的情境下表达行为的改变，包括表情调节和目标。④ 对表达规则的理解的研究方法主要是访谈法。假设不同的情景，要求儿童回答故事人物的情绪反应和反应的原因，或是给出情绪反应及其原因，要儿童回答人物的表情是什么。⑤⑥⑦ 访谈法研究发现，儿童大约要到小学阶段才能实现对表达规则的理解。⑧ 但我国学者认为，由于访谈法要求参与者必须具

---

① Wellman H. and Woolley J. , "From simple desires to ordinary beliefs: the early development of everyday psychology", *Cognition*, Vol. 35, No. 3, 1990.

② 陈璟、李红：《幼儿心理理论愿望信念理解与情绪理解关系研究》，《心理发展与教育》2008 年第 1 期。

③ Harris P. L. , Johnson C. N. and Hutton D. , et al. , "Young children's theory of mind and e-motion", *Cognition and Emotion*, Vol. 3, No. 4, 1989.

④ Jones D. J. and Abbey B. B. , "The development of display rule knowledge: linkage with family expressiveness and social competence", *Child Development*, Vol. 69, No. 4, 1998.

⑤ Ibid. .

⑥ Harris P. L. and Donnelly K. , "Children's understanding of the distinction between real and ap-parent emotion", *Child Development*, Vol. 57, No. 4, 1986.

⑦ Zeman J. and Garder J. , "Display rules for anger, sadness, and pain: it depends on who is watching", *Child Development*, Vol. 67, No. 3, 1996.

⑧ Harris P. L. and Donnelly K. , "Children's understanding of the distinction between real and ap-parent emotion", *Child Development*, Vol. 57, No. 4, 1986.

备一定的语言能力，因此语言是一个没有得到有效控制的变量，并不能由此得出语言能力弱于学龄儿童的学前儿童不能够理解情绪表达规则的结论。① 另一种研究方法是 Saarni 的失望礼物任务，② 发现 4 岁的女孩已经能够有效控制自己的消极情绪反应了，但该任务只测量了儿童在失望情境中对表达行为的调节方式和效果，并没有测量出儿童是否理解了情绪表达的规则，且情绪调节研究经常采用此范式，③ 因此不适于作为情绪理解的研究范式。

（五）对情绪调节的理解

目前针对情绪调节的理解的研究主要关注情绪唤醒后个体采用的情绪调节策略，以及对情绪结果的理解。常用的方法是向儿童呈现模拟场景，要求儿童回答故事中情绪产生者的情绪反应和调节策略，情绪接受者的情绪和行为反应。研究发现，儿童能够认识到不同的情绪会造成情绪接受者不同的情绪和行为反应，④ 如生气会导致别人的愤怒情绪和远离行为，伤心则会带来悲伤情绪和安慰行为等。Saarni 的研究发现，儿童认为通过问题解决策略可以缓解羞愧的情绪，通过寻求支持策略可以缓解伤心的情绪，通过问题解决和寻求支持两种策略可以缓解害怕的情绪。⑤

五　心理理论的研究范式

（一）心理理论的社会认知成分的研究范式

1. 错误信念任务（false – belief understanding）

信念是指心理对现实世界的反映，它包括知晓、确信、假定、想法和

---

① 徐琴美、何洁：《儿童情绪理解发展的研究述评》，《心理科学进展》2006 年第 14 卷第 2 期。

② Saarni C. , "An observational study of children's attempts to monitor their expressive behavior", *Child Development* , Vol. 55 , No. 4 , 1984.

③ Carlson S. M. and Wang T. S. , "Inhibitory control and emotion regulation in preschool children", *Cognitive Development* , Vol. 22 , No. 4 , 2007.

④ Jenkins J. M. , "Distinguishing between kleative emotions：Children's understanding of the social – regulatory aspects of emotion", *Cognition and Emotion* , Vol. 14 , No. 2 , 2000.

⑤ Meltzoff A. N. , "Understanding the intentions of others：re – enactment of intended acts by 18 – month – old children", *Developmental Psychology* , Vol. 31 , No. 5 , 1995.

意见。信念可以分为真实信念和错误信念，前者是指自己或他人的与现实一致的信念，后者则是指与现实不一致的信念。经典的错误信念研究范式包括意外地点任务、意外内容任务。

（1）意外地点任务（unexpected – location tasks）

错误信念，又被称为虚误信念，意为他人或自己的一些与现实不一致的信念。[1] 意外地点范式是最早的错误信念任务，由 Wimmer 和 Perner 设计，[2] 主要程序是主试给儿童讲故事后提问。故事内容为：Maxi 把巧克力放在了厨房的柜子里，然后跑出去玩儿。她离开厨房后，Maxi 的妈妈把巧克力从柜子里拿出来放在了抽屉里。然后 Maxi 回来了，她要到哪里找巧克力呢？是在抽屉里还是壁橱里？从已有研究可以看到，儿童要到 4—5 岁才能通过该任务。Baron – Cohen 等人设计的"Sally – Ann 错误信念任务"也是意外地点范式的经典任务之一，[3] 任务程序如图 2 所示。

（2）意外内容任务（unexpected – content tasks）

意外内容任务也称表征变化任务。经典范式是 Perner 等人设计的糖果盒任务（Smarties Mark），[4] 该研究者使用 Smarties 糖果盒作为实验材料的原因是，被试群体是英国儿童，而这种盒子是英国儿童常见的一种糖果盒子。主试将蜡笔装入盒子中，先问被试"你知道盒子里装的是什么吗？"多数被试会说"Smarties"。然后打开盒子，让被试看到蜡笔，这时再问儿童"我打开盒子前，你以为盒子里装的是什么呀？"与意外地点任务类似地，儿童也是要到 4—5 岁才能通过该任务。一般这类任务在不同的社会环境中都会根据前测得到儿童们熟悉的实验材料，然后制造实验材料的意外内容，以修订该任务。

① 陈英和、姚端维：《虚误信念理解的研究视角及其机制分析》，《心理科学》2001 年第 24 卷第 6 期。

② 王桂琴、方格、毕鸿燕等：《儿童心理理论的研究进展》，《心理学动态》2001 年第 9 卷第 2 期。

③ Baron – Cohen S. , Leslie A. M. and Firth U. , "Does the autistic child have a 'theory of mind'?", *Cognition*, Vol. 21, No. 1, 1985.

④ 陈英和、姚端维：《虚误信念理解的研究视角及其机制分析》，《心理科学》2001 年第 24 卷第 6 期。

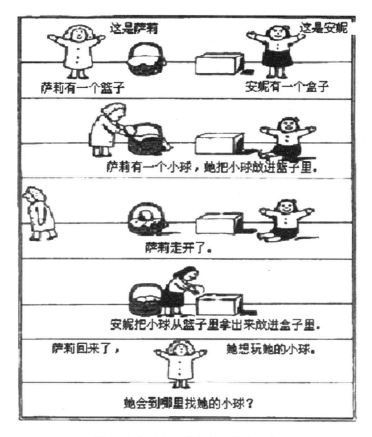

图2　Sally - Ann 错误信念任务程序

　　错误信念中的信念，是个体对事、对人、对物的正确认识，因此可以被用于表征外部世界。无论表征得正确还是错误，表征可以说是个体是否能理解心理状态的根本标志。人与人、时间与时间、地点与地点、事件与事件的差异都会形成不同的表征，儿童只有理解了这些差异是客观存在的，才能进一步区分外表与现实、主体与客体、不同的主体。错误信念与真实信念相比，必然要经过心理表征环节，因此可以明确地认定个体此时已觉察到了心理状态，故儿童能够正确理解错误信念被认为是个体获得心理理论的主要标志。

　　2. 外表—真实任务（appearance - reality task）

　　外表—真实任务也称意外身份任务（unexpected - identity task），用于考察个体对输入的知觉信息的理解程度，Flavell 等的研究即为该任务的经典范式。① 研究者呈现给儿童一块由海绵制成的道具岩石（或是玩具雪人），见图3。先把道具海绵（玩具雪人）放在离儿童稍远的位置，让儿童先观察，然后让儿童触摸道具。最后主试询问儿童，"它像什么？（指着海绵或雪人）它实际上是什么？（再指着海绵或雪人）"。与错误信念任务类似地，儿童要到4岁以后才能通过该任务，此前儿童无法理解同一个事物可以有多于一种的表征形式。

3. 二级错误信念任务（second – order false belief）

二级错误信念是在对儿童社会互动行为的深入研究中逐渐形成的，是在增加了一级错误信念的心理状态嵌入数量后出现的，即儿童的社会性认知更加精确化、更加深刻。早期二级信念的研究类似于元认知研究的内省报告形式，无法有效测量儿童的真实成绩，因此 Perer 和 Wimmer 对意外地点任务进行了变化，设计了目前二级错误信念常用范式——故事理解（story – understanding）任务。② 故事的设计逻辑是人物 A 对人物 B 具有错误信念，儿童要回答人物 B 对人物 A 行为的预测结果。

典型的故事理解任务实验程序如下：A 和 B 在地点1玩，他们看到有人在卖冰淇淋。A 想买冰淇淋，但没有带钱。于是 A 回家去取钱。而 B 则回家去吃饭。结果，卖冰淇淋的人要离开地点1到地点2去。A 拿着钱往地点1走，这时她看见卖冰淇淋的人正往地点2去。她决定跟卖冰淇淋的人去地点2买冰淇淋。B 吃完午饭来到 A 家。A 的母亲告诉他 A 去买冰淇淋了。B 离开 A 家去找 A。讲完故事后，主试者问儿童"B 认为 A 去哪里买冰淇淋"。相较于一级错误信念，儿童一般要到6岁才能通过二级错误信念任务。③

---

① Flavell J. H., Green F. L. and Flavell E. R., "Development of knowledge about the appearance – reality distinction", *Monographs of the Society for Research in Child Development*, 1986.

② Perner J. and Wimmer H., "John thinks that Mary thinks that…: attribution of second – order belief by 5 – to 10 – year old children", *Journal of Experimental Child Psychology*, Vol. 39, No. 3, 1985.

③ 张文新、赵景欣、王益文等：《3—6岁儿童二级错误信念认知的发展》，《心理学报》2004年第36卷第3期。

看上去是石头　　　　　　　实际上是海绵

看上去是雪人　　　　　　　实际上是本书

图3　外表—真实任务

（二）心理理论的社会知觉成分——情绪理解的研究范式

情绪理解的研究方法依理解的情绪过程的内容不同而有所不同，但基本上访谈法和模拟情景法是儿童情绪理解研究中的通用方法，只是在针对具体的内容时有所修改。

1. 表情识别的研究方法

表情识别一般采用面部表情图片，图片可以是线条图也可以是照片。表情一般使用高兴、生气、害怕和悲伤四种情绪。实验任务包括再认和命名任务。对婴儿的表情识别测试多采用 Nelson 等的习惯化—去习惯化方法。[①] 测量幼儿期的儿童常用的是 Denham 的表情命名—再认任务。[②] 表

---

① Nelson C. A., "The recognition of facial expression in the first two years of life: Mechanisms of development", *Child Development*, Vol. 58, No. 4, 1987.

② Denham S. A., "Social cognition, prosocial behavior, and emotion in preschoolers: contextual validation", *Child Development*, Vol. 57, No. 1, 1986.

情命名—再认任务的程序具体来说，首先要儿童进行表情命名，对高兴、悲伤、生气和害怕四种表情图片进行言语命名；然后将图片随机呈现给儿童，要求儿童根据主试说出的情绪，选择对应的表情图片。

2. 情绪原因理解的研究方法

常用的方式是结合模拟情景，对儿童采用半结构式访谈的方法，要求儿童回答在某一场景内故事主人公的情绪产生原因，如 Denham 询问儿童的问题是，"什么使得××（故事主人公）体验到这种情绪？"[1] 由于访谈法要求一定的言语能力，为了降低言语水平对儿童回答质量的影响，一般根据儿童回答的范围和可能存在的原因，制作原因选择卡片，要求儿童通过选择卡片回答问题，但是这种方法存在一定的弊端，就是有可能漏掉儿童可能知道的、选项以外的答案。

（1）基于信念和愿望的情绪理解的研究方法

基于信念和愿望的情绪理解的研究始于 Harris 等人关于儿童对知觉、信念和情绪理解的研究，[2] 他们设计的实验任务是在把意外内容任务的认知性理解提问改造成情绪理解性提问。具体的实验程序是，给儿童讲一个小动物喝饮料的故事，故事中小动物的饮料被人偷偷换成小动物不喜欢的饮料了，要求儿童回答小动物喝饮料前后的感受。其中对喝饮料前的感受的回答可以反映出儿童对基于信念的情绪的理解，对喝饮料后的感受的回答则反映了儿童对基于愿望的情绪的理解。由于信念涉及对事物或人的表征和解释，因此要比可以不借助表征的愿望更复杂。Harris 等人的研究也表明，3 岁儿童已经可以理解基于愿望的情绪了，而儿童至少 4 岁才能实现对信念的理解，即对愿望的情绪理解在幼儿阶段发展明显强于对信念的情绪理解。[3] Baron – Cohen 等的研究在实验程序上稍加改动，将提问环节安插在每个相应的故事情节叙述之后，也就是将提问放在了叙述故事的过程之中，其结果支持了以上结论。[4]

①　Denham S. A. ，"Socialization of preschoolers' emotion understanding"，*Developmental Psychology*，Vol. 30，No. 4，1994.

②　Harris P. L. ，Johnson C. N. and Hutton D. ，et al. ，"Young children's theory of mind and emotion"，*Cognition and Emotion*，Vol. 3，No. 4，1989.

③　Ibid. .

④　Baron – Cohen S. ，"Does the study of autism justify minimalist innate modularity?"，*Learning and Individual Differences*，Vol. 10，No. 3，1998.

（2）情绪表达规则理解的研究方法

由于 Saarni 的失望礼物范式主要测量的是儿童对情绪表达行为的调节，或更准确地说，是测量儿童表达抑制策略使用的情况，因此使用失望礼物范式测量对表达的理解过程并不是最理想的。

通常的研究方法主要是访谈法。任务假设不同的情景，要求儿童回答故事人物的情绪反应和反应的原因或是给出情绪反应及其原因，要求儿童回答人物的表情是什么。①②③ 具体来说，Harris 等人的实验任务是直接呈现故事主人公需要掩饰的表情及情绪产生的原因，要求儿童回答主人公的面部表情和动作反应是怎样的。④ Jones 等人修改了 Harris 等的研究任务，把主人公的情绪表达及其产生理由作为问题提给儿童。⑤ Zeman 等考虑到以上两个研究中实验任务都需要儿童具备一定的言语能力，所以将儿童回答以选择的形式来实现，尽可能地降低了由于儿童言语表述不清楚和无法表述而导致的回答失败。⑥

3. 情绪调节理解的研究方法

对情绪调节的理解，是以认识自己和他人情绪的区别与联系为基础的。因此，经常采用情绪观点采择任务考察其理解水平，情绪观点采择任务也是考察儿童情绪理解能力的常用研究任务。情绪观点采择能力与认知观点采择能力同属于社会观点采择范围内，社会观点采择就是狭义的观点采择，是区分自己与他人的观点以及发现这些不同观点之间的关系的能力。⑦ 情绪观点采择是在角色采择基础上对他人情绪做出推测的能力。情绪观点采择能力任务的基本结构是——主试要讲三个故事，每个故事包括

① Jones D. J. and Abbey B. B., "The development of display rule knowledge: linkage with family expressiveness and social competence", *Child Development*, Vol. 69, No. 4, 1998.

② Harris P. L. and Donnelly K., "Children's understanding of the distinction between real and apparent emotion", *Child Development*, Vol. 57, No. 4, 1986.

③ Zeman J. and Garder J., "Display rules for anger, sadness, and pain: it depends on who is watching", *Child Development*, Vol. 67, No. 3, 1996.

④ Harris P. L. and Donnelly K., "Children's understanding of the distinction between real and apparent emotion", *Child Development*, Vol. 57, No. 4, 1986.

⑤ Jones D. J. and Abbey B. B., "The development of display rule knowledge: linkage with family expressiveness and social competence", *Child Development*, Vol. 69, No. 4, 1998.

⑥ 徐琴美、何洁：《儿童情绪理解发展的研究述评》，《心理科学进展》2006 年第 14 卷第 2 期。

⑦ Selman R. L. and Bryne D., "A structural developmental analysis of levels of role – taking in middle childhood", *Child Development*, Vol. 45, No. 45, 1974.

超过一个的角色，每个故事结束后要求被试根据故事情节回答每个角色感到快乐、难过、生气还是害怕哪种情绪。① 针对情绪调节的理解，研究者对情绪观点采择任务还有所改进，譬如向儿童呈现模拟场景，不仅要求儿童回答故事中情绪产生者的情绪反应和调节策略，还要求回答情绪接受者的情绪和行为反应。

六　心理理论的发展性研究

（一）心理理论的社会认知成分的发展性研究

心理理论的社会认知成分是传统心理理论研究的主体内容，因此关于社会认知成分的发展性研究，即为传统心理理论的发展性研究内容。在下文中，将心理理论的社会认知成分统一简称为心理理论。

心理理论的早期研究年龄样本多为3—5岁儿童，使用的研究任务主要是错误信念任务、外表—真实任务等。近年来心理理论研究领域，提出心理理论的毕生发展观，从质和量两方面着手探讨心理理论的发展。目前，心理理论的研究关注年龄大大得到了拓展，取样从婴儿期直到老年期。已有研究表明，18个月的婴儿已经可以理解他人的有目的行为了，② 但这也仅仅可以说明婴儿出现了一定的认知活动，还缺乏婴儿具有心理理论萌芽状态的直接证据。跨文化研究数据表明，3—4岁是儿童获得心理理论的关键时期，即儿童约4岁时能够通过一级错误信念任务。③ 儿童至少要到6岁才能通过二级错误信念任务。④⑤ Carpendale等人认为儿童从通过一级错误信念任务到通过二级错误信念任务的过程，是从复制性心理理论（copy theory of mind）到解释性心理理论（interpretive theory of mind）

---

① O'Reilly Landry M., Lyons and Ruth K., "Recursive structure in cognitive perspective – taking", *Child Development*, Vol. 51, No. 2, 1980.

② Meltzoff A. N., "Understanding the intentions of others: re – enactment of intended acts by 18 – month – old children", *Developmental Psychology*, Vol. 31, No. 5, 1995.

③ Meltzoff A. N., "Understanding the intentions old mind tasks decline in old age?", *British Journal of Psychology*, Vol. 93, No. 4, 2002.

④ Perner J. and Wimmer H., "'John thinks that Mary thinks that…': attribution of second – order belief by 5 – to 10 – year old children", *Journal of Experimental Child Psychology*, Vol. 39, No. 3, 1985.

⑤ 张文新、赵景欣、王益文等：《3—6岁儿童二级错误信念认知的发展》，《心理学报》2004年第36卷第3期。

的发展过程。[1] 儿童在 3—4 岁时已经能够在心理表征层面区分外部世界和内部世界了，但只能认识到外部世界对心理表征的影响，即信念是对外部世界的客观表征。到了 6 岁儿童能够主动建构，认识到了主体可以影响心理表征，即实现了心理表征与外部世界的双向建构。心理理论的获得是在学龄前期完成的，其后的发展更类似于应用阶段，这一时期的心理理论发展表现为理解倾向性和程度的个体差异逐渐清晰。[2] 关于学龄后以及成年期乃至老年期的心理理论目前还缺乏足够的研究，并且研究范式也需要进一步地研发。

（二）心理理论的社会知觉成分——情绪理解的发展性研究

大量研究表明，学前阶段是儿童情绪理解能力迅速发展的时期。[3][4][5] 儿童能够意识到不同原因能够引发相同情绪的年龄大约在 3 岁。[6] Denham 在总结幼儿情绪的发展研究基础上，认为情绪理解在学前阶段主要突出呈现几种变化[7]：第一，能够有效识别表情和情绪性言语；第二，能够进行情绪归因；第三，初步具有情绪观点采择能力；第四，情绪表现规则知识开始发展；第五，逐渐有意识地使用情绪调节策略；第六，开始理解复杂的社会情绪和自我意识情绪。

情绪理解的发展研究结果表明，儿童的情绪理解能力是从借助外部线索（如表情）到习得社会规范（表达规则）、从了解自己的情绪原因（对自己情绪的归因）到认识到自己与他人情绪的差异而采取有效表达行为（获得情绪观点采择能力）的逐步深化和复杂化过程，体现了儿童情绪的社会化的变化过程。

---

① Carpendale J. I. and Chandler M. J. , "On the distinction between false belief understanding and subscribing to an interpretive theory of mind", *Child Development*, Vol. 67, No. 4, 1996.

② 赵红梅、苏彦捷：《学龄后心理理论的持续发展——从"获得"到"使用"的转变》，《心理学探新》2006 年第 26 卷第 2 期。

· ③ Denham S. A. , Blair K. A. , De Mulder E, Levitas J. , Sawyer K. , Auerbach – Major S. and Queenan P. , "Preschool emotional competence: Pathway to social competence?", *Child Development*, Vol. 74, No. 1, 2003.

④ 王桂琴、方格、毕鸿燕等：《儿童心理理论的研究进展》，《心理学动态》2001 年第 9 卷第 2 期。

⑤ Denham S. A. and Couchoud E. A. , "Young preschoolers' ability to identify emotions in equivocal situations", *Child Study Journal*, Vol. 20, No. 3, 1990.

⑥ Brown J. R. and Dunn J. , "Continuities in emotion understanding from three to six years", *Children Development*, Vol. 67, No. 3, 1996.

⑦ Denham S. A. , *Emotional development in young children*, London: The Guilford Press, 1998.

第三节　自我调节与心理理论的关系

以往有关心理理论影响因素的研究关注的焦点有两个：一是环境因素、语言等对儿童心理理论水平个体差异的影响[①]；二是执行功能对心理理论获得速度的影响。前一种研究取向反映的是后天经验、概念性知识等因素对心理理论的作用，后一种则体现了心理功能性、操作性的因素对心理理论的影响。二者反映的都是心理理论受到其他因素影响的一个侧面，更为重要的是心理理论水平的提高不能仅通过执行功能的发展，或仅依靠后天经验的习得，儿童获得心理理论必须依托自身的心理因素，更准确地说，是功能性心理要素，加工后天经验，最终促成心理理论水平的提高（如图4所示）。这一过程正是心理发展受到内外因素综合影响的一种具体的表现，因此，建立"后天经验→心理功能性因素→心理理论"的因果关系链是符合个体心理发展规律的。本书试图建立的正是这一链条的"心理功能性因素→心理理论"这一环节。以往研究更多将执行功能作为心理功能性因素，但本研究认为其仅看到了这一环节的认知维度，并没有关注到心理理论涉及的广泛心理状态所对应的各种心理要素，如情绪、动机等。因此，结合心理状态的不同方面和心理功能性因素的多种形式，本书尝试建立自我调节与心理理论间的联系。

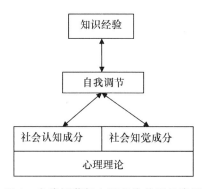

图4　自我调节与心理理论关系示意图

---

① 陈英和、姚瑞维、郭向和：《儿童心理理论的发展及其影响因素的研究进展》，《心理发展与教育》2001年第3期。

　　自我调节与自我概念、自尊并列成为经典自我构念的三大核心要素。[①] 其中，自我调节能力的发展是儿童期早期最高的发展成就。[②] 在这一时期，具体是指 3—7 岁这个阶段，儿童获得了一级心理理论能力，[③] 可以理解他人的意图、信念，以及他人与自己观点的差异。这代表着儿童已经充分做好了认识世界的准备，其社会适应性在向成人化发展。从发展的时序上，自我调节发展与心理理论发展时序一致。因此，关注自我调节与心理理论在幼儿期的联系是可行的。

　　心理理论是个体从关注自我向关注自我与外界关系发展的一种心理机制。这一机制的发展会受到来自个体内部和外部的多种因素的协同影响，其中既有遗传性因素、早期经验等被动因素，也有个体学习、他人作用等主动因素。心理理论得以发展的关键，是这些因素以何种交互作用的方式影响个体，促进其心理理论能力的成熟。其中，自我调节是能够对这些因素的相互作用产生重要影响的心理因素之一。[④] 反过来，如果要实现自我调节对个体及他人心理的调节效用，那么个体首先必须要认识到自身及他人的心理状态，并了解二者的异同，所以有效的、成功的自我调节必须要建立在个体获得心理理论发展的基础上。因此，从二者得以发展的影响因素角度来看，关注自我调节与心理理论关系是有其理论依据的。

一　执行功能及其成分

　　Miyakea 将执行功能定义为人们在认知活动过程中监控外部世界和内心活动，排除或抑制无关信息的干扰，选择必要的信息输入，从长时记忆中提取有关信息，并对这些信息进行比较、整合，从而抑制不必要但已形成的优势反应，以产生协调有序的动作和行为时所必需的高级认知功能；简言之，即为有机体对思想和行动进行有意识控制的心理过程，包括自我调节、计划、行为组织、认知灵活性、错误察觉和纠正、反应抑制以及抵

---

① Harter S., "Developmental perspectives on the self", In Hetherington E. M., *Handbook of child psychology: Socialization, personality, and social development*, New York: Wiley, 1983.

② Eisenberg N., Spinrad T. L. and Fabes R. A., et al., "The relations of effortful control and impulsivity to children's resiliency and adjustment", *Child Development*, Vol. 75, No. 1, 2004.

③ Meltzoff A. N., "Understanding the intentions old mind tasks decline in old age?", *British Journal of Psychology*, Vol. 93, No. 4, 2002.

④ Fonagy P. and Target M., "Early intervention and the development of self - regulation", *Psychoanalytic Quarterly*, Vol. 22, No. 3, 2002.

制干扰等能力。① 需要注意的是，问题解决情境中的抑制控制使用不仅包括抑制优势反应，也包括激活一个次级反应，或者是根据设定的条件开始或者抑制一种优势反应。在熊/龙任务（西蒙效应的简化版）中，要求儿童对所有与可爱的熊宝贝有关的指令做出反应，但是对所有与淘气的龙宝贝有关的指令做出抑制的反应。3岁的儿童尽管理解规则但是在这种任务中很难成功抑制行为，然而将近4岁的孩子是能够有选择地完成任务的。② 这个例子同许多类似的执行能力的任务一致证明了3—6岁的儿童开始在解决注意或动作反应冲突、等待奖品和等待等任务中有所进步。③④

关于执行功能的成分有很多种划分。普遍认同的一种划分是由 Petmington 等人提出三个成分：工作记忆（Working Memory，WM）、抑制控制（Inhibitory Control，IC）和注意灵活性（Cognitive Flexibility，CF）又叫认知灵活性或者认知转换。这三个成分之间是相互联系的。这一划分方式在许多研究中得到了证实。⑤

工作记忆成分：工作记忆是在缺乏直接刺激的情况下，短暂地储存信息以便引导行为的认知能力，可定义为形成和保持外在刺激的内在表征的预设能力与涉及将表征信息用于行动准备的能力。简单地说，执行功能中工作记忆成分主要承担的作用，就是供给形成外部刺激的表征一个内部存储空间，以及将该表征保持在头脑中，以便为即将开始的行为做准备。Miyakea 等人对工作记忆成分进一步解释为对新接受的与任务有关的信息进行编码、监控和储存的同时，除去那些旧的和与任务不相关的信息。⑥

① Miyakea and Shah P., *Models of working memory*：*mechanisms of active maintenance and executive control*, Cambridge：Cambridge University Press, 1999.

② Reed M., Pien D. L. and Rothbart M. K., "Inhibitory self control in preschool children", *Merrill - Palmer Quarterly*, Vol. 30, No. 2, 1984.

③ Moilanen K. L., "The adolescent self - regulatory inventory：The development and validation of a questionnaire of short - term and long - term self - regulation", *Journal of Youth and Adolescence*, Vol. 36, No. 6, 2007.

④ Carlson S. M., "Developmentally sensitive measures of executive function in preschool children", *Developmental Neuropsychology*, Vol. 28, No. 2, 2005.

⑤ Miyakea and Shah P., *Models of working memory*：*mechanisms of active maintenance and executive control*, Cambridge：Cambridge University Press, 1999.

⑥ Ibid..

抑制控制成分：抑制控制能力是指当个体追求一个认知表征目标时，用于抑制对无关刺激的反应的一种能力，是执行功能的核心成分。[①] 它起到决定多种心理过程如何协同工作，使得一项任务成功实施的重要作用。狭义上，许多研究者把抑制控制等同于执行功能。

注意灵活性（认知灵活性/认知转换）成分：注意灵活性是指为符合新情境的要求，个体用以保持反应定势的思维和动作的灵活程度。注意的灵活性往往反映在一定的认知活动当中，比如在若干干扰刺激当中搜索目标刺激。

执行功能对心理理论的发展可能起到决定性的作用，影响着心理理论的出现和表现。儿童无法通过错误—信念任务、表面—现实任务、欺骗任务以及心理理论其他方面的测试任务可能是由于难以把概念化的知识转换成成功行动，这是因为成功通过心理理论任务要求儿童能控制优势反应趋势。

目前的国外研究主要揭示了以下问题：（1）执行功能最早发生在发展早期，约在出生第一年末；（2）执行功能发展的年龄跨度很大，重要的发展变化出现在2—5岁，12岁左右在许多标准执行功能测试上达到成人水平，某些指标持续发展到成年期；（3）在学前期及以后，执行功能各方面都存在系统性的变化，它们之间是相互促进，共同发展的；（4）执行功能的发展和心理理论、语言记忆等能力的发展密不可分；（5）不同的儿童发展障碍可能引起执行功能不同方面的缺陷。

Perner 等人认为，语言表征能力对儿童自觉控制行动是必要的。他们提出，儿童要成功完成执行任务，必须能够表征他们的行动目标以及达到目标的障碍，例如先前学习或惯常反应趋势。就这种观点来看，自我检察过程要求心理理论。同时 Flavell 等人指出，即使有一个完全成熟的执行系统，儿童仍要学习大量关于心理状态的东西。

Zelazo 等从研究执行功能入手，用问题解决框架来描述执行功能，在框架中执行功能被理解为从问题表征开始，经过计划、执行，到评价的四个时间上相继，功能上不同的方面。与二者功能或字节的差别相对应，执行功能相应被分为"热"情感方面和"冷"认知方面，两种类型都能够

---

① Zelazo P. D. and Müller U., "Executive function in typical and atypical development", In Goswami U., *Handbook of Childhood Cognitive Development*, Oxford：Blackwell Publishers, 2002.

在问题解决框架中得到很好的说明，但是二者在情感和动机调节卷入程度上存在差异。在每一个问题解决中，"热"的测验包含了大多数的心理理论测验，这些测验需要灵活的问题表征，要求儿童从多角度表征事物。因此执行功能的"热"的情感方面与心理理论在一定程度上相吻合。由此可设想把考察"冷"执行功能与心理理论之间关系的问题转化为考察"冷"执行功能与"热"执行功能之间的发展关系问题。这些研究结果和设想对我们进一步探讨执行功能与心理理论的关系可能极具参考价值。

在自我调节与心理理论关系的主题下，目前研究较多的是探讨以冷执行功能为代表的认知调节与心理理论间的关系，①② 正如 Siegal 等所言，个体的全局观念依赖于能灵活脱离现实情境的优势作用的能力。③ 但冷执行功能是如何与心理理论产生关系的呢？冷执行功能是否是心理理论发展的充分调节呢？如果要回答以上问题，还需要从二者的相关研究入手来具体说明。为了方便介绍以下关于冷执行功能的叙述，将沿袭以往研究使用"执行功能"一词，在此特别说明。

二　冷执行功能能解释心理理论的发展吗？——冷执行功能与心理理论的关系

（一）冷执行功能与心理理论关系研究确立的基础

冷执行功能（Cool EF）是纯认知的，是在生理基础上与背外侧前额皮层区域（dorsolateral prefrontal cortex，DL－PFC）有关的执行功能成分。从其生理基础推测，冷执行功能更可能由抽象的、去情景化的问题引发［如在威斯康星卡片分类（WCST）中根据颜色、数量或者形状进行分类］。目前大部分的研究表明，冷执行功能在 1 岁左右就开始发展，3—4 岁是儿童冷执行功能发展的关键期。

目前为止有三种主流理论对执行功能和心理理论的关系做出了解释。

---

① Carlson S. M. and Moses L. J. , "Individual differences in inhibitory control and children's theory of mind", *Child Development*, Vol. 72, No. 4, 2001.

② Hughes C. , "Executive function in preschoolers: Links with theory of mind and verbal ability", *British Journal of Developmental Psychology*, Vol. 16, No. 2, 1998.

③ Siegal M. and Varley R. , "Neural systems involved in "theory of mind"", *Nature Neuroscience Reviews*, Vol. 3, No. 6, 2002.

　　执行功能影响心理理论的发展。这类观点认为执行功能是心理理论发展所必需的，要获得心理理论概念，需要儿童拥有反映思考和行为的能力，拥有将自我和知觉到的状态区分开的能力，拥有抑制突出的却又是错误的知识的能力。[①] 此外，心理理论任务中包含了抑制控制、工作记忆等执行功能成分，儿童要很好地通过心理理论任务必须首先达到拥有一定程度的执行功能。

　　心理理论中的元表征能力影响执行功能的发展。Pemer 等人认为对错误信念的理解和抑制干扰行为都需要理解心理，错误信念标识出了对心理状态的因果关系的理解，这种理解帮助儿童更好地使用执行控制来抑制干扰行为。

　　执行功能和心理理论的发展均受到其他因素的影响，如条件性推理。Zelazo 等人认为推理错误信念的最大障碍在于新旧关系链的转换。在一种背景条件下建立起来的"先决条件—结果行为"链干扰了另一种背景条件中的关系链，因此要执行新的关系链就需要抑制旧的关系链并能在两种关系链之间灵活转换。Sabbagh 等人则认为执行功能对错误信念的影响体现在任务特点上，即错误信念任务具有更新特点，凡表征任务具有"更新"时就需要执行功能参与。所谓更新是指某类表征会随着认知任务要求的变化而变化，心理表征的更新使人们能够及时和真实地反映外部世界的变化。

　　早期关于执行功能与心理理论关系的研究，通常都会以三个原因解释二者相关研究的价值。首先，执行功能与心理理论在发展时序上存在着共性。儿童的执行功能在学前阶段发展非常迅速，[②③④⑤⑥] 其中特别是抑制

---

　　①　Liebermann D. , Giesbrecht G. F. and Müller U. , "Cognitive and emotional aspects of self-regulation in preschoolers", *Cognitive Development*, Vol. 22, No. 4, 2007.

　　②　Zelazo P. D. and Müller U. , "Executive function in typical and atypical development", In Goswami U. , *Handbook of Childhood Cognitive Development*, Oxford: Blackwell Publishers, 2002.

　　③　Carlson S. M. , "Developmentally sensitive measures of executive function in preschool children", *Developmental Neuropsychology*, Vol. 28, No. 2, 2005.

　　④　张文静、徐芬:《3—5 岁幼儿执行功能的发展》,《应用心理学》2005 年第 11 卷第 1 期。

　　⑤　张婷、吴睿明、李红等:《不同维度的执行功能与早期心理理论的关系》,《心理学报》2006 年第 38 卷第 1 期。

　　⑥　廖渝、吴睿明、Zelazo P. D.:《意外地点任务中不同测试问题及意图理解与执行功能的关系》,《心理学报》2006 年第 38 卷第 2 期。

控制能力的发展是非常快的。① 与此同时，儿童在 4 岁左右获得了一级心理理论能力，② 到 6 岁进一步达到了二级心理理论任务的要求。③④ 但必须要强调的是，二者在时序上的一致性并不代表它们确实存在联系。这是因为，很有可能这种联系是由第三个因素（如年龄）分别与二者存在联系而出现的伪相关。第二个证据来自二者功能性脑区的共性。如前所述，执行功能最主要的功能脑区在前额叶，边缘系统也在对情绪的调节中发挥着不可替代的作用；心理理论的对应脑区是眶额皮层和内侧额叶皮层。⑤⑥ 二者共同在前额叶的广大皮层中出现，这说明在神经基础上二者是存在必然性联系的。第三个支持性证据来自自闭症谱系障碍病患的个案研究。多数自闭症谱系患者在错误信念等心理理论任务上的表现都落后于正常对照组，⑦ 同时这些患者还具有极为复杂的执行功能缺失。⑧⑨ 脑损伤研究有力地支持了证据二提出的脑区共性问题。所以，从发展时序和神经生理学基础两个层面上，执行功能与心理理论存在必然联系。

对于执行功能和心理理论存在相似性的原因，很多研究者提出了不同的解释，大致如下：第一，心理理论是执行功能的前提。在执行功能的任

---

① Luria A. R., *The working brain：An introduction to neuropsychology*, New York：Basic Books, 1973.

② Zelazo P. D. and Müller U., "Executive function in typical and atypical development", In Goswami U., *Handbook of Childhood Cognitive Development*, Oxford：Blackwell Publishers, 2002.

③ Perner J. and Wimmer H., "'John thinks that Mary thinks that…'：attribution of second-order belief by 5 - to 10 - year old children", *Journal of Experimental Child Psychology*, Vol. 39, No. 3, 1985.

④ 张文新、赵景欣、王益文等：《3—6 岁儿童二级错误信念认知的发展》，《心理学报》2004 年第 36 卷第 3 期。

⑤ Baron - Cohen S. and Ring H., "A model of the mindreading system：neuropsychological and neurobiological perspectives", In Mitchell P. and Lewis C., *Origins of an understanding of mind*, NJ：Erlbaum, 1994.

⑥ Fletcher P. C., Happe Â F. and Frith U., et al., "Other minds in the brain：a functional imaging study of 'theory of mind' in story comprehension", *Cognition*, Vol. 57, No. 2, 1995.

⑦ Baron - Cohen S., Tager - Flusberg H. and Cohen D., *Understanding other minds：perspectives from autism*, Oxford：Oxford University Press, 1993.

⑧ McEvoy R., Rogers S. J. and Pennington B. F., "Executive function and social communication deficits in young, autistic children", *Journal of Child Psychology and Psychiatry*, Vol. 34, No. 4, 1993.

⑨ Russell J., *Autism as an executive disorder*, Oxford：Oxford University Press, 1997.

务中都需要儿童理解人们的行动目的，而这远非 3 岁儿童所能理解。4
岁儿童把心理状态作为因果表征的理解，这就可以解释为什么错误信念
任务的掌握和执行抑制会同时出现。第二，执行功能是心理理论的前
提。Russell 认为，动作监控需要自我监控，自我监控需要自我概念，自
我概念需要心理生活的理论，即自我监控是初期自我觉知的一个前提，
而自我觉知又是建立心理理论所必需的。第三，心理理论任务含有执行
成分。Russell 及 Hughes 等人认为典型的心理理论任务包含了抑制一个
自然的反应倾向（如在错误信念中指出转移物体所在位置的倾向）。第
四，认知复杂性控制理论（CCC 理论）。Frye 和 Zelazo 等人认为，是因
为在错误信念和相似的心理理论任务中存在儿童所不能理解与运用的嵌
套规则（IF – IF – THEN），才导致了儿童在心理理论和执行功能任务上
出现相似的困难与类似的发展轨迹。第五，共同的脑结构。Ozonoff、
Pennington 和 Rogers 认为自闭症儿童之所以在执行功能与心理理论任务
上出现困难的一个可能解释是，执行功能和心理理论都是通过共同的前
额皮层起作用的。近年来的研究发现，右半球白质的神经发展异常可以
解释自闭症儿童在心理理论上的缺陷以及一定程度的执行功能缺陷。而
这些脑区域在 4 岁左右发展成熟正可以解释正常儿童执行功能和心理理
论的相关。

　　早期采用"窗口"任务和错误信念任务研究发现，执行功能与心理
理论存在显著相关。[1] 其后大量的研究均发现了二者存在密切的联系，[2]
也因此形成了心理理论的执行功能假说。该假说强调执行功能在解决心理
理论的信息冲突过程中发挥了核心作用。心理理论的执行功能假说有两
类——表现说和出现说。[3] 表现说强调，儿童已经具有了信念的概念，但
是还不能抑制对真实状态的认知。出现说则认为，执行功能是要在信念概
念的形成中起到作用的。两种说法区别在于是否已经具有概念，以及执行
功能的作用范围是否仅针对真实状态认知。

---

[1]　Russell J. , Muthner N. , Sharpe S. and Tidswell T. , "The 'windows task' as a measure of
strategic deception in preschoolers and autistic subjects", *British Journal of Developmental Psychology*,
Vol. 9, No. 2, 1991.

[2]　Wellman H. M. , Cross D. and Watson J. , "Meta – analysis of theory of mind development：
The truth about false belief", *Child Development*, Vol. 72, No. 3, 2001.

[3]　Moses L. J. , "Executive accounts of theory of mind development", *Child Development*, Vol.
72, No. 3, 2001.

（二）心理理论的执行功能假说的实证支持

在上述三类理论中，第一种理论心理理论的执行功能假说得到越来越多的实证支持，为众多研究者所接受。这类支持主要源自四个方面的证据。首先，有关执行功能和心理理论发展顺序的研究表明，儿童执行功能的发展先于心理理论。Flynn 等[①]采用微观发生法对几十名不能完成执行功能任务（灯游戏和手部游戏）和心理理论任务（标准的意外地点任务和标准的意外内容任务）的 3 岁 5 个月的儿童进行每 4 周一次的、为期6 个月的追踪测试。测试结果表明，被试首先能完成执行功能任务，其次能完成心理理论任务。这一结果说明儿童的执行功能能力发展在先，心理理论能力发展在后。Sabbagh 等对中国北京地区的儿童进行测试，发现 3.5 岁的儿童就能通过执行功能任务，而 4 岁的儿童才能通过心理理论任务；李红等对中国西部地区儿童的测试显示，4 岁儿童能够通过执行功能任务，而 5 岁甚至 6 岁左右的儿童才能通过心理理论任务。Ioh 和 Lewis 对 3—5 岁韩国儿童的调查研究也得到了类似的结果。根据执行功能和心理理论关系的三种假设，如果执行功能的发展受心理理论的影响或二者受其他因素的影响，那么儿童执行功能的发展就应该落后于心理理论或者与心理理论同步。因此发展顺序的研究支持了心理理论的执行功能说。

第二方面的证据来自于事后相关研究和训练研究，这组研究更为直接地揭示了执行功能和心理理论之间的因果关系。Flynn 在前后半年的时间内记录了儿童在执行功能任务和心理理论任务上的表现，Carlson 等分别在儿童 2 岁和 3 岁时，Hughes 等在儿童 2 岁和 4 岁以及 3 岁和 5 岁时进行了两类任务的测试，结果一致显示了儿童第一次测试时的执行功能能够很好地预测他们第二次测试时的心理理论；而第一次测试时的心理理论不能很好地预测第二次测试时的执行功能。这组结果揭示了执行功能与心理理论关系的因果方向，即执行功能影响了儿童心理理论的发展。此外 Benson 的训练研究也支持了此因果关系。该研究显示，相对于执行功能不良的儿童，具有良好执行功能的儿童更能从心理理论的训练中获益。

---

① Flynn E. , O'Malley C. And Wood D. , "A longitudinal, microgenetic study of the emergence of false belief understanding and inhibition skills", *Developmental Science*, Vol. 7, No. 1, 2004.

第三方面的证据来自儿童和成人的几个实验操纵研究。首先儿童研究表明，降低心理理论任务中的执行功能要求能使更多的儿童通过错误信念任务。例如，降低心理理论任务中的抑制控制要求[①]都能够显著地提高3—4岁儿童在错误信念任务上的通过率。同样的成人研究也得到类似结果。Apperly[②]和German等的研究表明，成人在不同执行功能要求的信念推理任务上反应有显著的差异；Birch等的研究表明，相比没有告知物体真实位置的条件，在告知物体真实位置的条件中成人赋予物体原来所在的位置更多的比重。

最后一方面的证据源自神经心理学的研究。到目前为止，心理理论的执行功能说获得了脑成像研究、事件相关电位研究以及脑损伤研究的支持。在成像研究方面，Saxe等[③]发现，除RTPJ（Right Temoro - Parietal Junctions）以外，有8个共同的脑区在个体完成执行功能和心理理论任务时被激活，这表明执行功能和心理理论具有共同的神经机制，说明了虽然有特殊的大脑区域负责心理理论的加工，但在心理理论的加工过程中同样需要执行功能的参与，否则它不会激活那些负责执行功能加工的脑区。在事件相关电位研究方面，Wang等发现，和真实信念相比，错误信念能诱发更负的左侧前额晚成分负波（Late Negative Component，LNC），源定位分析显示错误信念和真实信念的差异源自于扣带回中部。在Wang等的研究中，错误信念推理和真实信念推理相比，前者要求个体抑制现实突出，因此错误信念推理诱发的更负的LNC代表了错误信念加工中的抑制控制。在脑损伤研究方面，Samson等发现，右侧前额受损的被试（WBA）不能通过高抑制控制要求的错误信念任务，却能很好地完成低抑制控制要求的错误信念任务。前一任务类似于标准意外地点任务，要求个体推测他人的错误信念并抑制物体的真实位置；而后一任务则是一个颇为纯粹的错误信念加工任务，它不要求个体抑制物体的真实位置。WBA在后一任务的良好表现说明他有能力理解错误信念；而他在后一任务上的欠缺则表明了不

① Bodrova E. and Leong D. J., "Self - regulation as key to school readiness: How early childhood teachers promote this critical competency", In Zaslow M. and Martinez - Beck I., *Critical issues in early childhood professional development*, Baltimore: Paul H. Brookes Publishing, 2006.

② Apperly A., "Domain - specificity and theory of mind: evaluating neuropsychological evidence", *Trends in Cognitive Sciences*, Vol. 9, No. 12, 2005.

③ Saxe R., Powell L. J., "It's the thought that counts: specific brain regions for one component of theory of mind", *Psychological Science*, Vol. 17, No. 8, 2006.

能够抑制自己的观点,这充分证实了抑制控制在错误信念加工过程中的重要性。

Carlson 和 Moses 的研究采用 10 种包含"冲突"任务和"延迟"任务的执行功能与 4 个心理理论任务的相关研究,在控制了言语能力、年龄等因素后,发现心理理论与抑制控制之间仍存在相关且相关高达0.66。因此研究者认为抑制控制对心理理论的发展确实具有重要的促进作用。[1] 这说明抑制控制与心理理论间的关系不是由于年龄上的共变,或是言语能力与二者的高相关而出现的伪相关,进一步说明二者存在着真实的联系。

根据执行功能的工作记忆理论,[2] 以及执行性控制与工作记忆混合理论,[3][4] 执行功能还必须具有能够实时保持和加工信息的能力。虽然目前有相当数量的研究是考察心理理论与工作记忆关系的,但鲜有将之归入执行功能与心理理论研究范畴的研究。工作记忆是个体在完成错误信念任务中不可缺少的。在错误信念任务中,儿童若能成功完成任务,必须要记住至少两个表征——自己知道的和别人知道的事实(意外地点任务),或表象和本质(意外内容任务)。此外,儿童还需要在头脑中实时保持整个故事的情节性信息,以及需要回答的问题等。有研究能够支持工作记忆对心理理论的发展具有影响,[5] 也有研究发现,即便在通过记忆任务的条件下,儿童仍旧无法通过错误信念任务。[6] 即使在控制了年龄和言语能力两个影响因素之后,工作记忆与心理理论之间的关系研究仍旧存在着争议。例如,Hughes 的研究就发现,以年龄和言语能力为协变量做偏相关分析

① Carlson S. M. and Moses L. J. , "Individual differences in inhibitory control and children's theory of mind", *Child Development*, Vol. 72, No. 4, 2001.

② Baddeley A. D. and Hitch G. J. , "Working memory", In Bower G. , *The psychology of learning and motivation*, New York: Academic Press, 1974.

③ Rothbart M. K. and Bates J. E. , "Temperament", In Damon W. and Eisenberg N. , *Handbook of child psychology: Social, Emotional, Personality Development*, New York: Wiley, 1998.

④ Capon A. , Handley S. and Dennis I. , "Working memory and reasoning: An individual differences perspective", *Thinking and Reasoning Volume*, Vol. 9, No. 3, 2003.

⑤ Keenan T. , Olson D. R. and Marini Z. , "Working memory and children's developing understanding of the mind", *Australian Journal of Psychology*, Vol. 50, No. 2, 1998.

⑥ Ziv M. and Frye D. , "The relation Between Desire and False Belief in Children's Theory of Mind: No Satisfaction?", *Developmental Psychology*, Vol. 39, No. 5, 2003.

后，二者的相关消失。[1] Davis 等人的研究则发现，这种相关在控制年龄和言语能力后，依旧存在。[2] 出现相矛盾的结果，有可能是因为 Davis 等人的研究使用了倒序数字广度任务考察工作记忆，该范式中具有明显的抑制控制成分，因此工作记忆与心理理论之间的相关混入了抑制控制成分，很可能是抑制控制与心理理论的相关掩盖了工作记忆与心理理论不相关这一事实。因此其结果中工作记忆与心理理论的相关，毋宁说是含有工作记忆和抑制控制的执行功能与心理理论的相关。

实验中操纵心理理论任务中的工作记忆的需要，能影响心理任务的表现。降低心理理论任务中工作记忆的需要可以提高心理任务的成绩。Freeman 和 Lacohée 发现，让儿童放置一张关于他们认为盒子里物体的图片，能帮助他们在回答问题时报告他们自己在内容任务中的信念。[3] 这些研究指出放置的图片增强了儿童对于最开始的信念的线索记忆，因此能让他们的回忆变得简单。Lewis、Freeman 发现，采用心理理论图画书（将意外地点任务与儿童日常所看的图画书结合起来）的方法，让年幼儿童重复阅读任务故事，能提高意外地点任务的完成水平。[4] Wimmer、Perner 发现，如果要求孩子们思考一下故事主角的心理状态，可以显著提高儿童在错误信念任务上的表现。[5] Sullvin 降低了二级错误信念的工作记忆成分，如主角的数量和地点的数量等编制新任务，提高了儿童通过二级心理理论的成绩。复述任务内容和仔细思考故事主角的心理状态都能够提高儿童的工作记忆，进而提高儿童在心理理论任务上的表现。以往的研究还有不一致的结果。[6] Robinson、Riggs 发现，让孩子们画一张他们认为盒子的物体的图片，不能提高他们在意外内容任务上的表现，Hala 的研究也发现了

① Hughes C. , "Executive function in preschoolers: Links with theory of mind and verbal ability", *British Journal of Developmental Psychology*, Vol. 16, No. 2, 1998.

② Davis H. L. and Pratt C. , "The development of children's theory of mind: The working memory explanation", *Australian Journal of Psychology*, Vol. 47, No. 1, 1996.

③ Freeman N. and Lacohée H. , "Making explicit 3 - year - olds implicit competence with their own false beliefs", *Cognition*, Vol. 56, No. 56, 1995.

④ Lewis C. , Freeman N. , Hagestadt C. and Douglas H. , "Narrative access and production in preschoolers'false belief reasoning", *Cognitive Development*, Vol. 9, No. 4, 1994.

⑤ Wimmer H. and Perner J. , "Beliefs about beliefs: Representation and constraining function of wrong beliefs in young children's understanding of deception", *Cognition*, Vol. 13, No. 1, 1983.

⑥ Sullivan K. and Winner E. , "Three - year - olds' understanding of mental states: The influence of trickery", *Journal of Experimental Child Psychology*, Vol. 56, No. 56, 1993.

这一点，这与 Freeman 的研究不一致。①

　　提高错误信念任务中工作记忆的负荷能降低心理理论任务的成绩。Lewis 和 Freeman 发现，在意外地点图画中添加一幅混淆儿童记忆线索的图片，如最后一张图片和第一张图片是相同的，会大大降低儿童在地点任务上的表现。在一些研究成人心理理论和工作记忆的研究中发现，在错误信念问题回答之前增加无关的记忆内容，会占用认知资源，进而降低成人的意外地点任务上的成绩。②

　　以意外地点任务为例，儿童需要形成关于故事主角信念中物体所在的地点表征和物体真实存在的地点表征，有选择的记忆内容并根据任务的要求来提取记忆的表征。一些研究发现工作记忆和心理理论之间存在显著相关，在控制了年龄和语言能力的同时，效果依然显著。在测量顺序和倒序数字广度能力中，David 发现，在倒序数字广度和心理理论表现之间存在联系。③ 为了成功完成这个任务，儿童不仅要记住数字系列，还要能反过来顺序报告倒序数字串。儿童一般存在一个优势反应，即按记忆顺序报告数字，为了完成任务要求，他们需要抑制这个优势反应。Anne 等人通过研究考察了 3 岁、4 岁、5 岁儿童在心理理论任务和双重加工任务上的成绩，结果发现心理理论任务和工作记忆之间的相关系数高达 0.64，这表明储存处理信息的变化方式可能有利于心理理论的成绩。张庆辞等人使用计数命名任务和数字倒背广度作为工作记忆能力的指标，探讨了工作记忆和错误信念之间的关系，发现在排除年龄效应的情况下，工作记忆、元认知与意外内容任务，意外地点任务和心理理论总分之间相关依然显著。④ 张婷、李红等的研究采用 Stroop 任务和找贴画任务对工作记忆进行测量，探讨其与工作记忆的关系，发现工作记忆的中央执行系统成绩能够很好地预测错误信念的成绩。此外，他们还发现多指标测量执

　　① Hala S., Hug S. and Henderson A., "Executive function and false belief understanding in preschool children: Two tasks are harder than one", *Journal of Cognition and Development*, Vol. 4, No. 3, 2003.

　　② Yukio Maehara and Satoru Saito, "I see into your mind too well: Working memory adjusts the probability judgment of others' mental states", *Acta Psychologica*, Vol. 138, No. 3, 2011.

　　③ Davis H. L. and Pratt C., "The development of children's theory of mind: The working memory explanation", *Australian Journal of Psychology*, Vol. 47, No. 1, 1995.

　　④ 张庆辞：《儿童心理理论的发展及其与工作记忆、元认知的相关研究》，硕士学位论文，曲阜师范大学，2007 年。

行功能，如采用拍手任务和白天—黑夜任务测量的包括抑制控制和工作记忆在内的执行功能，对心理理论的成绩预测作用最好，[①] 这个结果与 Carlson 和 Hala 等的研究相似。他们认为采用冲突抑制的执行功能任务能更好地预测儿童错误信念任务的成绩，而冲突抑制任务本身既包括抑制控制也包括工作记忆的成分。[②]

另一方面，还有一些研究发现工作记忆和心理理论的相关不显著。[③] Hala 的研究采用规则任务和六个盒子任务对工作记忆进行测量，在控制了语言、年龄等因素之后，发现工作记忆并不是心理理论任务的一个单独的预测因素。而且结果表明，只有包含一些抑制控制成分时，工作记忆才能有效预测心理理论的成绩。Carlson 和 Moses 等人研究运用双任务范式（计数和贴标签）、倒序数字、词汇广度对工作记忆进行测量，发现工作记忆的成绩与错误信念任务和外表真实任务存在显著相关，但在控制了年龄和智力因素后，发现工作记忆与心理理论之间的偏相关不再显著。[④] Jenkins 和 Astington 对儿童进行了一系列错误信念任务及工作记忆的测量，结果发现工作记忆和错误信念之间显著相关，但若控制了年龄因素，二者间相关不显著。[⑤]

从这些矛盾的结果中可以发现，个体只有既能实时保存信息，又能有效抑制无关信息，才能成功实现对社会信息的认知。这说明，获得和表达心理状态的概念既需要工作记忆，也需要抑制控制。二者是以交互作用的方式共同影响心理理论的，这一观点也得到了神经生理学研究的支持[⑥]，即抑制控制与工作记忆的交互作用是前额叶的功能之一。

---

① 张婷、吴睿明：《不同维度的执行功能与早期心理理论的关系》，《心理学报》2006 年第 38 卷第 1 期。

② Carlson S. M. and Moses L. J. ，"Individual differences in inhibitory control and children's theory of mind"，*Child Development*，Vol. 72，No. 4，2001.

③ Perner J. ，Leekam S. R. and Wimmer H. ，"Three – year – olds' difficulty understanding false belief：Representational limitation，lack of knowledge or pragmatic misunderstanding?"，*British Journal of Developmental Psychology*，Vol. 5，No. 2，1987.

④ Carlson S. M. ，Moses L. J. and Hix H. R. ，"The role of inhibitory control in young children's difficulties with deception and false belief"，*Child Development*，Vol. 69，No. 3，1998.

⑤ Astington J. and Gopnik A. ，"Theoretical explanations of children's understanding of the mind"，*British journal of Developmental Psychology*，Vol. 9，No. 1，1991.

⑥ Fletcher P. C. ，Happe Â F. and Frith U. ，et al. ，"Other minds in the brain：a functional imaging study of "theory of mind" in story comprehension"，*Cognition*，Vol. 57，No. 2，1995.

（三）从儿童研究看执行功能对心理理论的影响机制

结合以往的研究，根据表达论和出现论提出三组相互对立的推论。第一，降低错误信念任务中的执行功能要求，儿童的成绩会有大幅度的提高；反之根据出现论，这一方法不能将儿童在错误信念任务上的通过率提升到概率上的水平。第二，不包含执行功能要求的心理理论任务会和执行功能任务相关不显著；而根据出现论，此推论成立。第三，具有良好执行功能的儿童应同样具备良好的心理理论；反之根据出现论在没有获得相应心理理论概念时，即便儿童具有良好的执行功能，他们也会拥有不佳的心理理论。

在上述三组假设中，除第一组假设不乏早期研究支持表达论外，第二、第三两组假设所涉及的相关研究都支持出现论。根据 Wimmer 和 Perner 的研究，"告知儿童巧克力被 Maxi 的妈妈用完了"这一措施将 4—5 岁儿童在错误信念任务上的通过率从 48.2% 显著地提升到了 78.5%。其后，Carlson、[①] Hala 等[②]或是降低任务中的抑制控制要求，或是降低工作记忆要求，均有效地提高了儿童在错误信念任务中的成绩。但此种支持之声在 Wellman 的元分析后便偃旗息鼓了。Wellman 的元分析发现，这种降低错误信念任务中的执行功能要求的办法不能系统地提高儿童的成绩，即对于那些年幼的，没有获得错误信念概念的儿童来说，此类方法是无效的。[③]

对第二组推论而言，诸如意外地点任务这类不包含执行功能要求的心理理论任务，同样与执行功能任务显著相关，这说明执行功能和心理理论的关系并非由抑制物体真实位置或在头脑中同时保持两种表征等表面因素造成，而是有更本质的原因。[④] 对第三组推论而言，跨文化研究表明中国、韩国儿童优良的执行功能并没有促使他们心理理论的快速发展，相反与西方同龄儿童相比，中国北京地区儿童心理理论的发展与他们持平，中

① Carlson S. M., Moses L. J. and Hix H. R., "The role of inhibitory processes in young children's difficulties with deception and false belief", *Child Development*, Vol. 69, No. 3, 1998.

② Hala S. and Hug S., "Executive function and false - belief understanding in preschool children: Two tasks are harder than one", *Journal of Cognition and Development*, Vol. 4, No. 3, 2003.

③ Wellman H. M., Cross D. and Watson J., "Meta - analysis of theory of mind development: The truth about false belief", *Child Development*, Vol. 72, No. 3, 2001.

④ Perner J. and Wimmer H., "'John thinks that Mary thinks that…': attribution of second - order belief by 5 - to 10 - year old children", *Journal of Experimental Child Psychology*, Vol. 39, No. 3, 1985.

国西部地区儿童和韩国儿童的心理理论发展则明显滞后。[①] 这说明执行功能对心理理论的影响不是像表达论所认为的那样是即时的（on‑line），而是与心理理论的概念发展密切相关。

Leslie 和同事将心理理论理解划分为愿望理解和信念理解两类，其中愿望理解可再细分为对接近型愿望和回避型愿望的理解；信念理解细分为真实信念理解和错误信念理解。一系列实验表明，[②] 儿童先是能理解真实信念背景下的接近型愿望，其后能理解真实信念背景下的回避型愿望；最后儿童才能逐步理解错误信念背景下的接近型和回避型愿望。上述四种心理状态包含了不同要求的执行功能，错误信念—回避型愿望居首，错误信念—接近型愿望次之，真实信念—回避型愿望再次，真实信念—接近型愿望则不含执行功能成分。因此儿童理解不同难度的心理状态的过程其实质就是他们执行功能不断增长的过程。

虽然"执行—选择系统"得到了 Leslie 和其同事一系列研究的验证，但也存在局限。[③] 传统的心理理论研究将理解错误信念作为理解他人心理的标志。如前所述，执行—选择系统在儿童对真实信念和错误信念理解的观点上，表达论如出一辙，二者都赞同执行功能发挥了抑制现实的突出作用。因此"执行—选择系统"在解释执行功能如何参与错误信念理解时也面临着很多问题。

（四）概念内容与抑制控制对心理理论的交互式影响

为了确定抑制控制和心理理论的关系，研究者通过控制言语能力、年龄、性别等因素观察二者相关显著性的变化，采用这种方法的目的是排除第三因素带来的伪相关问题。依此逻辑，在 Carlson 等人的研究中，控制了年龄性别、言语能力和抑制控制能力后，心理理论的四个测量任务得分与合成分间的相关依然显著。[④] 这意味着可能存在其他因素影响心理理论的发展。根据不同的心理状态，如愿望、信念、情绪等儿童其心理理论获

① 刘宝根：《3—4 岁儿童冷执行功能、热执行功能与心理理论三者之间的关系》，硕士学位论文，西南师范大学，2006 年。

② Baron‑Cohen S., Leslie A. M. and Firth U., "Does the autistic child have a 'theory of mind'?" *Cognition*, Vol. 21, No. 1, 1985.

③ Ibid..

④ Moses L. J. and Carlson S. M., "Self‑regulation and children's theories of mind", In Lightfoot C., Lalonde C. and Chandler M., *Changing Conceptions of Psychological Life*, New Jersey: Lawrence Erlbaum Associates, 2004.

得的年龄是不同的，情绪理解的发展较早，[1][2][3] 愿望理解也在2岁左右出现，[4] 信念理解出现得最晚。就任务而言，Carlson等认为信念任务最难、假装任务最简单，而愿望任务介于二者之间。[5] 如果抑制控制能力是唯一解释心理理论发展的因素，那么抑制控制也应该可以解释心理理论任务的时序差，但是抑制控制是抑制优势反应激发次级反应的能力，在不同的心理状态和任务中，对抑制控制的要求并没有差异，它们都要求儿童抑制自身的理解，激发对他人心理状态的理解，故无法解释何以会出现发展的序列性问题。Carlson等提出了抑制控制与概念内容的交互式解释方式，即认为心理理论任务中抑制控制与概念内容间存在交互作用。[6] 他们的一项未发表的研究也证明，抑制控制与信念任务的概念内容的相关是较高的，与假装任务的概念内容相关最低。[7]

因此可以认为，抑制控制所代表的执行功能对心理理论的发展来说是必要的，但并非充分的条件（至少还需要概念内容的参与），心理理论并不是由执行功能发展而来的，还需要从外部获得知识以发展关于心理理论的概念，执行功能中的抑制控制能力与知识获得和建构间的关系也是非常密切的。这就是说，执行功能是心理理论发展的关键性动因。[8]

① Denham S. A., Blair K. A., DeMulder E., Levitas J., Sawyer K., Auerbach – Major S. and Queenan P., "Preschool emotional competence: Pathway to social competence?" *Child Development*, Vol. 74, No. 1, 2003.

② Denham S. A. and Couchoud E. A., "Young preschoolers' ability to identify emotions in equivocal situations", *Child Study Journal*, Vol. 20, No. 3, 1990.

③ Brown J. R. and Dunn J., "Continuities in emotion understanding from three to six years", *Children Development*, Vol. 67, No. 3, 1996.

④ Wellman H. and Woolley J., "From simple desires to ordinary beliefs: the early development of everyday psychology", *Cognition*, Vol. 35, No. 3, 1990.

⑤ Moses L. J. and Carlson S. M., "Self – regulation and children's theories of mind", In Lightfoot C., Lalonde C. and Chandler M., *Changing Conceptions of Psychological Life*, Mahwah, New Jersey: Lawrence Erlbaum Associates, 2004.

⑥ Moses L. J. and Carlson S. M., "Self – regulation and children's theories of mind", In Lightfoot C., Lalonde C. and Chandler M., *Changing Conceptions of Psychological Life*, Mahwah, New Jersey: Lawrence Erlbaum Associates, 2004.

⑦ Moses L. J., Carlson S. M., Stieglitz S. and Claxton L. J., *Executive Function, Prepotency, and Children's Theories of Mind*, Unpublished manuscript, University of Oregon, 2003.

⑧ Moses L. J. and Carlson S. M., "Self – regulation and children's theories of mind", In Lightfoot C., Lalonde C. and Chandler M., *Changing Conceptions of Psychological Life*, Mahwah, New Jersey: Lawrence Erlbaum Associates, 2004.

　　以上是关于冷执行功能与心理理论的关系论述。在自我调节的结构中，除了认知调节外，还包括情绪调节、行为调节和需要动机调节等成分，已有研究发现这几个因素与心理理论的相关并不存在。① 当然，出现不相关的原因可能有测量指标和任务选取缺乏代表性、取样群体有限等，最重要的原因是目前针对多个自我调节成分与心理理论的相关研究极少，因此该研究是否具有代表性仍值得商榷。故本书从已有研究出发，仍旧梳理了行为、情绪和需要动机调节与心理理论的相关的一些证据，以期为未来研究提供可能的支持。

　　（五）热执行功能与心理理论发展

　　热执行功能（hot executive function）通常被称为情感决策，通常有高度情感卷入，要对刺激的情感意义做出灵活的评价。这个过程与外侧前额皮层（Orbitofrontal Cortex，OFC）有关。

　　热执行功能的研究起源于人们发现前额皮层腹部和中央部位（VM - PFC）受损伤的患者在涉及社会和情感决策能力方面任务上的成绩远远次于在冷执行功能上的成绩。后来，Overman 和他的同事在测查儿童的反向择物（object reversal）任务时发现，婴幼儿在这个任务上的成绩随着年龄的提高而不断提高，同时他们还发现，2.5 岁以前的儿童在这个任务上存在性别差异。而已有的动物研究发现，雌猴的外侧前额皮层比雄猴的外侧前额皮层发展得更慢。这与对婴幼儿的研究发现相一致。也许正是在外侧前额皮层上的差异导致了不同性别儿童在行为上的差异。反向择物任务在传统上被认为属于冷执行功能任务，但却发现了与以往冷执行功能任务不同的特点。由此人们开始了对热执行功能进行研究的探索。

　　1. 经典的热执行功能任务

　　经典的热执行功能任务包括：反向择物任务、窗口任务和延迟满足任务，以及儿童博弈任务等。

　　反向择物（object reversal）：该任务以 Overman 等人的研究为基础。每次试验，研究者都向儿童呈现两个同样的事物，并当儿童选择其中一个事物时总是给予儿童奖励。结果一定次数的试验后，研究者又改为当儿童选择另一事物时给予奖励，即奖励的可能性发生了反向转变。主要记录在

---

　　① 　Jahromi L. and Stifter C. A., "Individual differences in preschooler's self - regulation and theory of mind", Merrill - Palmer Quarterly, Vol. 54, No. 1, 2008.

奖励发生转向后，儿童了解这种转换所需的试验次数。

窗口任务（windows task）：这种研究任务来源于 Russell 等人的研究。研究者向儿童呈现开有窗口的两个盒子，将盒子上的窗口朝向儿童，以使儿童了解盒子里的内容。每次试验中，主试在其中一个盒子里放上"诱饵"，要求儿童告诉主试哪个盒子里有东西。接着，主试对儿童指出的地方进行验证。如果儿童示意主试检查空的盒子，那么儿童得到另一个盒子里的东西。相反，如果儿童让主试检查放有"诱饵"的那个盒子，儿童就得不到该盒子里的东西。如果儿童能学会"欺骗"主试，总是指示主试去空盒子里面找东西，就表明儿童能够主动运用策略来获得奖励。

延迟满足实验：延迟满足实验（Delay of Gratification）是研究热执行功能的一项经典范例，经典的研究范式为研究者向儿童出示一些小礼品（如糖果），并让儿童选择是立即得到一颗糖还是过一段时间获得两颗糖（时间和奖励数量可以变化）。从而测查儿童做出延迟选择的次数。或者是主试对儿童说要送给儿童一个礼物，但为了制造惊喜，要把礼物包装一下，请儿童转过身去，不能偷看。主试在被试背后包装时故意发出很大的声音，测查儿童在 60 秒内是否转头或者转身偷看，以及转头、转身偷看前的潜伏期。

2. 热执行功能与心理理论之间的关系

Russell 1991 年用窗口任务和错误信念任务进行比较，结果发现热执行功能与心理理论两者之间相关高达 0.89。Thompson 和 Moore 采用窗口任务测查了 3 岁儿童和 4 岁儿童在抑制控制和两个心理理论任务上的表现。结果发现，4 岁组儿童的窗口任务成绩与心理理论任务成绩相关；对于 3 岁组儿童来说，抑制指向有奖励的盒子以获得奖励的能力与将来导向的过程显著相关，即 3 岁组儿童如果能抑制住这种倾向，他们可以把心理理论任务完成好；如果他们完成了心理理论任务，他们抑制控制能力也很好。

三　自我调节其他成分与心理理论的关系

（一）行为调节与心理理论

行为调节研究的构成成分因与执行功能雷同，故专门对行为调节和心理理论关系进行探讨的研究还很少。从目前少量的研究结果来看，在学龄前阶段儿童的错误信念任务成绩与行为调节水平呈正向关联。①

（二）情绪调节与心理理论

情绪调节与心理理论存在联系可以通过四个方面的证据得到支持。首先，情绪调节和心理理论都以前额叶作为主要的脑功能区，因此二者具有共同的神经基础。其次，二者在学龄前阶段的发展都非常迅速，②③ 发展时序接近。再次，情绪调节和心理理论均与情绪理解有密切的联系。④⑤最后，已有研究支持情绪调节能力与心理理论水平之间存在显著相关的假设。⑥⑦ 其中，情绪理解作为二者关系的中间因素，可能是理解情绪调节与心理理论关系实质的一个切入点。

儿童的情绪能力（emotional competence），是其发展的核心任务，⑧ 是个体与外界维系关系、保持个体身心健康的一种重要的心理体验。情绪能力包括情绪理解和情绪调节两个方面。其中情绪理解也是情绪智力的一个成分，能够反映出个体的社会适应性，⑨ 是儿童社会化的重要指标之一。不同的情绪理解概念反映出了研究者研究的不同层次和视角。Cassidy 等人重视情绪理解的解释性，认为是对情绪原因和结果的理解及其产生适应性行为的能力。⑩ 我国研究者也认为情绪理解是一种解释能力。具体来

① Hughes C.，"Executive function in preschoolers：Links with theory of mind and verbal ability"，*British Journal of Developmental Psychology*，Vol. 16，No. 2，1998.

② Cole P. M.，"Children's spontaneous expressive control of facial expression"，*Child Development*，Vol. 57，No. 6，1986.

③ Meltzoff A. N.，"Understanding the intentions old mind tasks decline in old age？"，*British Journal of Psychology*，Vol. 93，No. 4，2002.

④ Denham S. A.，Blair K . A.，DeMulder E.，Levitas J.，Sawyer K.，Auerbach‐Major S. and Queenan P.，"Preschool emotional competence：Pathway to social competence？"，*Child Development*，Vol. 74，No. 1，2003.

⑤ 陈英和、崔艳丽、王雨晴：《幼儿心理理论与情绪理解发展及关系的研究》，《心理科学》2005 年第 28 卷第 3 期。

⑥ Eisenberg N. and Moore B. S.，"Emotional regulation and development"，*Motivation and Emotion*，Vol. 21，No. 1，1997.

⑦ Vinden P. G.，"Children's understanding of mind and emotion：a mufti‐culture study"，*Cognition and Emotion*，Vol. 13，No. 1，1999.

⑧ Malatesta‐Magai C. Z. and Haviland M.，"Learning display rules：The socialization of emotion expression in infancy"，*Child Development*，Vol. 53，No. 53，1992.

⑨ Izard C. E. and Fine S.，"Emotion knowledge as a predictor of social behavior and academic competence in children at risk"，*Psychological Science*，Vol. 12，No. 1，2001.

⑩ Cassidy J. and Parke R. D.，"Family‐peer connections：the roles of emotional expressiveness within the family and children's understanding of emotions"，*Child Development*，Vol. 63，No. 3，1992.

说，是对情绪线索和情境信息进行解释的能力。[①] Izard 等关注的是情绪理解在情绪过程中的位置和效用，认为它是对情绪过程的有意识认识。[②] 这一界定更接近于关注个体有意识的心理状态，更靠近心理理论主题。把情绪理解产生的结果——表达行为和心理体验也纳入情绪理解范畴中，这样的情绪理解概念使得情绪理解的外延得到进一步的扩大，强调了情绪理解的功能性。[③]

1. 情绪调节与情绪理解的关系

情绪理解与情绪调节同属情绪能力范畴内。Thompson 认为情绪调节是"为了达成目标，监控、评估和调节情绪反应，特别是其强度和时间特征的内部和外部过程"。情绪调节是自我调节的一部分，情绪调节缺失会导致内部和外部的失调症状。[④] 从情绪调节的过程来讲，代表情绪理解的情绪观点采择能力对情绪调节，特别是情绪自我调节策略的使用及其效果是有影响的。因为儿童要进行有效的情绪调节，首先必须要了解在特定的情境下，自己和他人的情绪是什么、是否有差异，表现哪种情绪是符合规范的和适合当前情境的，这一系列过程最终的结果是儿童采用一定的情绪策略，表现出适应性的行为。而对过程中各个情绪成分的理解，正是情绪理解的任务。有研究表明，情绪理解与情绪调节能力之间存在着密切的联系。[⑤][⑥] 姚瑞维等人的研究表明，在学龄前阶段儿童的情绪观点采择能力能够有效预测情绪调节能力的发展。[⑦]

---

① 姚瑞纬、陈英和、赵延芹：《3—5岁儿童情绪能力的年龄特征、发展趋势和性别差异的研究》，《心理发展与教育》2004年第2期。

② Izard C. E. and Harris P. L., "Emotional development and developmental psychopathology", In Dcohen D. J. and Cohen, *Developmental Psychopathology: Theory and Method*, New York: Wiley, 1995.

③ Denham S. A., Emotional development in young children, London: The Guilford Press, 1998.

④ Calkins S. D. and Howse R. B., "Individual differences in self - regulation: Implications for childhood adjustment", In Philippot P. and Feldman R. S., *The regulation of emotion*, Mahwah, NJ: Erlbaum, 2004.

⑤ Denham S. A., Blair K. A., DeMulder E., Levitas J., Sawyer K., Auerbach - Major S. and Queenan P., "Preschool emotional competence: Pathway to social competence?", *Child Development*, Vol. 74, No. 1, 2003.

⑥ Malatesta - Magai C. Z. and Haviland M., "Learning display rules: The socialization of emotion expression in infancy", *Child Development*, Vol. 53, No. 53, 1992.

⑦ 姚瑞纬、陈英和、赵延芹：《3—5岁儿童情绪能力的年龄特征、发展趋势和性别差异的研究》，《心理发展与教育》2004年第2期。

由于情绪理解与情绪调节的发展存在密切的联系，因此有些研究虽然测量了执行功能和情绪理解，却仅把情绪理解作为协变量处理，不关注二者的关系。[1] 目前能够找到的研究仅为 Hughes 考察一级错误信念、情绪理解和执行功能关系的研究，[2] 研究结果发现，一级错误信念、情绪理解和执行功能之间存在显著的相关，但相关仅出现在难应付（hard to manage）儿童组，控制组并未出现相关。出现这种结果的可能原因是由于基于信念和愿望的情绪理解发展要早于对信念和愿望的认知理解，因此相较于一级错误信念任务水平，是较容易出现天花板效应的，进而造成其与其他心理理论任务、执行功能成绩之间相关不显著。而难对付儿童由于其情绪性发展可能落后于正常儿童，因此其情绪理解的发展变化可能会实现与其他任务的同步，故有可能出现相关。

2. 情绪理解与心理理论的关系

Tager - Flusberg 和 Sullivan 认为心理理论包括社会认知成分（social - cognitive component）和社会知觉成分（social - perceptual component）。[3] 社会认知成分是表征的概念性理解能力，与认知能力、言语等有密切的关系，[4] 错误信念理解任务就测量了心理理论的社会认知成分。社会知觉成分与情绪的关系更为密切，是根据面部表情、肢体动作等推断他人心理状态，进而做出迅速判断的能力。[5] 隋晓爽、苏彦捷的研究[6]发现，多数儿童要到 5 岁才能通过社会认知任务；而社会知觉成分的发展要早到 3 岁。情绪理解是指个体对所面临的情绪线索和情境信息进行解释的能力，主要包括对面部表情的识别能力以及对各种引发情绪情境的认识和解释。[7] 从

① Carlson S. M. and Moses L. J. , "Individual differences in inhibitory control and children's theory of mind", *Child Development*, Vol. 72, No. 4, 2001.

② Hughes C. , "Executive function in preschoolers: Links with theory of mind and verbal ability", *British Journal of Developmental Psychology*, Vol. 16, No. 2, 1998.

③ Tager - Flusberg H. and Sullivan K. , "A componential view of theory of mind: evidence from Williams syndrome", *Cognition*, Vol. 76, No. 1, 2000.

④ 隋晓爽、苏彦捷：《对心理理论两成分认知模型的验证》，《心理学报》2003 年第 35 卷第 1 期。

⑤ Tager - Flusberg H. and Sullivan K. , "A componential view of theory of mind: evidence from Williams syndrome", *Cognition*, Vol. 76, No. 1, 2000.

⑥ 隋晓爽、苏彦捷：《对心理理论两成分认知模型的验证》，《心理学报》2003 年第 35 卷第 1 期。

⑦ 姚瑞维、陈英和、赵延芹：《3—5 岁儿童情绪能力的年龄特征、发展趋势和性别差异的研究》，《心理发展与教育》2004 年第 2 期。

心理理论两成分模型[1]、情绪理解的定义[2]以及采用错误信念任务考察心理理论与情绪理解关系的研究[3]来看，情绪理解可以归入社会知觉成分中，且发展要早于社会认知成分。据此可得出两个推论：其一，说明情绪理解能力是一种情绪性的心理理论，隶属于心理理论范畴；其二，对心理理论的测量，应从以往关注信念、愿望的认知任务扩展为认知与情绪性两类任务的考察。

（三）延迟满足与心理理论

延迟满足在自我调节的结构中是一个相对特殊的成分。一方面，它反映了个体对需要性动机的自我调节能力；另一方面，它的调节机制中有大量认知、行为乃至情绪成分掺杂其中，如经典的热执行功能测量任务中就包括延迟满足任务。[4] 延迟满足任务在某种程度上可以综合反映儿童自我调节能力的本质。因此，关注延迟满足与心理理论的关系，无法脱离自我调节的其他诸成分在其中发挥的作用。

从执行功能出发，冷执行功能与延迟满足的关系已经得到大量研究的支持，[5][6][7][8] 但二者是平行发展的关系，[9] 相对于冷执行功能，热执行功能的情绪性更强，负载着更多的社会信息，从逻辑上是应该与心理理论存

---

① Tager – Flusberg H. and Sullivan K., "A componential view of theory of mind: evidence from Williams syndrome", *Cognition*, Vol. 76, No. 1, 2000.

② 姚瑞纬、陈英和、赵延芹：《3—5 岁儿童情绪能力的年龄特征、发展趋势和性别差异的研究》，《心理发展与教育》2004 年第 2 期。

③ 陈英和、崔艳丽、王雨晴：《幼儿心理理论与情绪理解发展及关系的研究》，《心理科学》2005 年第 28 卷第 3 期。

④ 李红、高山、王乃弋：《执行功能研究方法评述》，《心理科学进展》2004 年第 12 卷第 5 期。

⑤ 李红、高山、白俊杰：《从儿童赌博任务看热执行功能的发展》，《心理发展与教育》2005 年第 1 期。

⑥ Diamond A., "Developmental time course in infants and infant monkeys, and the neural bases of inhibitory control in reaching", *Annals of the New York Academy of Sciences*, No. 608, 1990.

⑦ Carlson S. M. and Moses. L. J., "Individual differences in inhibitory control and children's theory of mind", *Child Development*, Vol. 72, No. 4, 2001.

⑧ Keenan T., Olson D. R. and Marini Z., "Working memory and children's developing understanding of the mind", *Australian Journal of Psychology*, Vol. 50, No. 2, 1998.

⑨ 郑红兰、李红：《简述延迟满足与执行功能、心理理论的关系》，《贵州师范大学学报》（社会科学版）2005 年第 6 期。

在联系的。[①] 但从已有的研究来看，还没有发现延迟满足与心理理论之间的显著相关。[②] 但如果从抑制控制是延迟满足的主要成分[③]这一角度分析，可以认为延迟满足与心理理论是存在联系的。

第四节　研究问题的提出

一　以往研究中存在的问题

从自我调节、心理理论，以及二者关系的理论和实证研究的回顾中不难发现，目前针对自我调节成分间关系、基于两成分理论的心理理论研究以及自我调节各成分与心理理论关系研究都处于相对缺乏的状态。

（一）缺乏对自我调节各成分间关系的实证研究

自我调节是一个涵盖内容非常广泛的心理学概念，调节涉及的领域包括传统的认知和情绪，调节的发出者和指向对象都是自我，因此它是个体的心理要素内部主动变化的一种能力。Rothbart 将自我调节作为儿童气质的一个稳定的维度，与反应性并列存在。[④] 如果说反应性是人与所有生物所共有的，那么自我调节就是人类所独有的心理属性，是人类对自身生物属性的再发展，是社会性在个体身上的集中体现。可以把发生在自我调节内部的动态变化认为是儿童相对稳定的心理变化机制，自我调节的各个成分通过对各自指向的心理成分的主动变化，实现儿童个体完整的行为、认知乃至情绪表达的风格，即所谓的气质。所以，关注自我调节各成分间的关系，是为了更深入地认识儿童气质中社会性、能动性特征的心理机制。但是，目前针对自我调节各成分关系的研究非常缺乏，这一方面是由于对自我调节的界定不甚明确，与许多已有心理学

① Zelazo P. D. and Müller U., "Executive function in typical and atypical development", In Goswami U., *Handbook of Childhood Cognitive Development*, Oxford: Blackwell Publishers, 2002.

② 刘宝根：《3—4 岁儿童冷执行功能、热执行功能与心理理论三者之间的关系》，硕士学位论文，西南师范大学，2006 年。

③ Metcalfe J. and Mischel W., "A hot/cool – system analysis of delay of gratification: dynamics of willpower", *Psychological Review*, Vol. 106, No. 1, 1999.

④ Rothbart M. K. and Bates J. E., "Temperament", In Damon W. and Eisenberg N., *Handbook of child psychology: Social, emotional, personality development*, New York: Wiley, 1998.

概念存在混用问题,[1][2] 造成了以自我调节为主题的研究与诸如执行功能等研究存在大量交叉的问题;另一方面,自我调节各成分间的关系尚缺乏坚实的理论支持,多数相关文献都停留在假设层面,[3][4] 已有的少数实证研究[5]的理论依据不足,测量任务不当,结果不足以说明问题。具体来说:

1. 自我调节与其他心理学概念存在混用问题

自我调节包括对自己情绪、动机、认知和行为的调节,是一个较为复杂的概念,[6] 其与 Zelazo 等提出的冷热执行功能概念[7]在范围和功能上是基本等同的。二者都存在认知、情绪卷入等成分,都在问题解决中发挥计划、抑制、激发、维持等适应性功能。同时,二者在研究范式上也多有交叉,如测量抑制控制、工作记忆等的任务都类似。目前,有关执行功能的成分间关系研究,以及各成分与心理理论关系研究非常多,[8][9][10][11] 执行功

---

① Moilanen K. L. , "The adolescent self – regulatory inventory: The development and validation of a questionnaire of short – term and long – term self – regulation", *Journal of Youth and Adolescence*, Vol. 36, No. 6, 2007.

② Metcalfe J. and Mischel W. , "A hot/cool. – system analysis of delay of gratification: dynamics of willpower", *Psychological Review*, Vol. 106, No. 1, 1999.

③ Blair C. , "School readiness: Integrating cognition and emotion in a neurobiological conceptualization of children's function at school entry", *American Psychologist*, Vol. 57, No. 2, 2002.

④ Kopp C. B. , "Regulation of distress and negative emotions: A developmental View", *Developmental Psychology*, Vol. 25, No. 3, 1989.

⑤ Jahromi L. and Stifter C. A. , "Individual differences in preschooler's self – regulation and theory of mind", *Merrill – Palmer Quarterly*, Vol. 54, No. 1, 2008.

⑥ Karoly P. , "Mechanisms of self – regulation: A systems view", *Annual Review of Psychology*, Vol. 44, No. 44, 1993.

⑦ Zelazo P. D. and Müller U. , "Executive function in typical and atypical development", In Goswami U. , *Handbook of Childhood Cognitive Development*, Oxford: Blackwell Publishers, 2002.

⑧ Davis H. L. and Pratt C. , "The development of children's theory of mind: The working memory explanation", *Australian Journal of Psychology*, Vol. 47, No. 1, 1996.

⑨ Carlson S. M. and Moses L. J. , "Individual differences in inhibitory control and children's theory of mind", *Child Development*, Vol. 72, No. 4, 2001.

⑩ Keenan T. , Olson D. R. and Marini Z. , "Working memory and children's developing understanding of the mind", *Australian Journal of Psychology*, Vol. 50, No. 2, 1998.

⑪ Ziv M. and Frye D. , "The relation between desire and false belief in children's theory of mind: no satisfaction?", *Developmental Psychology*, Vol. 39, No. 5, 2003.

能与情绪调节间的相关研究也呈现增长的趋势。①②③ 如果从概念互换的角度来说，这些都可以归入自我调节的研究范围，但是从理论归属性的角度来看，这无疑削弱了对儿童自我调节心理机制的系统研究力量，不利于对自我调节主题研究的发展。

2. 自我调节各成分间关系的实证研究缺乏

无论是在基于传统自我调节概念④还是自我冷热系统理论⑤的成分划分方式下，有关自我调节各个成分的关系研究都是非常稀缺的。目前更多的是根据 Rothbart 的理论，研究努力控制与行为调节⑥⑦、情绪调节⑧⑨⑩和延迟满足⑪⑫间的关系。但是目前仅有的几项将儿童对认知、行为、情绪和需要动机等的自我调节能力整合起来，置于自我调节主题下的研究中，测量指标的成分属向不明确，如将礼物延迟任务作为执行功能中测量

① Carlson S. M. and Wang T. S., "Inhibitory control and emotion regulation in preschool children", *Cognitive Development*, Vol. 22, No. 4, 2007.

② Hoeksma J. B., Oosterlaan J. and Schipper E. M., "Emotion regulation and the dynamics of feelings: A conceptual and methodological framework", *Child Development*, Vol. 75, No. 2, 2004.

③ Kieras J. E., Tobin R. M., Graziano W. G. and Rothbart M. K., "You can't always get what you want: Effortful control and children's responses to undesirable gifts", *Psychological Science*, Vol. 16, No. 5, 2005.

④ Karoly P., "Mechanisms of self - regulation: A systems view", *Annual Review of Psychology*, Vol. 44, No. 44, 1993.

⑤ Ibid. .

⑥ Kochanska G., Coy K. C. and Murray K. T., "The development of self - regulation in the first four years of life", *Child Development*, Vol. 72, No. 4, 2001.

⑦ Kochanska G., Tjebkes T. L. and Forman D. R., "Children's emerging regulation of conduct: Restraint, compliance, and internalization from infancy to the second year", *Child Development*, Vol. 69, No. 5, 1998.

⑧ Carlson S. M. and Wang T. S., "Inhibitory control and emotion regulation in preschool children", *Cognitive Development*, Vol. 22, No. 4, 2007.

⑨ Hoeksma J. B., Oosterlaan J. and Schipper E. M., "Emotion regulation and the dynamics of feelings: A conceptual and methodological framework", *Child Development*, Vol. 75, No. 2, 2004.

⑩ Kieras J. E., Tobin R. M., Graziano W. G. and Rothbart, M. K., "You can't always get what you want: Effortful control and children's responses to undesirable gifts", *Psychological Science*, Vol. 16, No. 5, 2005.

⑪ Sethi A., Mischel W., Aber J. L., Shoda Y. and Rodriguez M. L., "The role of strategic attention deployment in development of self - regulation: Predicting preschoolers'delay of gratification from mother - toddler interactions", *Developmental Psychology*, Vol. 36, No. 6, 2000.

⑫ Eienberge N., Smith C., Sadovsky A. and Spinrad T., "Effortful control with emotion regulation, adjustment, and socialization in childhood", In Baumeister R. F. and Vohs K. D., *Handbook of Self - Regulation*, London: Guilford Press, 2004.

抑制控制的研究范式,[①] 或将糖果延迟和新异玩具任务均看作是行为调节的研究范式,[②] 使得这些研究的结果都没有办法明确说明不同自我调节成分间的关系。另外,这两项研究对自我调节的理论梳理都非常简略,甚至有将心理理论纳入自我调节的范畴中的情况出现,[③] 因此有必要进行另一研究,在理论和数据结果的双向验证方向上明确自我调节各成分及对应测量指标的归属。

(二)缺乏基于心理理论两成分模型的实证研究

以往心理理论研究较多关注的是诸如愿望、信念等心理状态的发展或与其他心理能力的关系,[④][⑤][⑥][⑦] 这些均为心理理论的社会认知成分,[⑧] 也就是儿童对心理状态概念表征的能力。但是儿童对情绪的认识能力发展得更早,[⑨] 在 1 岁左右儿童就能识别人的不同表情。同时个体的情绪能力在认知、行为活动中与之协同运行,是不可或缺的动力成分。[⑩] 因此,Tager - Flusberg 等人将情绪理解能力归为心理理论的社会知觉属性,作为个体

① Liebermann D., Giesbrecht G. F. and Müller U., "Cognitive and emotional aspects of self - regulation in preschoolers", *Cognitive Development*, Vol. 22, No. 4, 2007.

② Jahromi L. and Stifter C. A., "Individual differences in preschooler's self - regulation and theory of mind", *Merrill - Palmer Quarterly*, Vol. 54, No. 1, 2008.

③ Liebermann D., Giesbrecht G. F. and Müller U., "Cognitive and emotional aspects of self - regulation in preschoolers", *Cognitive Development*, Vol. 22, No. 4, 2007.

④ Meltzoff A. N., "Understanding the intentions of others: re - enactment of intended acts by 18 - month - old children", *Developmental Psychology*, Vol. 31, No. 5, 1995.

⑤ Perner J. and Wimmer H., "'John thinks that Mary thinks that…': attribution of second - order belief by 5 - to 10 - year old children", *Journal of Experimental Child Psychology*, Vol. 39, No. 3, 1985.

⑥ 张文新、赵景欣、王益文等:《3—6 岁儿童二级错误信念认知的发展》,《心理学报》2004 年第 36 卷第 3 期。

⑦ Meltzoff A. N., "Understanding the intentions old mind tasks decline in old age?" *British Journal of Psychology*, Vol. 93, No. 4, 2002.

⑧ Farrant A., Boueher J. and Blades M., "Meta - memory in children with Autism", *Child Development*, Vol. 70, No. 1, 1999.

⑨ Baron - Cohen S., "How to build a baby that can read minds: cognitive mechanisms in mind-reading", *Cahiers de Psychologie Cognitive/Current Psychology of Cognition*, Vol. 13, No. 5, 1994.

⑩ [美] 安东尼奥·达马西奥:《笛卡尔的错误——情绪、推理和人脑》,毛彩凤译,教育科学出版社 2008 年版。

"心理化"的基础。[1] 但在以往对心理理论的研究[2][3][4][5][6]中，只是关注情绪理解与心理理论作为两个独立社会认知因素的关系；只有少数研究者将二者的共性作为心理理论的基本特征加以研究。[7][8][9] 在这些研究中还存在着发展时序上的矛盾结论，Harris 等人的研究发现，社会知觉成分中的基于信念和愿望的情绪理解能力发展要晚于社会认知成分，[10] 而 Wellman 等人则发现，二者的发展是平行的，儿童在获得了错误信念理解能力的同时，也能理解基于信念的情绪。[11] 因此，本书拟以心理理论两成分模型为理论基础，探讨两成分的发展特点和时序先后。

（三）缺乏对自我调节各成分与心理理论发展水平关系的系统研究

1. 以往心理理论相关研究的不完整性

在心理理论能力的相关研究中，针对其社会认知成分的研究较多关注

---

① Baron – Cohen S. , "Theory of mind and autism: a fifteen year review", In Baron – Cohen S. , Tager – Flusberg H. and Cohen D. J. , *Understanding other minds: perspectives from developmental cognitive neuroscience*, Oxford: Oxford University Press, 2000.

② 陈英和、崔艳丽、王雨晴：《幼儿心理理论与情绪理解发展及关系的研究》，《心理科学》2005 年第 28 卷第 3 期。

③ Huges C. and Dunn J. , "Understanding mind and emotion: longitudinal associations with mental – state talk between young friends", *Developmental Psychology*, Vol. 34, No. 5, 1998.

④ Alexandra L. , Cutting and Dunn J. , "Theory of mind, emotion understanding, language, and family Background:" individual differences and interaction", *Child Development*, Vol. 70, No. 4, 1999.

⑤ Dunn J. , "Children as psychologists: The later correlates of individual differences in understanding of emotions and others minds", *Cognition and Emotion*, Vol. 9, No. 2 – 3, 1995.

⑥ Astington J. W. and Jenkins J. M. , "A longituidinal studay of the relation between language and theory – of – mind development", *Developmental Psychology*, Vol. 35, No. 5, 1999.

⑦ 李佳、苏彦捷：《儿童心理理论能力中的情绪理解》，《心理科学进展》2004 年第 12 卷第 1 期。

⑧ Harris P. L. , Johnson C. N. and Hutton D. , et al. , "Young children's theory of mind and emotion", *Cognition and Emotion*, Vol. 3, No. 4, 1989.

⑨ Wellman H. M. and Bartsch K. , "Young children's reasoning about beliefs", *Cognition*, Vol. 30, No. 3, 1988.

⑩ Harris P. L. , Johnson C. N. and Hutton D. , et al. , "Young children's theory of mind and emotion", *Cognition and Emotion*, Vol. 3, No. 4, 1989.

⑪ Wellman H. M. and Bartsch K. , "Young children's reasoning about beliefs", *Cognition*, Vol. 30, No. 3, 1988.

的是家庭社会①、语言②③和执行功能④⑤等因素；对于社会知觉成分的研究关注的相关因素多为语言⑥和家庭。⑦ 从影响因素的主动性水平来看，研究者关注的对心理理论能力发展具有影响作用的因素多为后天的经验和知识成分，这些因素有较强的被动获得性。而对于个体来说，来自外界的刺激要实现"心理化"，即对心理成分产生作用，必须要通过心理的操作性成分，如执行功能、注意机制等发挥作用，强调心理的主动性特性。因此，以往对心理理论的相关研究是不完整的，缺少了后天经验→心理执行操作技能→社会认知（心理理论）的中间环节。虽然目前关注执行功能与心理理论的研究已经越来越多，但是从全局性视角，即关注自我调节的各个成分与心理理论的社会认知和知觉成分的系统性研究还是相对缺乏的。

2. 自我调节与心理理论发展水平已有系统研究存在的问题

自我调节是儿童早期发展的最高成就，⑧ 它反映了个体的社会适应性，也是许多心理能力得以发展的关键因素之一。⑨ 自我调节的快速发展期与心理理论发展的时序性一致。二者功能脑区部分重叠，这也使得对自我调节与心理理论关系的研究成为可能。目前较为完整地考察自我调节与心理理论关系的实证研究发现，自我调节的认知调节（执行功能）成分

① 李燕燕、桑标：《影响儿童心理理论发展的家庭因素》，《心理科学》2003 年第 26 卷第 6 期。

② Hughes C. , "Executive function in preschoolers：Links with theory of mind and verbal ability", *British Journal of Developmental Psychology*, Vol. 16, No. 2, 1998.

③ Ziv M. and Frye D. , "The relation between desire and false belief in children's theory of mind：No satisfaction?" *Developmental Psychology*, Vol. 39, No. 5, 2003.

④ Carlson S. M. and Moses L. J. , "Individual differences in inhibitory control and children's theory of mind", *Child Development*, Vol. 72, No. 4, 2001.

⑤ Keenan T. , Olson D. R. and Marini Z. , "Working memory and children's developing understanding of the mind", *Australian Journal of Psychology*, Vol. 50, No. 2, 1998.

⑥ Pons F. , Lawson J. , Harris P. L. and De Rosnay M. , "Individual differences in children's emotion understanding：effects of age and language", *Scandinavian Journal of Psychology*, Vol. 44, No. 4, 2003.

⑦ Pons F. and Harris P. L. , "Longitudinal change and longitudinal stability of individual differences in children's emotion understanding", *Cognition and Emotion*, Vol. 19, No. 8, 2005.

⑧ Eisenberg N. , Spinrad T. L. and Fabes R. A. , et al. , "The relations of effortful control and impulsivity to children's resiliency and adjustment", *Child Development*, Vol. 75, No. 1, 2004.

⑨ Fonagy P. and Target M. , "Early intervention and the development of self – regulation", *Psychoanalytic Quarterly*, Vol. 22, No. 3, 2002.

与心理理论存在联系，而情绪、行为自我调节成分与心理理论的相关不存在。① 但是，这项研究存在几个比较突出的问题：第一，该研究是该文作者在其博士论文《抑制控制个体差异对心理理论影响》的基础上形成的，其自我调节的定位更倾向于 Rothbart 的"抑制控制"观。② 因此，研究所采用的认知自我调节的测量指标主要以抑制控制性指标为主，但是已有研究已经发现工作记忆作为执行功能的一个主要成分，在与心理理论的关系中发挥着重要的作用。③ 因此，其研究缺失了一个重要的研究变量，这是第一个问题。该研究的第二个问题是在对测量指标归属的划分上缺乏考虑。首先敲打任务既可以作为执行功能的抑制控制与工作记忆混合测量任务，也可以作为行为调节的测量任务，但应如何归类，在该研究中并没有给出任何解释；其次是该研究的心理理论任务均采用了信念愿望等心理状态，即考察的是心理理论的社会认知成分，忽略了心理理论的社会知觉成分。因此，有必要系统考察基于自我调节研究主题的自我调节与心理理论两成分之间的关系。

3. 已有的自我调节各成分与心理理论发展水平关系研究存在的问题

认知调节特别是冷执行功能与心理理论关系的研究一直受到研究者的关注，许多研究考察二者个体差异间的关系，控制言语能力、性别和年龄等多个重要影响因素后，④⑤⑥ 仍旧发现了执行功能的抑制控制、工作记忆成分的确与心理理论存在着真实联系。但是执行功能与心理理论相关研究存在两个致命的缺陷，一是心理理论中执行功能各成分的难度对不同年龄的儿童是有差异的，如在意外地点任务中要求儿童抑制对物体实际位置的优势反应是比较困难的，任务要求儿童记住故事规则和地点等因素，对儿

① Jahromi L. and Stifter C. A. , "Individual differences in preschooler's self - regulation and theory of mind", *Merrill - Palmer Quarterly*, Vol. 54, No. 1, 2008.

② Rothbart M. K. and Bates J. E. , "Temperament", In Damon W. and Eisenberg N. , *Handbook of child psychology: Social, emotional, personality development*, New York: Wiley, 1998.

③ Hala S. and Hug S. , "Executive function and false - belief understanding in preschool children: Two tasks are harder than one", *Journal of Cognition and Development*, Vol. 4, No. 3, 2003.

④ Davis H. L. and Pratt C. , "The development of children's theory of mind: The working memory explanation", *Australian Journal of Psychology*, Vol. 47, No. 1, 1996.

⑤ Hughes C. , "Executive function in preschoolers: Links with theory of mind and verbal ability", *British Journal of Developmental Psychology*, Vol. 16, No. 2, 1998.

⑥ Ziv M. and Frye D. , "The relation between desire and false belief in children's theory of mind: No satisfaction?" *Developmental Psychology*, Vol. 39, No. 5, 2003.

童工作记忆的要求也比较高；二是根据心理理论两成分模型，心理理论的社会知觉成分与执行功能的关系可能会对社会认知成分与执行功能的关系产生影响，但是还没有研究关注到这一问题。

情绪调节由于与情绪理解能力之间存在着密切的联系，[①②] 因此很可能是通过心理理论的社会知觉成分与其社会认知成分发生联系的。但是情绪调节与心理理论的相关研究还比较少，且理论上认为二者存在联系，但实证研究并不支持这一结论。[③] 行为调节与心理理论的关系仍旧不明确。有研究发现二者实际上不存在联系，[④] 但其他研究支持二者在学龄前阶段存在正相关的假设。[⑤] 延迟满足能力与心理理论的关系较多，但都是将延迟满足任务作为行为调节任务[⑥]或热执行功能任务[⑦]来分析的，目前的研究发现二者似乎不存在着显著的相关。[⑧]

4. 自我调节各成分对儿童心理理论发展水平的影响研究相对不足

相关研究并不能说明变量间的因果关系，但是基于理论和以往研究来看，自我调节能力可能对儿童的心理理论发展水平具有一定的预测作用。[⑨⑩] 由于自我调节各成分间是存在理论上的联系的，所以可能认知调节能力对其他自我调节成分与心理理论发展水平的关系具有调节作用，即

---

① Denham S. A., Blair K. A., DeMulder E., Levitas J., Sawyer K., Auerbach – Major S. and Queenan P., "Preschool emotional competence: Pathway to social competence?" *Child Development*, Vol. 74, No. 1, 2003.

② Malatesta – Magai C. Z. and Haviland M., "Learning display rules: The socialization of emotion expression in infancy", *Child Development*, Vol. 53, No. 53, 1992.

③ Jahromi L. and Stifter C. A., "Individual differences in preschooler's self – regulation and theory of mind", *Merrill – Palmer Quarterly*, Vol. 54, No. 1, 2008.

④ Ibid..

⑤ Hughes C., "Executive function in preschoolers: Links with theory of mind and verbal ability", *British Journal of Developmental Psychology*, Vol. 16, No. 2, 1998.

⑥ Moilanen K. L., "The adolescent self – regulatory inventory: The development and validation of a questionnaire of short – term and long – term self – regulation", *Journal of Youth and Adolescence*, Vol. 36, No. 6, 2007.

⑦ 刘宝根：《3—4岁儿童冷执行功能、热执行功能与心理理论三者之间的关系》，硕士学位论文，西南师范大学，2006年。

⑧ Jahromi L. and Stifter C. A., "Individual differences in preschooler's self – regulation and theory of mind", *Merrill – Palmer Quarterly*, Vol. 54, No. 1, 2008.

⑨ Ibid..

⑩ Farrant A., Boueher J. and Blades M., "Meta – memory in children with Autism", *Child Development*, Vol. 70, No. 1, 1999.

情绪、行为和需要动机调节能力通过认知调节实现对心理理论水平的影响；也有可能是认知调节以另外三种成分为中介，对心理理论水平产生预测作用。但无论哪种关系，在理论上多个自我调节成分对心理理论发展变异的解释程度应该要大于单个成分的解释力。进一步地，还应该确定哪种自我调节成分对心理理论发展水平的影响更大，但是尚没有研究证实这种假设，分析各成分对心理理论影响的相对大小。

二　本研究拟解决的问题

（一）明确自我调节各成分及其指标

以往研究依据不同的自我调节界定方式和理论基础，测量了自我调节的不同成分，出现研究之间自我调节成分划分不统一的问题，而且不同测量指标归属的成分也因研究不同而不同。因此本书拟选取在多数自我调节研究中常用的研究范式，结合经典自我调节概念和理论，采用因素分析的统计方法，将理论和数据结合起来，形成适合于本研究取样群体的自我调节成分及其测量指标。同时考察自我调节及其指标间的相关关系。

因此，实证研究的第一个专章拟解决以下四个问题：第一，自我调节的所有测量指标的年龄和性别差异；第二，这些测量指标隶属于哪个自我调节成分；第三，自我调节的各成分的年龄与性别差异；第四，因素分析抽取的自我调节各成分间的关系如何。

（二）探讨心理理论两成分的发展特点以及二者的关系

本书针对心理理论的实证研究是基于心理理论两成分模型选取测量指标的，为了与社会认知成分的情境、结构相一致，同时适合于3—5岁的被试群体，因此本书选取了情绪理解任务中的基于信念和愿望的情绪理解任务作为社会知觉成分的指标。要考察儿童的心理理论的社会知觉和社会认知成分在3—5岁发展的特点及其关系。

因此，实证研究的第二个专章拟解决三个问题：一是心理理论的社会认知和社会知觉成分的年龄与性别差异；二是社会认知和社会知觉成分发展次序；三是社会认知和社会知觉成分间的关系如何。

（三）考察自我调节各成分与心理理论两成分的关系

考察自我调节的各成分及其测量指标与心理理论的社会认知和社会知觉成分的关系。因此，实证研究的第三个专章拟解决两个问题：第一，自我调节的哪些成分与心理理论的两成分存在关系；第二，自我调节各成分的哪些测量指标与心理理论的两成分存在联系。

（四）探讨在改变心理理论任务中自我调节成分的难度后，自我调节各成分与心理理论社会认知成分的关系是否发生变化

在前三个研究排除了性别、年龄等因素对自我调节与心理理论关系的影响后，这个研究要控制任务难度的变异对二者相关的影响。因此要根据第三个研究的结论，即自我调节各成分的哪些测量指标与心理理论存在相关，来确定变化心理理论哪个成分中自我调节的哪个指标的难度。其目的是通过系统改变心理理论任务中某一自我调节成分的影响大小，而考察自我调节与心理理论相关的变化情况，以确定二者相关显著性是否是由二者的个体差异共变关系所引起的。

因此，实证研究部分拟解决两个问题：一是改变心理理论任务的难度后，儿童心理理论水平的年龄差异是否依然存在；二是改变心理理论任务难度后，自我调节能力与心理理论两成分间关系是否会发生变化。

第三章　实证研究部分

第一节　自我调节各成分间的相关研究

一　研究目的与方法

（一）研究目的

这是实证研究的第一个子研究，研究目的是考察自我调节各成分之间的关系。具体目标如下：

1. 考察本书所采用的所有自我调节的测量指标在年龄和性别上是否存在差异。

2. 探索并筛选自我调节的构成成分及其对应的测量指标。

3. 考察自我调节构成成分在年龄和性别上是否存在个体差异。

4. 考察自我调节各成分及其对应的测量指标间的相关情况。

（二）研究方法

1. 被试：本书选取了吉林省长春市某师范大学幼儿园小班、中班、大班9个班级，共103名儿童。其中多数儿童的家长为该大学教职员工。其中，3岁组33人，4岁组37人，5岁组33人。表2是被试取样的基本情况。

表2　　　　　　　　　　　被试基本情况一览表

	3 岁组		4 岁组		5 岁组	
	男	女	男	女	男	女
人数	17	16	21	16	15	18
月龄平均数	40.76	40.44	53.29	53.00	62.27	64.00
标准差	1.48	1.71	3.84	2.31	3.37	2.95
取值范围	39—44	37—44	47—60	47—57	53—67	58—68

2. 研究任务与编码

（1）白天—黑夜任务：白天—黑夜任务主要用于测量儿童的抑制控制能力，由 Gerstadt 等设计研发，[①] 本研究选取了魏勇刚等人设计的任务变式。[②] 该任务分为三个难度，在每个难度的任务中都包括规则介绍阶段、练习和正式实验三部分。任务一般程序是，主试向儿童呈现太阳和月牙图片，图片详见附录。要求被试按照每个子任务的要求做出回答。主试记录被试回答情况。其中各子任务的练习和正式实验阶段都相同，只有规则介绍部分有所差别。三个子任务的呈现顺序随机。共进行 16 个试次，每类卡片各半，呈现顺序随机，回答正确记 1 分，错误记 0 分，总分为 0—16 分。

子任务 1（最低难度任务）。规则介绍阶段：主试指导语"××小朋友，我们一起来做一个看图片做回答的游戏。老师给你看这张图片（呈现太阳的图片），你就马上说白天；老师给你看这张图片（呈现月牙的图片），你就马上说晚上。记住了吗？我们来试一试。"练习阶段：按随机顺序给被试呈现太阳和月牙图片各 1 次，请被试作答。回答正确进入正式实验阶段，回答错误再次回到介绍游戏规则阶段。讲解完再次练习 2 次。无论对错进入正式练习阶段。正式实验阶段：太阳和月牙卡片分别随机呈现 8 次，记录每次反应正误。

子任务 2（中等难度任务）。规则阶段介绍：主试指导语"××小朋友，我们一起来做一个看图片做回答的游戏。老师给你看这张图片（呈现太阳的图片），你就马上说小猫；老师给你看这张图片（呈现月牙的图片），你就马上说老鼠。记住了吗？我们来试一试。"练习阶段：按随机顺序给被试呈现太阳和月牙图片各 1 次，请被试作答。回答正确进入正式实验阶段，回答错误再次回到介绍游戏规则阶段。讲解完再次练习 2 次。无论对错进入正式练习阶段。正式实验阶段：太阳和月牙卡片各呈现 8 次，呈现顺序随机。记录被试每次反应的正误。

[①] Gerstadt C. L. , Hong Y. J. and Diamond A. , "The relation between cognition and action: Performance of children 3.5 - 7 years old on a Stroop - like day - night test", *Cognition*, Vol. 53, No. 2, 1994.

[②] 魏勇刚、吴睿明、李红等：《抑制性控制在幼儿执行功能与心理理论中的作用》，《心理学报》2005 年第 37 卷第 5 期。

子任务 3（最高难度）。规则介绍阶段：主试指导语"××小朋友，我们一起来做一个看图片做回答的游戏。老师给你看这张图片（呈现太阳的图片），你就马上说晚上；老师给你看这张图片（呈现月牙的图片），你就马上说白天。记住了吗？我们来试一试。"练习阶段：按随机顺序给被试呈现太阳和月牙图片各 1 次，请被试作答。回答正确进入正式实验阶段，回答错误再次回到介绍游戏规则阶段。讲解完再次练习 2 次。无论对错进入正式练习阶段。正式实验阶段：太阳和月牙卡片各呈现 8 次，呈现顺序随机。记录被试每次反应的正误。

（2）倒序数字广度任务：倒序数字广度任务用于测量儿童的工作记忆容量，采用的是 Davis 等人 1996 年研究的倒序数字广度任务。[①] 要求儿童倒序回忆主试跟他/她说过的数字，主试记录儿童的回答情况。任务分为规则介绍、举例、练习和正式实验四个阶段。任务中使用的小动物玩偶即糖果（玩具）延迟任务中的玩偶，目的是使儿童对玩偶发生兴趣，玩偶形象见附录。复述最高组块数作为工作记忆广度成绩。

规则介绍阶段：主试指导语"小朋友，这是××（小动物名称）。我跟它玩一个游戏，你来看一看。无论我说什么，它都会反过来说一遍。"举例阶段：主试指导语"如果我说 3、2，××会说 2、3。你也来试一试好吗？我说 5、2，你要说什么？"回答正确进入练习阶段，回答错误再演示一遍前面的举例过程。练习阶段：主试指导语"下面我们来一起玩，看看你学会了吗。"练习两次，两个数字一次，三个数字一次。主试指导语"我说，3、4，你要怎么说？"回答正确，主试指导语"对了，你真聪明。我们再玩一次"；回答错误，主试指导语"刚才你做的不对，我说 3、4，你应该回答 4、3。记住了吗？我们再试一试"。进入三个数字的练习，主试指导语"我说 1、4、3，你应该说什么？"回答正确，主试指导语"对了，你做得真好，我们接着玩吧"；回答错误，主试指导语"刚才你说错了，我说 1、4、3，你要说 3、4、1，记住了吗？我们继续玩吧。"正式实验阶段：广度从 2 个组块到 7 个组块，每个组块进行 3 个试次，儿童正确倒序复述 2 个以上（含 2 个）试验任务，可以进入下一级别组块任务中。组块呈现顺序都是从 2 个组块任务开始，顺次呈现；但组块数目相

① Davis H. L. and Pratt C. , "The development of children's theory of mind: The working memory explanation", *Australian Journal of Psychology*, Vol. 47, No. 1, 1996.

同的 3 个试次，呈现顺序是随机的。

（3）敲打任务：敲打任务用于测量儿童抑制行为，特别是手部动作的实验任务，由 Diamond 等人设计研发。[1] 该任务要求儿童抑制模仿主试动作的倾向，做出相反的动作。任务分为规则介绍和正式实验两个阶段。主试一边演示一边解释游戏规则。看到玩偶敲一下桌子，被试就要用筷子敲两下；看到玩偶敲两下，被试就要敲一下。任务共分 16 个试次，8 次敲一下、8 次敲两下，敲击方式随机出现。主试记录被试的反应情况。反应正确记 1 分，错误记 0 分，总分为 0—16 分。规则介绍阶段：主试指导语"来跟我一起玩一个——谁做对了的游戏吧。你看，我敲一下桌子（把筷子放在儿童手里，扶着儿童的手），你就要敲两下桌子；我敲两下桌子（扶着儿童的手），你就要敲一下桌子。"一边演示一边解释规则。正式实验阶段：随机呈现两种敲击方式，两种方式各半，记录反应情况。

（4）放慢动作任务：包含慢画直线任务和慢走任务两类。

慢画直线任务。慢画直线任务是用于测量儿童行为调节能力，特别是对手部动作的调节能力的实验范式，该任务源于 Kochanska 设计的研究任务，[2] 改编自张劲松的研究任务。[3] 任务要求儿童完成直线连点任务，其中第一次是以正常速度连点，第二次是以慢速连点。任务分为两类、两种速度，分别是水平和竖直方向的连点；正常速度和慢速的连点。故实验分为 8 次连点，分别是：水平—正常速度—第一次连点、水平—慢速—第一次连点、水平—正常速度—第二次连点、水平—慢速—第二次连点、竖直—正常速度—第一次连点、竖直—慢速—第一次连点、竖直—正常速度—第二次连点、竖直—慢速—第二次连点。两类任务的执行顺序随机，但都是先以正常速度画，后慢速画。用秒表记录儿童 8 次连点的时间，保留小数点后一位，测量单位为秒。该任务的总成绩为同向、同次慢速时间与正常速度时间的差值，求 8 次连点的 4 个差值的平均数，保留小数点后两位，单

① Diamond A., Prevor M. B., Callender G. and Druin D. P., *Prefrontal cortex cognitive deficits in children treated early and continuously for PKU, Monographs of the Society for Research in Child Development*, New York: Basic Books, 1997.

② Kochanska G., Murray K. T. and Harlan E. T., "Effortful control in early childhood: continuity and change, antecedents and implications for social development", *Developmental Psychology*, Vol. 36, No. 2, 2007.

③ 张劲松:《儿童的自我调控能力——评估、影响因素及其事件相关点位的研究》，博士学位论文，华东师范大学，2006 年。

位为秒。为了便于儿童画线，画线工具为儿童美工课常用水彩笔。水平竖直两个方向的 8 条直线距离相等。

慢走任务。慢走任务是用于测量儿童行为调节能力，特别是走步动作的调节能力的研究任务，本书采用了 Kochanska 等的研究任务。[①] 任务要求儿童沿着一条直线走两次，一次是正常速度走，一次是慢速走。任务共要求儿童走 4 次，两次是从远离主试的一端向近主试端走，步速分正常和慢速两种，两次是从近主试的一端向远离主试端走，步速分正常和慢速两种。两种出发位置执行顺序随机，但都是先以正常速度走，后慢速走。用秒表记录儿童 4 次走步的时间，保留小数点后一位，测量单位为秒。该任务的总成绩为同一轮慢速走时间与正常速度走时间的差值，求 4 次走的两个差值的平均数，保留小数点后两位，单位为秒。为了便于儿童行走，将事先准备好的长 1.5 米的彩带贴在地面上，记录儿童脚尖离开起始端，到脚尖到达终点的时间。

（5）低语任务：低语任务是用于测量儿童的行为调节能力，特别是发音控制能力的任务，本书采用了 Kochanska 等的研究任务。[②] 主试向儿童一次呈现十二生肖的卡通图片（图片见附录），要求儿童小声告诉主试动物的名字。儿童声音发生变化或说错动物名字都不需要纠正，只记录儿童的声音控制状况。大声说或喊记 0 分，一会儿大声一会儿小声记 1 分，正常声音记 2 分，小声或耳语记 3 分。

（6）失望礼物程序：失望礼物程序测量的是儿童的情绪调节能力，任务改自 Saarni 经典失望礼物任务。[③] 该任务一般要放在所有研究任务之后，但在其他研究任务前可首先要求儿童选择对不同礼物的喜好。本研究是给小朋友看大的多层折叠卡片、小的简单卡片和碗形便利贴（图片见附录），然后，在预实验中让儿童选择最喜欢的和最不喜欢的礼物。如果年龄小的儿童无法做出三选一的决定，那么分别将 3 个礼物配对呈现给儿童，请他们选择较为喜欢的礼物，最后按照每次配对的喜好程度差异，确

① Kochanska G. , Murray K. T. and Harlan E. T. , "Effortful control in early childhood: continuity and change, antecedents and implications for social development", *Developmental Psychology*, Vol. 36, No. 2, 2007.

② Ibid. .

③ Saarni C. , "An observational study of children's attempts to monitor their expressive behavior", *Child Development*, Vol. 55, No. 4, 1984.

定该被试的礼物喜好等级。正式实验中将儿童选定的最不喜欢礼物在儿童看不到的地方，放入事先准备好的不透明礼品袋中。在所有实验结束后，把礼品袋交给儿童，请儿童自己打开礼品袋，期间主试要强调礼物很好。然后记录儿童的面部表情（包括眉毛、鼻子、嘴、与主试的眼神交流的变化）、行动变化（如何处理礼物）和言语活动（主试询问儿童是否喜欢礼物）。记录了儿童的以上三类情况后，主试提出拿错了礼物，同时将儿童选择的最喜欢的礼物送给儿童，再次记录儿童以上三类反应。请未参加过本次实验的非心理学专业研究生两名，根据主试的记录情况，按照表3的编码方式，对儿童的行为进行编码。有不明确的地方，与实验主试讨论，并以主试对实验过程的回忆为准。两名编码员对全体被试反应的编码一致性在三个维度上分别是0.96、0.89、0.89。计分方式改编自Saarni的计分方式，根据中国儿童在得到礼物后一般不会主动说"谢谢"的情况，去掉了积极和消极维度中说"谢谢"的选项。得分为积极反应和消极反应两部分，积极反应总分为0—6分，消极反应总分为0—10分。

表3　　　　　　　　　　　失望礼物行为编码表

积极维度（每个1分）	过度反应维度（0分）	消极维度（每个1分）
1. 露齿而笑	1. 稍稍微笑：嘴唇张开或闭着	1. 皱鼻子
2. 嘴唇闭上，但是是大大的微笑	2. 嘟囔着说谢谢	2. 皱眉或因为烦恼、失望而出现的眉毛下垂
3. 因惊喜而眉毛微弯	3. 轻轻微笑时眉毛皱着，或者是痛苦的	3. 撇嘴
4. 与主试有满怀笑意的眼神交流	4. 能看到舌头在动	4. 嘴紧紧地抿成一条缝
5. 微笑时眼睛下方有皱纹	5. 在礼物和主试之间扫视了两次以上	5. 不看主试
6. 说礼物别人用得上	6. 咬嘴唇或能看到牙齿	6. 发出消极的声音（如，哼、呸）
	7. 手放在脸上或头上	7. 做出消极的评价（如，"这就是个木片"或者"我不想要"）
	8. 头歪着，转头	8. 耸肩
	9. 有质疑的声调	9. 把礼物推到一边——如，把玩具推开，说"我不要"，自己检查玩具但是不玩
	10. 大笑，咯咯笑	10. 摇头

续表

积极维度（每个1分）	过度反应维度（0分）	消极维度（每个1分）
	11. 苦相（开口或闭嘴）	
	12. 突然不微笑了	

（7）情绪调节家长核查表：情绪调节家长核查表是用于测量儿童情绪调节能力的他评式问卷，是由 Shields 和 Cicchetti 设计的，[①] 包含 24 个项目（问卷节选见附录）。本研究统一要求由参与测试的儿童家长来完成。核查表采用四点量表（1 = 从不；2 = 偶尔；3 = 经常；4 = 几乎总是）考察儿童出现某种情绪性行为的频率，量表分为两个维度：不稳定性/消极维度（lability/negativity）和情绪调节（emotion regulation）。项目 2、6、8、10、13、14、17、19、20、22 和 24（正向计分），项目 4、5、9 和 11（反向计分）代表不稳定性/消极维度，分数越高代表儿童的情绪失调越严重。项目 1、3、7、15、21 和 23（正向计分），项目 16 和 18（反向计分）代表情绪调节维度。项目 12 分数不计算。采用验证性因子分析，考察该问卷的因子结构，发现在删除 3、4、9、11、14、19 六题后，可以抽取出两个因子，第一个因子包括 2、5、6、8、10、13、17、20、22、24，其中项目 5 为反向计分题，这个因子可以代表不稳定性/消极维度；第二个因子包括项目 1、7、15、16、18、21 和 23，其中项目 16 和 18 为反向计分题，可以代表情绪调节维度，因子分析结果见表 4。

表 4　　　　　　情绪调节家长核查表验证性因子分析结果

维度	项目	因子负荷
不稳定性/消极性 42.08%	2	−0.61
	5	−0.38
	6	0.55
	8	0.54

---

① Shelds A. and Cicchetti D. , "Emotion regulation among school - age children: the development and validation of a new criterion Q - sort scale", *Developmental Psychology*, Vol. 33, No. 6, 1997.

续表

维度	项目	因子负荷
不稳定性/消极性 42.08%	10	0.47
	13	0.58
	17	0.39
	20	0.75
	22	0.61
	24	0.40
情绪调节 20.14%	1	0.65
	7	0.60
	15	0.67
	16	0.36
	18	0.30
	21	0.71
	23	0.41

(8) 今天—明天任务：今天—明天任务是测量儿童延迟满足的延迟选择阶段的研究范式。[1] 由于该任务与失望礼物任务相冲突，因此被放在实验的第二阶段，即在第三章和第四章两个研究的两类嵌套心理理论任务之后施测。任务要求主试声明要送给儿童礼物，具体的指导语和操作如下："老师要送给你礼物，如果你今天就要礼物呢，就只能得到一个礼物（拿出小蜜蜂橡皮）；如果明天要礼物呢，就会得到两个礼物（拿出小老虎挂饰，和小蜜蜂橡皮一起给儿童看）。那你告诉我，你是想今天要还是明天要呢？"主试记录儿童的回答，回答今天要记 0 分，明天要记 1 分，总分为 0—1 分。选择今天要礼物的儿童，当场可以得到小蜜蜂橡皮；选择明天要礼物的儿童，实验结束的第二天，再将小老虎挂饰和小蜜蜂橡皮两份礼物送给儿童。礼物实物图见附录。

(9) 玩具延迟任务：玩具延迟满足任务是测量儿童延迟满足的延迟

---

① 王慧：《珠心算对儿童自我调节能力的影响》，硕士学位论文，东北师范大学，2009 年。

等待阶段的研究范式，改编自 Kochanska 的糖果延迟任务。[①] 在预实验中，作者发现对 3—5 岁的儿童使用糖果已经无法引起他们的兴趣了，因此改用倒序工作记忆广度任务中使用的玩具作为诱惑刺激。另外，在经典延迟任务中，设置了 4 个延迟时间：10 秒、20 秒、30 秒、40 秒，根据预实验实际情况，将时间改为 20 秒、40 秒和 60 秒 3 个延迟时间。将原任务中的摇铃换成中国儿童熟悉的拨浪鼓。每个延迟时间下记录儿童的行为。任务分为规则介绍、练习和正式实验三个阶段。主试拿起拨浪鼓前就拿玩具记 1 分；主试拿起拨浪鼓后碰玩具但没有拿起来玩记 2 分；等到主试摇拨浪鼓才拿玩具记 3 分。总分为 1—3 分。

规则介绍与练习阶段。主试指导语"老师这有一个漂亮的玩偶，你想玩吗？那你只要按照老师说的做就可以玩一会儿。老师把它放在桌子上，如果老师把这个拨浪鼓拿起来，然后晃起来让它响了，像这样（演示给小朋友看），你就可以自己去拿了。但是要是我把拨浪鼓只是拿起来，没有把它摇响了，你就不能拿了，记住了吗？现在老师问你，你什么时候能拿玩偶啊？"（回答正确就进行测试，错误则再讲一遍规则。）正式实验阶段。有四个部分，分别是等待 20 秒、40 秒和 60 秒，实验顺序随机。要注意的是，要在每次等待中间的时间，即 10 秒、20 秒和 30 秒的时候假装把拨浪鼓拿起来，但是并不摇动，而是又放下。主试记录儿童的行为。

3. 实验程序

（1）预实验：测量了 3 岁、4 岁和 5 岁儿童各 3 名，确定 3 岁儿童即可连续完成第一天的全部 8 个任务，实验时长为 20—25 分钟。并调整了指导语中儿童不熟悉的语言，如白天—黑夜任务中，将原任务中的"黑夜"改为"黑天"；倒序数字广度任务中确定用"反过来说"代替原指导语中的"倒过来说"表示倒序的含义。对失望礼物程序礼物的喜好程度排序结果表明，多数儿童喜欢最大的卡片，最不喜欢便利贴。因此将大卡片作为儿童最喜欢的礼物，将便利贴作为儿童最不喜欢的礼物。

（2）主试培训阶段：四名主试按照主试指导手册的要求，进行为期一天的培训。培训内容包括熟悉指导语、熟悉实验器材、练习在记录单上记录被试反应。主试培训阶段每名主试在熟悉实验材料后测试 3 岁、4 岁和 5 岁儿童

---

① Kochanska G., Murray K., Jacques T. Y., Koenig A. L. and Vandegeest K. A., "Inhibitory control in young children and its role in emerging internalization", *Child Development*, Vol. 67, No. 2, 1996.

各一名，使主试熟悉各年龄段儿童的反应差异和对指导语理解的差异程度。

（3）正式实验阶段：每个被试要接受两天的实验测试。第一天，4名主试对103名儿童进行除今天—明天任务外，所有自我调节能力任务和经典心理理论任务的测量，并请儿童家长填写情绪调节家长核查表。实验在儿童所在班级的活动室内进行，准备好适合儿童使用的桌椅。分别对每个儿童进行个别施测，每名被试实验时长为20—25分钟。以上的任务随机呈现。第二天，在所有任务结束后进行今天—明天任务。为避免已完成实验儿童拿到礼物后，未进行实验儿童看到礼物，所有礼物都在被试同意的情况下交由班级教师保管。由于今天—明天任务需时较短，因此能够保证选择今天拿到礼物的儿童都在同一天的同一时间得到礼物。而要求明天得到礼物的儿童，主试在今天—明天任务结束后的第二天，即全部实验结束后将这些儿童的礼物再送到各个班级。

二　研究结果分析与讨论

（一）自我调节能力各指标的得分情况

儿童在白天—黑夜任务、倒序数字广度任务、敲打任务、放慢动作任务、低语任务、失望礼物程序、情绪调节家长核查表、今天—明天任务和玩具延迟任务上得分的平均数和标准差见表5。

（二）自我调节能力各测量指标的年龄和性别差异

分别以年龄组和性别为自变量，对各测量任务得分做方差分析。

1. 儿童在白天—黑夜任务上的年龄和性别差异

对儿童在白天—黑夜任务上的得分进行3（年龄组）×2（性别）×3（任务难度）重复测量方差分析，发现任务难度主效应非常显著（$F_{(2, 96)}$ = 1.20，$p < 0.001$）；进一步的事后比较表明：

表5　　　　儿童在自我调节各测量任务上得分的描述统计结果

	年龄组（岁）	样本量	平均数	标准差	得分范围
1. 白天—黑夜任务					
低难度	3	33	15.09	2.60	2—16
	4	37	15.46	1.12	12—16
	5	30	15.80	1.10	10—16

续表

	年龄组（岁）	样本量	平均数	标准差	得分范围
中等难度	3	33	12.24	3.15	4—16
	4	37	12.70	3.06	0—16
	5	30	15.67	1.18	10—16
高难度	3	33	7.64	3.33	2—16
	4	37	11.46	2.43	6—16
	5	30	14.07	2.13	8—16
2. 倒序数字广度任务	3	33	0.24	0.44	0—1
	4	37	0.92	0.95	0—1
	5	33	2.30	1.13	1—6
3. 敲打任务	3	30	8.73	5.21	0—16
	4	32	13.94	3.39	4—16
	5	29	15.66	0.94	12—16
4. 放慢动作任务					
慢画直线任务	3	33	3.31	4.01	4.50—14.70
	4	37	5.01	4.56	1.10—23.50
	5	33	9.27	5.88	6.10—24.00
慢走任务	3	33	2.11	3.19	1.10—11.50
	4	37	2.63	2.54	1.10—10.80
	5	33	2.90	2.30	1.10—8.80
5. 低语任务	3	33	2.45	0.71	1—3
	4	37	2.62	0.76	1—3
	5	33	2.67	0.69	1—3
6. 失望礼物程序之消极维度	3	33	1.67	0.92	0—3
	4	37	0.97	0.80	0—9
	5	33	0.97	0.85	0—3
7. 情绪调节家长评定					
不稳定性/消极得分	3	33	29.69	4.82	19—39
	4	37	27.37	4.87	18—36
	5	33	23.97	6.72	11—35

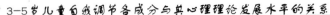

续表

	年龄组（岁）	样本量	平均数	标准差	得分范围
情绪调节得分	3	33	25.76	6.77	11—36
	4	37	26.95	5.90	14—39
	5	33	27.79	5.10	18—39
8. 今天—明天任务	3	33	0.45	0.51	0—1
	4	37	0.35	0.48	0—1
	5	33	0.70	0.47	0—1
9. 玩具延迟任务					
延迟 20 秒	3	33	2.67	0.60	1—3
	4	37	2.78	0.42	2—3
	5	33	2.85	0.36	2—3
延迟 40 秒	3	33	2.18	0.69	1—3
	4	37	2.57	0.56	1—3
	5	33	2.82	0.39	2—3
延迟 60 秒	3	33	1.94	0.75	1—3
	4	37	2.22	0.67	1—3
	5	33	2.76	0.50	1—3

儿童在最低难度任务上的得分显著高于中等难度任务的得分，而在最高难度任务上得分最低。年龄组的主效应非常显著（$F_{(2, 97)}$ = 32.45，$p < 0.001$），3 岁组儿童的抑制控制得分显著低于 4 岁组，4 岁组的得分显著低于 5 岁组。任务难度与年龄组的交互作用非常显著（$F_{(4, 194)}$ = 17.18，$p < 0.001$），三个年龄组在最低难度任务中的表现基本接近；3、4 岁组中等难度任务的得分显著低于 5 岁组的成绩，而三个年龄组在最高难度任务上的差距表现为：3 岁组成绩最低；其次是 4 岁组；最高的是 5 岁组。而性别的主效应并不显著（$F_{(1, 97)}$ = 1.99，$p > 0.1$）。另外，从图 5 可见，3 岁组在不同难度的任务上的差异是最大的，

差异最小的是 5 岁组。

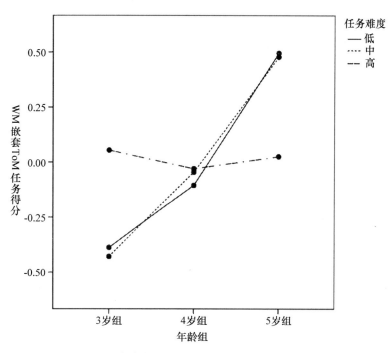

图5　儿童在白天—黑夜任务中的年龄变化趋势

2. 儿童在倒序工作记忆广度任务上的年龄和性别差异

对儿童在倒序工作记忆广度任务上的得分进行 3（年龄组）×2（性别）方差分析，发现年龄组主效应非常显著（$F_{(2, 97)}$ = 44.24，$p < 0.001$），而性别的主效应并不显著（$F_{(1, 97)}$ = 0.12，$p > 0.1$）。进一步的事后比较发现，3 岁组的记忆广度显著低于 4 岁组，4 岁组显著低于 5 岁组。

3. 儿童在敲打任务上的年龄和性别差异

对儿童在敲打任务上的得分进行 3（年龄组）×2（性别）方差分析，发现年龄组的主效应非常显著（$F_{(2, 88)}$ = 31.87，$p < 0.001$），性别的主效应并不显著（$F_{(1, 88)}$ = 3.01，$p > 0.1$）。进一步的多重比较结果显示，3 岁组的得分显著低于 4、5 岁组的得分，而 4 岁组和 5 岁组之间没有显著差异。

4. 儿童在放慢动作任务上的年龄和性别差异

（1）儿童在慢画直线任务上的年龄和性别差异

对儿童在慢画直线任务上的得分进行 3（年龄组）×2（性别）方差分析，发现年龄组的主效应非常显著（F（2，97）＝12.27，p＜0.001），性别的主效应并不显著（F（1，97）＝0.74，p＞0.1）。进一步的多重比较结果显示，3、4 岁组的时间明显短于 5 岁组所用的画线时间，3 岁组和 4 岁组没有显著差异。

（2）儿童在慢走任务上的年龄和性别差异

对儿童在慢走任务上的得分进行 3（年龄组）×2（性别）方差分析，发现年龄组的主效应不显著（F（2，97）＝0.66，p＞0.1），性别的主效应也不显著（F（1，97）＝0.48，p＞0.1）。

5. 儿童在低语任务上的年龄和性别差异

对儿童在低语任务上的得分进行 3（年龄组）×2（性别）方差分析，发现年龄组的主效应不显著（F（2，97）＝0.69，p＞0.1），性别的主效应也不显著（F（1，97）＝0.28，p＞0.1）。

6. 儿童在失望礼物程序之消极维度得分上的年龄和性别差异

由于儿童在失望礼物程序中积极维度的得分几乎都是 0 分，因此这一部分只分析积极维度的得分。对儿童在失望礼物程序之积极维度得分进行 3（年龄组）×2（性别）方差分析，发现年龄组的主效应显著（F（2，97）＝7.56，p＜0.05），性别的主效应不显著（F（1，97）＝0.47，p＞0.1）。事后比较结果显示，3 岁组的得分要高于 4、5 岁组，即 3 岁组表现出更多的消极行为。

7. 儿童在情绪调节家长评分上的年龄和性别差异

情绪调节核查表分为不稳定性/消极得分和情绪调节得分两部分，不稳定性/消极得分部分得分越高，说明情绪调节能力越差。分别对两个子量表的得分做方差分析。

（1）儿童在情绪调节家长评分之消极得分上的年龄和性别差异

对儿童在消极维度上的得分进行 3（年龄组）×2（性别）方差分析，发现年龄组的主效应非常显著（F（2，97）＝17.74，p＜0.001），性别的主效应不显著（F（1，97）＝0.32，p＞0.1）。进一步的事后比较发现，3 岁组的得分高于 4 岁组，4 岁组高于 5 岁组，即家长评定的 3 岁儿童表现出更多的情绪失调表现，4 岁组的失调表现显著少于 3 岁组，家长评定的失调行为在 5 岁组出现得最少。

（2）儿童在情绪调节家长评分之情绪调节得分上的年龄和性别差异

对儿童在情绪调节维度上的得分进行 3（年龄组）×2（性别）方差分析，发现年龄组的主效应非常显著（$F_{(2, 97)} = 12.02$，$p < 0.001$），性别的主效应不显著（$F_{(1, 97)} = 0.14$，$p > 0.1$）。进一步的事后比较发现，3 岁组的得分显著低于 4 岁组，4 岁组显著低于 5 岁组，即 3 岁组儿童表现出最少的情绪调节能力，5 岁组相对于 3、4 岁组表现出较多的情绪调节能力。

8. 儿童在今天—明天任务上得分的年龄和性别差异

对儿童在今天—明天任务上的得分进行 3（年龄组）×2（性别）方差分析，发现年龄组的主效应很显著（$F_{(2, 97)} = 5.09$，$p < 0.01$），性别的主效应不显著（$F_{(1, 97)} = 3.28$，$p > 0.05$）。进一步的事后比较发现，3、4 岁组的得分显著低于 5 岁组，3 岁组和 4 岁组间不存在显著差异。

9. 儿童在玩具延迟任务上得分的年龄和性别差异

对儿童在玩具延迟任务上的得分进行 3（年龄组）×2（性别）×3（延迟时间）重复测量方差分析，发现年龄组的主效应非常显著（$F_{(2, 97)} = 12.05$，$p < 0.001$），而性别的主效应不显著（$F_{(1, 97)} = 2.71$，$p > 0.1$）。事后比较结果表明，3 岁组的延迟任务得分最低，5 岁组最高，即 3 岁的延迟满足能力要显著低于 4 岁组，4 岁组要显著低于 5 岁组。不同延迟组时间的主效应非常显著（$F_{(2, 96)} = 28.38$，$p < 0.001$），事后比较表明，儿童在 20 秒延迟任务中的得分显著高于在 40 秒任务中的得分，40 秒任务得分要高于 60 秒任务中的得分，即延迟满足等待时间越短，儿童的延迟满足成绩越好。不同延迟时间与年龄组的交互作用非常显著（$F_{(4, 194)} = 5.45$，$p < 0.001$），在 20 秒的等待时间内，三个年龄组的延迟满足成绩差异最小，到了 40 秒和 60 秒时，基本上呈现出较为明显的年龄差异；3 岁组在三种难度上的得分差异是最大的，差异最小的是 5 岁组，见图 6。

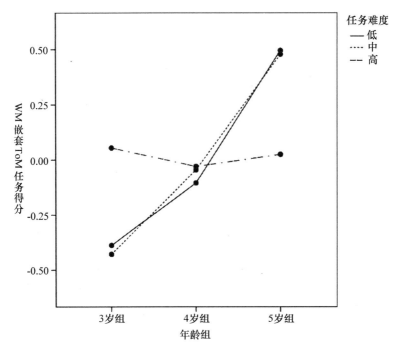

图 6 儿童在玩具延迟任务中的年龄变化趋势

（三）儿童自我调节能力的构成成分

参与因素分析的自我调节能力测量指标包括：白天—黑夜任务的三个任务得分、倒序数字广度任务得分、敲打任务得分、放慢动作的两个任务得分、低语任务得分、失望礼物程序的消极维度得分、情绪调节家长核查表的消极维度得分和情绪调节两个得分、今天—明天任务得分和玩具延迟任务的三个延迟时间的三个得分。

对以上自我调节的测量指标进行降维，采用主成分分析法抽取公因子，用斜交旋转的方法进行因子旋转。本书根据以下几点原则筛选指标和确定因子数目：每个指标只能抽取一个因子的原则；提出了因子负荷小于0.30 的指标；在理论上因子数目最小只能是 2（基于冷热系统理论的划分），最大是 4（根据认知、情绪、行为、需要的划分标准）；特征根值大于 1。

结果显示，KMO 值为 0.75，适合做因子分析。当抽取因子数为 3 时，主成分对总变异的总体解释程度为 62.21％,；当抽取因子数为 4 时，主成分对总变异的总体解释程度为 70.89%，虽然上升到接近 71%，但是第四个主成分的特征根为 0.87，其解释力不足。因此，本研究最终选定抽取因子为 3 时的结果。表 6 中列出了抽取后的自我调节的三个构成成分、其对应的指标和因子负荷。按照自我调节研究的基本内涵，本研究将这三个因子分别命名为认知—行为调节能力、情绪调节能力（由于这个因子主要代表的是情绪失调的情况，因此要反向计分）和需要动机调节能力。

表 6　　　　　　自我调节构成成分的因子分析结果与内部一致性

自我调节维度	指标	因子负荷
认知—行为调节 33.01%	（1）白天—黑夜任务最低难度任务	0.36
	（2）白天—黑夜任务中等难度任务	0.62
	（3）白天—黑夜任务最高难度任务	0.80
	（4）倒序工作记忆广度任务	0.75
	（5）慢画直线任务	0.56
情绪调节 17.17%	（1）失望礼物程序之消极维度分	0.48
	（2）情绪调节家长评定问卷之消极维度分	0.54
需要动机调节 12.04%	（1）20 秒内延迟满足任务	0.65
	（2）40 秒内延迟满足任务	0.65
	（3）60 秒内延迟满足任务	0.58

（四）儿童自我调节能力各成分的年龄和性别特点

对因子分析抽取出的三个成分进行 3（年龄组）×2（性别）×3（自我调节构成成分）的重复测量方差分析。结果表明，年龄组的主效应非常显著（$F_{(2, 97)} = 79.22$，$p < 0.001$），性别的主效应不显著（$F_{(1, 97)} = 2.41$，$p > 0.1$），自我调节成分主效应不显著（$F_{(2, 194)} = 0.01$，$p > 0.1$）。进一步的事后比较结果显示，3 岁组的自我调节能力显著低于 4 岁组，4 岁组显著低于 5 岁组。年龄组和自我调节成分间的交互作用不显著，也就是说自我调节的三个成分在年龄上的发展变化趋势是一致的。

（五）儿童自我调节能力各成分间的相关

分别求三个年龄组自我调节的三个成分间的相关系数，结果见表 7。发现只有 3 岁组的认知—行为调节维度与情绪调节维度间存在显著负相关

（p < 0.05）。三个调节能力在其他年龄组间均为无显著相关。

表 7　　　　儿童自我调节能力各构成成分在各年龄组内的相关矩阵

年龄组		认知—行为调节	情绪调节
3 岁组	情绪调节	- 0.35 *	
	需要动机调节	- 0.11	- 0.19
4 岁组	情绪调节	- 0.09	
	需要动机调节	- 0.14	0.21
5 岁组	情绪调节	- 0.27	
	需要动机调节	- 0.06	- 0.08

注：* p < 0.05。

表 8　　　　儿童自我调节能力各成分的测量指标在各年龄组内的相关矩阵

		IC1	IC2	IC3	WM	LINE	NE1	NE2	DE20	DE40
3 岁组	IC2	0.49 **								
	IC3	0.20	0.43 *							
	WM	0.12	0.32	0.32						
	LINE	0.13	0.10	0.37 *	- 0.31					
	NE1	- 0.33	- 0.17	- 0.09	- 0.18	0.02				
	NE2	0.10	0.08	- 0.16	0.02	- 0.01	0.41 *			
	DE20	- 0.01	- 0.12	- 0.09	- 0.17	0.18	0.05	0.21		
	DE40	- 0.08	- 0.16	- 0.21	- 0.29	0.25	0.16	0.34	0.60 ***	
	DE60	0.16	- 0.23	- 0.16	- 0.26	0.22	0.19	0.32	0.42 *	0.75 ***
4 岁组	IC2	0.58 ***								
	IC3	0.27	0.24							
	WM	0.13	0.32 *	0.22						
	LINE	0.22	0.12	0.22	0.04					
	NE1	0.24	0.10	- 0.14	- 0.22	0.01				
	NE2	0.13	0.27	0.28	- 0.02	- 0.12	0.15			
	DE20	0.22	0.06	0.19	0.22	- 0.07	0.09	- 0.02		
	DE40	0.06	- 0.06	0.38 *	0.11	0.15	- 0.06	0.15	0.30	
	DE60	0.16	- 0.03	0.22	0.12	- 0.04	- 0.05	0.13	0.36 *	0.53 **

		IC1	IC2	IC3	WM	LINE	NE1	NE2	DE20	DE40
5 岁组	IC2	0.87***								
	IC3	0.53**	0.65***							
	WM	0.05	0.09	0.14						
	LINE	-0.14	-0.10	-0.02	0.01					
	NE1	0.20	0.17	0.21	-0.02	-0.07				
	NE2	-0.09	-0.15	0.05	-0.22	0.07	-0.01			
	DE20	-0.04	0.09	0.19	0.12	-0.28	0.11	0.11		
	DE40	-0.1	-0.04	-0.12	-0.37*	-0.17	-0.03	0.11	0.28	
	DE60	-0.05	0.02	-0.16	-0.09	0.03	-0.08	0.23	0.44*	0.46**

注 1: *, $p < 0.05$；**, $p < 0.01$，***, $p < 0.001$。

注 2：IC1—IC3，白天—黑夜任务的最低到最高难度；WM，倒序工作记忆广度的成绩；LINE，慢画直线任务得分；NE1，失望礼物程序的消极维度得分；NE2，情绪调节家长核查表的消极维度得分；DE20 - DE60，20—60 秒延迟时间的延迟满足得分。

（六）儿童自我调节能力各成分的测量指标间的相关

从表 8 可见，在 3 岁组出现的认知行为调节与情绪调节的显著相关，并没有在它们各自的测量指标之间出现。无论在哪个年龄组内，认知—行为调节的五个指标都与情绪调节的两个指标之间不相关。白天—黑夜任务三个难度任务得分之间、玩具延迟三个任务得分之间都存在着跨年龄组的稳定相关，说明这两个任务的子任务都存在跨年龄的同质性因素，即抑制控制能力和延迟满足能力。

（七）讨论

在这部分研究中，可以发现在自我调节的各个成分及本研究所有的测量指标上均未发现性别差异，也没有发现性别与年龄、任务难度等因素的交互作用，这与以往研究结论不甚一致。

首先在认知—行为调节层面上，Kochanska 等人发现儿童在学龄前阶段在放慢动作、抑制任务等方面表现出显著的性别差异，即女孩的认知—行为调节能力相对优于男孩。[1][2] 其次，在情绪调节层面上，本研究没有

---

① Kochanska G., Murray K. and Coy K. C., "Inhibitory control as a contributor to conscience in childhood: from toddler to early school age", *Child Development*, Vol. 68, No. 2, 1997.

② Kochanska G., Murray K., Jacques T. Y., Koenig A. L. and Vandegeest K. A., "Inhibitory control in young children and its role in emerging internalization", *Child Development*, Vol. 67, No. 2, 1996.

发现性别差异，与以往研究性别差异的结果并不一致。Weinberg 等人的研究发现早在 6 个月左右，女孩在情绪维持、注意匹配等情绪调节能力上就强于男孩。[①] 姚瑞纬等人对 3—5 岁儿童情绪能力的发展研究没有发现在情绪调节能力上的性别差异。有研究者认为，之所以会出现矛盾的结果，是因为成熟、气质和社会性因素等都可能会影响性别差异的产生。[②] 在延迟满足所代表的需要动机调节层面上，同样存在结论相互矛盾的情况。Sliverman 等的元分析结果表明，女孩和男孩在各年龄段没有性别的差异，但是从整体上来看女孩成绩稍好。[③] 但杨丽珠等人对 3—5 岁儿童自我控制能力的研究却发现女孩在自我延迟满足任务上的表现优于男孩。[④]

归纳起来不难发现，认知—行为调节能力的性别差异结论在以往研究中是相对一致的，但是本研究却未发现在这一成分上的性别差异。而在其他两个自我调节成分上，以往研究仍然存在争论，本研究也未发现性别差异。性别差异产生的原因是比较复杂的，有研究者指出教养方式和气质的交互作用导致性别差异的出现。[⑤][⑥] 也有研究者认为是学前阶段男孩的成熟速度要落后于女孩。[⑦] 但之所以本研究未能发现性别差异，一方面在情绪调节和需要动机调节层面，本研究支持了以往研究未发现性别差异的结论，即在情绪和动机等热自我调节能力方面，可能由于教养方式或成熟等

① Weinberg M. K. , Tronick E. Z. , Cohn J. F. and Olson K. L. , "Gender differences in emotional expressivity and self – regulation during early infancy", *Developmental Psychology*, Vol. 35, No. 1, 1999.

② Raffaelli M. , Crockett L. J. and Shen Y. L. , "Developmental stability and change in self – regulation from childhood to adolescence", *The Journal of Genetic Psychology*, Vol. 166, No. 1, 2005.

③ Silverman I. W. , "Gender Differences in Delay of Gratification: A Meta – Analysis", *Sex Roles*, Vol. 49, No. 9, 2003.

④ 杨丽珠、宋辉：《幼儿自我控制能力发展的研究》，《心理与行为研究》2003 年第 1 卷第 1 期。

⑤ Kochanska G. , Murray K. and Coy K. C. , "Inhibitory control as a contributor to conscience in childhood: from toddler to early school age", *Child Development*, Vol. 68, No. 2, 1997.

⑥ Kochanska G. , Murray K. , Jacques T. Y. , Koenig A. L. and Vandegeest K. A. , "Inhibitory control in young children and its role in emerging internalization", *Child Development*, Vol. 67, No. 2, 1996.

⑦ Else – Quest N. M. , Hyde J. S. , Goldsmith H. H. and Van Hulle C. A. , "Gender differences in temperament: A meta – analysis", *Psychological Bulletin*, Vol. 132, No. 1, 2006.

综合原因，男女确实不存在差异；另一方面在认知—行为调节层面，本研究的被试群体特性可能是造成性别差异不显著的直接原因。首先，本研究选取的是 3—5 岁三个年龄段的儿童，与以往研究相比，被试年龄更加集中于学龄前阶段，因此反映的是学龄前儿童跨年龄的一种总体性别差异。其次，本研究被试全部来自同一所大学附属幼儿园，因此被试的家庭环境、父母社会经济地位以及教养方式等具有一定的同质性，较高的家庭社会经济地位或是父母较高的受教育水平等家庭经验因素，都可能对儿童调节能力产生影响。

本研究发现在自我调节的各成分和所有测量指标上，除行为调节的慢走直线和低语任务外，均发现了年龄的显著差异，即 3 岁儿童在各种自我调节能力上的水平均低于 5 岁儿童的水平。这与以往关于儿童冷执行功能[1][2][3][4][5][6]、努力控制能力[7]、情绪调节能力[8]和延迟满足能力[9]的发展研究结果是一致的。

具体来说，儿童在白天—黑夜任务和倒序数字广度任务中都表现出显著的年龄变化趋势，这说明在学龄前期年龄较大的儿童要比年龄较小的儿

---

[1]　Rothbart M. K. and Posner M. I. ，"Temperament and the development of self regulation"，In Hartledge H. and Telzrow C. R. ，*Neuropsychology of Individual Differences*，New York：Plenum，1985.

[2]　Kieras J. E. ，Tobin R. M. ，Graziano W. G. and Rothbart M. K. ，"You can't always get what you want：Effortful control and children's responses to undesirable gifts"，*Psychological Science*，Vol. 16，No. 5，2005.

[3]　廖渝、吴睿明、Zelazo P. D. ：《意外地点任务中不同测试问题及意图理解与执行功能的关系》，《心理学报》2006 年第 38 卷第 2 期。

[4]　Cole P. M. ，"Children's spontaneous expressive control of facial expression"，*Child Development*，Vol. 57，No. 6，1986.

[5]　Blair C. and Razza R. P. ，"Relating effortful control，executive function，and false – belief understanding to emerging math and literacy ability in kindergarten"，*Child Development*，Vol. 78，No. 2，2007.

[6]　郑红兰、李红：《简述延迟满足与执行功能、心理理论的关系》，《贵州师范大学学报》（社会科学版）2005 年第 6 期。

[7]　Karniol and Miller，"The development of self control in children"，In Brehm S. ，Kassin S. ，and Gibbons F. ，*Developmental Social Psychology*，Oxford：Oxford University Press，1981，pp. 32 – 50.

[8]　McCabe L. A. ，Hernandez M. ，Lara S. L. and Brooks – Gunn J. ，"Assessing preschoolers' self – regulation in homes and classrooms：Lessons from the field"，*Behavioral Disorders*，Vol. 26，No. 1，2000.

[9]　王慧：《珠心算对儿童自我调节能力的影响》，硕士学位论文，东北师范大学，2009 年。

童具有更好地抑制控制能力[1]和更大的工作记忆容量。[2] 在代表行为调节能力的敲打任务和慢画直线任务中发现了同样的年龄变化趋势。结合对自我调节三大成分的方差分析结果，可以看到由于抑制控制能力是执行功能、努力控制乃至行为调节等能力的核心因素，它的年龄发展特点能够较好地代表认知—行为调节成分的年龄变化趋势。因此，综合来看儿童在学龄前阶段自我调节的认知—行为调节能力，表现出随年龄增长而显著提高的趋势。本研究发现，同样是放慢动作的任务，儿童在慢画直线任务上表现出显著的年龄差异，而在慢走任务中未出现年龄差异，这个结论是与以往研究一致的。[3] 即对学龄前儿童来说，控制行走动作的任务难度过低，手部动作控制能力更能代表儿童行为调节中对运动的控制能力。低语任务没有得到年龄差异的结果，这是与以往研究不同的，[4] 之所以出现这种情况有两点可能的原因：一是 Kochanska 等人的研究对象主要是 2—3 岁的儿童，而已有研究发现儿童的控制能力到 4 岁已经发展相对完善，[5] 因此对本研究选取的 3—5 岁被试来说，这个任务的难度较低；二是本研究低语任务是在周围存在一定干扰的环境中测量的，儿童可能会将低语任务理解为不要让周围的人听到，而为儿童抑制行为发生提供了一个外部支持因素。

　　由于在此次研究中，儿童在失望礼物程序中几乎没有表现出积极的情绪反应，因此仅分析消极反应一个维度。这种情况与 Cole 等人在研究中遇到的情况是一致的，即学龄前儿童很难在拿到不想要的礼物时表现出积极的情绪。[6] 本研究发现，无论是在失望礼物程序中，家长评定的情绪调

---

　　① Cole P. M. , Zahn – Waxle C. and Smith K. D. , "Expressive control during a disappointment: variations related to Preschooler's behavior Problems", *Developmental Psychology*, Vol. 30, No. 6, 1994.

　　② 赵红梅、苏彦捷：《学龄后心理理论的持续发展——从"获得"到"使用"的转变》，《心理学探新》2006 年第 26 卷第 2 期。

　　③ 张劲松：《儿童的自我调控能力——评估、影响因素及其事件相关点位的研究》，博士学位论文，华东师范大学，2006 年。

　　④ Metcalfe J. and Mischel W. , "A hot/cool – system analysis of delay of gratification: dynamics of willpower", *Psychological Review*, Vol. 106, No. 1, 1999.

　　⑤ Karniol and Miller, "The development of self control in children", In Brehm S. , Kassin S. , and Gibbons F. *Developmental Social Psychology*, Oxford: Oxford University Press, 1981, pp. 32 – 50.

　　⑥ Cole P. M. , Zahn – Waxle C. and Smith K. D. , "Expressive control during a disappointment: variations related to Preschooler's behavior Problems", *Developmental Psychology*, Vol. 30, No. 6, 1994.

节消极反应的分数上，还是抽取的情绪调节成分的方差分析中，都发现3岁儿童的消极情绪反应显著多于5岁儿童，这与以往的研究结果是一致的。[1] 说明在学龄前阶段儿童的情绪调节能力虽然在提高，但是发展水平还是相对较低的，即还无法有效调节自身的消极情绪表达，即使能控制住自己的行为，也无法表现出相反的情绪行为，用积极情绪来代替消极情绪。

本研究发现儿童调节需要动机的能力在需要动机主成分、延迟维持任务和延迟等待任务三方面都表现出显著的年龄差异，即儿童在学龄前阶段对需要动机的调节能力发展变化非常迅速，这支持了杨丽珠等人的研究结论。[2] 同时，研究也发现玩具延迟满足的三个延迟等待时间之间存在显著差异，印证了儿童延迟满足能力受到延迟时间影响的观点。[3]

本研究采用因素分析的方法，结合已有的自我调节经典概念和理论研究，抽取出适合于本研究被试取样和实验材料取样的三大成分——认知—行为自我调节、情绪自我调节和需要动机自我调节能力。结果基本符合已有的自我调节概念界定方式。[4][5][6][7] 其中，认知—行为自我调节包含成分维度是抑制控制能力、工作记忆容量和以慢画直线为代表的行为调节能力。情绪自我调节主成分包含的成分维度均为消极情绪因素，即失望礼物程序中儿童的消极情绪表现和家长评定的情绪调节能力中的不稳定性/消极得分，这说明对3—5岁的儿童来说，消极情绪反应与积极情绪反应相

---

① Cole P. M., Zahn – Waxle C. and Smith K. D., "Expressive control during a disappointment: variations related to Preschooler's behavior Problems", *Developmental Psychology*, Vol. 30, No. 6, 1994.

② 杨丽珠、徐丽敏、王江洋：《四种注意情境下幼儿自我延迟满足的实验研究》，《心理发展与教育》2003年第4期。

③ Mischel W. and Metzner R., "Preference for delayed reward as a function of age, intelligence, and length of delay interval", *Journal of Abnormal and Social Psychology*, Vol. 64, No. 64, 1962.

④ Kopp C. B., "Antecedents of self – regulation: A Developmental Perspective", *Developmental Psychology*, Vol. 18, No. 2, 1982.

⑤ Baumeister R. F., Stillwell A. M. and Heatherton T. F., "Guilt: An interpersonal approach", *Psychological Bulletin*, Vol. 115, No. 2, 1994.

⑥ Karoly P., "Mechanisms of self – regulation: A systems view", *Annual Review of Psychology*, Vol. 44, No. 44, 1993.

⑦ Carver C. S. and Scheier M. F., "Principles of self – regulation: Action and emotion", In Higgins E. T. and Sorrentino R. M., *Handbook of motivation and cognition: Foundations of social behavior*, London: Guilford Press, 1990.

比，更能反映出儿童情绪调节能力的高低。本研究将延迟满足能力作为需要动机调节的主要成分，而代表延迟满足两个阶段的今天—明天任务和玩具延迟任务中，只有玩具延迟任务的得分被纳入到需要动机调节成分的代表性任务中，这说明对本研究而言，延迟满足的延迟等待能力比延迟选择能力更能代表自我调节的需要动机调节成分。

在考察自我调节三大成分间关系时，本研究发现在进行分组相关时仅发现在 3 岁组出现了认知—行为调节与情绪调节间的显著相关，而为了更直观地了解二者关系，又进一步分析了自我调节各成分对应的测量指标间的相关，却并未发现认知—行为调节与情绪调节对应指标间存在显著相关。成分间没有普遍联系的结论，与以往自我调节各成分关系的研究结论是矛盾的，[1] 但由于两研究界定的自我调节构成成分和对应测量指标是不一致的，因此还不能认为哪一个研究的结论更为合理，还需要基于相同自我调节构成成分的实证研究加以验证。虽然本研究发现认知—行为调节与情绪调节的相关显著，是与以往研究相一致的。[2][3][4] 但由于并未发现抑制控制能力的指标与情绪调节测量指标间的显著相关，这一结果并不能支持 Eisenberg 等人认为是抑制控制联系了努力控制和情绪调节的观点。[5] 本研究的结论与 Liebermann 等人的研究结果不同，[6] 他们发现认知调节能力整体上与情绪调节不相关，但抑制控制能力却与情绪调节能力相关。出现这种情况可能与指标侧重的成分不同或成分获得方式有关。首先 Liebermann 等人采用的是家长评定的 BRIEF - P 他评问卷测量以执行功能为代表的认知调节能力；其次在该问卷中测量不包括行为调节的内容，但增加

① Jahromi L. and Stifter C. A. , "Individual differences in preschooler's self - regulation and theory of mind", *Merrill - Palmer Quarterly*, Vol. 54, No. 1, 2008.

② Carlson S. M. and Wang T. S. , "Inhibitory control and emotion regulation in preschool children", *Cognitive Development*, Vol. 22, No. 4, 2007.

③ Hoeksma J. B. , Oosterlaan J. and Schipper E. M. , "Emotion regulation and the dynamics of feelings: A conceptual and methodological framework", *Child Development*, Vol. 75, No. 2, 2004.

④ Kieras J. E. , Tobin R. M. , Graziano W. G. and Rothbart M. K. , "You can't always get what you want: Effortful control and children's responses to undesirable gifts", *Psychological Science*, Vol. 16, No. 5, 2005.

⑤ Garber J. and Dodge K. A. , *The development of emotion regulation and dysregulation*, Cambridge: Cambridge University Press, 1991.

⑥ Liebermann D. , Giesbrecht G. F. and Müller U. , "Cognitive and emotional aspects of self - regulation in preschoolers", *Cognitive Development*, Vol. 22, No. 4, 2007.

了测量注意转移的题目，因此同为认知调节能力，但是两个研究测量的内容是有交叉也有差异的；再次 Libermann 等人无论是使用他评问卷还是心理测量任务；最后都是采用合成分来代表各个成分的，而本研究采用的是因素分析的方法，避免了由于指标共线性而对相关产生影响的问题，结合理论和数据分析结果，抽取出了三个公因子。因此，在自我调节成分间相关方面，本研究的结果也是合理的。

三 结论

针对本研究的被试和测量指标、测量任务取样条件，自我调节包括三个主要的构成维度，即认知—行为自我调节、情绪自我调节和需要动机自我调节。认知—行为自我调节能力包含的测量指标有抑制控制能力、工作记忆容量和手部动作的行为调节能力；情绪自我调节能力以儿童消极的情绪反应为代表性指标；需要动机调节能力主要包括代表延迟等待能力的测量指标。本研究未发现自我调节各成分及其测量指标存在性别差异。总体上来看，自我调节各成分及其测量指标在儿童 3—5 岁这一阶段表现为随着年龄的增长而有显著的提高，即 3 岁儿童的自我调节水平显著低于 5 岁儿童的自我调节能力水平。儿童在 3 岁时认知—行为调节能力与情绪调节能力呈显著正相关。

第二节 心理理论两成分的发展及其相关的研究

一 研究目的与方法

（一）研究目的

这是实证研究的第二个子研究，研究目的是考察给予心理理论两成分模型的心理理论发展水平和成分间关系。具体目标如下：

1. 考察心理理论的社会认知成分与社会知觉成分的年龄和性别差异。

2. 考察心理理论的社会认知成分和社会知觉成分发展的先后顺序。

3. 考察心理理论的两个成分间的相关关系。

（二）研究方法

1. 被试：本研究选取了吉林省长春市某师范大学幼儿园小班、中班、大班 9 个班级，共 103 名儿童。其中多数儿童的家长为该大学教职员工，其中，3 岁组 33 人，4 岁组 37 人，5 岁组 33 人，详见表 2。

2. 研究任务与编码：心理理论任务除情绪理解任务外，根据儿童性别所有的任务都分为男孩版和女孩版，所有故事图片范例见附录。男孩版的玩具是小汽车和小皮球，女孩版的玩具是娃娃和小皮球。

（1）经典心理理论任务之意外地点任务：意外地点范式是最早的错误信念任务，由 Wimmer 和 Perner 设计。[①] 故事主要内容如下：鹏鹏（云云）把汽车（娃娃）放在了篮子里，然后出去玩。他/她离开后，明明（青青）把汽车（娃娃）从篮子里拿出来放在了盒子里。然后鹏鹏（云云）回来了，询问被试鹏鹏（云云）要到哪里去找汽车（娃娃），（提供选项）是在篮子里还是盒子里。回答在篮子里找记 2 分，回答在盒子里找记 1 分，回答在其他地方找记 0 分。

（2）基于信念和愿望的情绪理解任务：基于信念和愿望的情绪理解任务是用于考察心理理论任务条件下的情绪理解能力，改编自 Harris 等人的研究任务。[②] 任务是把意外内容任务的认知性理解提问改造成情绪理解性提问，实验程序如下：给被试讲一个小动物喝饮料的故事，故事中小动物的饮料被人偷偷换成小动物不喜欢的饮料了，要求被试回答小动物喝饮料前后的感受。其中对喝饮料前的感受的回答可以反映出被试对基于信念的情绪的理解，对喝饮料后的感受的回答则反映了被试对基于愿望的情绪的理解。本研究要求记录的是儿童对故事情节的记忆、对故事主人公情绪状态的判断、对情绪状态产生原因的理解三部分共计 9 个问题。回答正确记 1 分，错误记 0 分，总分为 0—9 分。

故事情节叙述部分。"小兔子把一杯橘子汁放在桌子上就出去玩了，妈妈回来把橘子汁倒掉了，换成了胡萝卜汁。小兔子喜欢喝橘子汁，不喜欢喝胡萝卜汁。那请你动脑筋想一想——"记忆检测问题。问题 1："小兔子放在桌子上的是什么，是橘子汁还是胡萝卜汁？"问题 2："妈妈把杯子里的饮料换成什么了，是橘子汁还是胡萝卜汁？"问题 3："小兔子喜欢喝什么？不喜欢喝什么？"情绪状态判断和成因理解问题。问题 1 "小兔子在喝饮料之前，高兴还是不高兴？为什么？"问题 2 "小兔子在喝饮料之后，高兴还是不高兴？为什么？"

---

① Wimmer H. and Perner J., "Beliefs about beliefs: Representation and constraining function of wrong beliefs in young children's understanding of deception", *Cognition*, Vol. 13, No. 1, 1983.

② Harris P. L., Johnson C. N. and Hutton D., et al., "Young children's theory of mind and emotion", Cognition and *Emotion*, Vol. 3, No. 4, 1989.

3. 研究程序：两任务呈现顺序随机，根据被试性别不同，主试要呈现给被试同性别主人公的意外地点人物卡片。

二 研究结果分析与讨论

（一）心理理论两成分的得分情况

表9　　　　　儿童在心理理论两成分任务上的得分的描述统计结果

心理理论任务得分	年龄组（岁）	样本量	平均数	标准差	得分范围
社会知觉成分	3	33	1.73	0.72	1—3
	4	37	3.49	1.12	2—6
	5	33	5.24	0.97	3—6
社会认知成分	3	33	1.12	0.33	1—2
	4	37	1.30	0.46	1—2
	5	33	1.55	0.51	1—2

（二）儿童在心理理论的两成分上的年龄和性别差异

对儿童在心理理论两成分测量任务上的得分进行 3（年龄组）×2（性别）×2（心理理论两成分）重复测量方差分析，发现年龄组主效应非常显著（$F_{(2, 97)} = 57.03$，$p < 0.001$），进一步的事后比较发现，3 岁组的得分显著低于 4 岁组，4 岁组显著低于 5 岁组；性别的主效应不显著（$F_{(1, 97)} = 0.02$，$p > 0.1$）；心理理论两成分的主效应不显著（$F_{(1, 97)} = 0.01$，$p > 0.1$）；年龄组和心理理论两成分间的交互作用非常显著，如图 7 所示。在社会知觉成分上，3 岁儿童的成绩显著低于 4 岁儿童，4 岁组显著低于 5 岁组；在社会认知成分上，3、4 岁组不存在差异，他们两组得分显著低于 5 岁组。就社会认知成分即传统心理理论来说，4 岁开始发展速度加快，可见 4 岁是心理理论的社会认知成分获得的一个转折时期。分别对三个年龄组在两个成分任务上做配对样本 T 检验，均未发现存在显著性差异，因此就同一时期的个体而言，两成分的发展水平是相接近的。

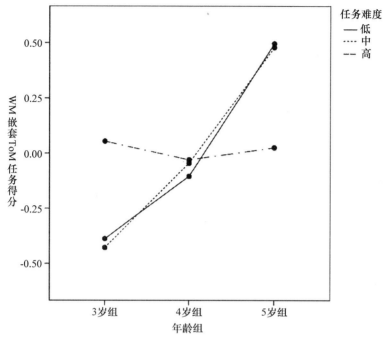

图7   儿童在心理理论两成分上的年龄变化趋势

（三）儿童在心理理论两成分上通过率的差异

对儿童在心理理论两成分上的通过率进行分组 $\chi2$ 检验，见表10。结果发现，在三个年龄组上，两成分间均不存在显著差异（ $\chi3^2 = 0.47$ ，df = 1，p > 0.1； $\chi4^2 = 0.25$ ，df = 1，p > 0.1； $\chi5^2 = 1.02$ ，df = 1，p > 0.1），即在3—5岁这一阶段，儿童在心理理论两成分的通过率上不存在显著差异。

表10   **不同年龄组儿童心理理论任务通过率**

年龄组（岁）	总人数	社会认知成分	社会知觉成分
3	33	4（12.12%）	6（18.18%）
4	37	11（29.73%）	13（35.14%）
5	33	18（54.55%）	22（66.67%）

（四）儿童的心理理论两成分的相关

分别求儿童在三个年龄组上心理理论两成分间的相关系数，结果见表11。发现无论在哪个年龄组内，两成分间都不存在相关（$p > 0.1$）。

表11　　　　儿童的心理理论两成分得分在各年龄组内的相关矩阵

年龄组		社会认知成分
3 岁组	社会知觉成分	0.03
4 岁组	社会知觉成分	− 0.10
5 岁组	社会知觉成分	0.17

（五）讨论

本研究发现，儿童在心理理论两成分上均表现出随着年龄的增长，心理理论水平显著提高的变化趋势。具体表现为，3 岁儿童的水平最低，4 岁儿童水平高于 3 岁儿童，5 岁儿童的心理理论水平最高。在心理理论的社会认知成分上，研究发现 3 岁和 4 岁儿童的得分显著低于 5 岁儿童，即 4 岁是发展加速的时间点。这与以往认为 4 岁是获得心理理论的错误信念理解能力关键期的结论是一致的。[1] 而儿童在社会知觉成分发展上的变化趋势与社会认知成分的变化趋势是一致的，这与以往研究结论也是一致的。[2][3][4] 本研究也支持基于心理理论两成分模型的实证研究结果，即儿童在 3—5 岁这一阶段，两成分的发展水平都随年龄的增长而提高。[5] 这说

---

[1]　Meltzoff A. N. ，"Understanding the intentions old mind tasks decline in old age?"，*British Journal of Psychology*，Vol. 93，No. 4，2002.

[2]　Denham S. A. ，Blair K. A. ，DeMulder E. ，Levitas J. ，Sawyer K. ，Auerbach – Major S. and Queenan P. ，"Preschool emotional competence：Pathway to social competence?"，*Child Development*，Vol. 74，No. 1，2003.

[3]　王桂琴等：《儿童心理理论的研究进展》，《心理学动态》2001 年第 9 卷第 2 期。

[4]　Denham S. A. and Couchoud E. A. ，"Young preschoolers' ability to identify emotions in equivocal situations"，*Child Study Journal*，Vol. 20，No. 3，1990.

[5]　李佳、苏彦捷：《儿童心理理论能力中的情绪理解》，《心理科学进展》2004 年第 12 卷第 1 期。

明儿童在学龄前阶段已经能够在心理表征层面区分外部世界和内部世界了，既能够认识到外部世界对心理表征的影响，即信念是对外部世界的客观表征；又能意识到由信念而引发的情绪状态。

本研究还发现三个年龄段的儿童在两类成分的通过率上没有显著的差异，即儿童在学龄前阶段二者的发展是平行的，这与 Wellman 的研究结果是一致的，即二者的发展是平行的，儿童在获得了错误信念理解能力的同时，也能理解基于信念的情绪。[①] 但是本研究并不能就此得出二者在发展时序上是同时性的，这是因为我们只发现了儿童在社会认知成分上的发展加速时间点，即 4 岁；但并未发现社会知觉成分的发展加速时间点。因此，还需要通过扩大被试年龄取样范围，如向前延伸到 2 岁左右，获得儿童社会知觉成分从无到有的那个时间段的研究情况，才能够得出二者是平行发展的，还是存在先后顺序的结论。

本研究没有发现心理理论社会认知成分和社会知觉成分间的相关关系，这与以往研究情绪理解与心理理论关系的结论是矛盾的，[②③④⑤⑥] 但支持基于心理理论两成分理论的研究结果。[⑦] 从心理理论两成分理论的角度来说，二者不相关意味着两个成分是相对独立的，是心理理论的不同性质的成分，是合理的。同时，自闭症谱系中的阿斯伯格综合征（Asperger syndrome）患者能通过心理理论社会认知成分测验却无法通过社会知觉成分测验的独特现象，也说明二者是分离且相互独立的。以往发现情绪理解和心理理论存在真实联系的研究与本研究选取的社会知觉成分任务不同。

---

① Wellman H. M. and Bartsch K. ，" Young children's reasoning about beliefs "，*Cognition*，Vol. 30，No. 3，1988.

② 陈英和、崔艳丽、王雨晴：《幼儿心理理论与情绪理解发展及关系的研究》，《心理科学》2005 年第 28 卷第 3 期。

③ Huges C. and Dunn J. ，" Understanding mind and emotion：longitudinal associations with mental – state talk between young friends "，*Developmental Psychology*，Vol. 34，No. 5，1998.

④ Alexandra L. ，Cutting and Dunn J. ，" Theory of mind，emotion understanding，language，and family Background：" individual differences and interaction "，*Child Development*，Vol. 70，No. 4，1999.

⑤ Dunn J. ，" Children as psychologists：The later correlates of individual differences in understanding of emotions and others minds "，*Cognition and Emotion*，Vol. 9，No. 2 – 3，1995.

⑥ Astington J. W. and Jenkins J. M. ，" A longituidnal studay of the relation between language and theory – of – mind development "，*Developmental Psychology*，Vol. 35，No. 5，1999.

⑦ Wellman H. M. and Bartsch K. ，" Young children's reasoning about beliefs "，*Cognition*，Vol. 30，No. 3，1988.

本研究采用的是基于信念和愿望的情绪理解任务，其任务难度与错误信念任务相匹配，且任务内容和结构都是类似的，因此能说明在同一信念理解的过程中，认知和情绪的相互独立性。

三 结论

心理理论的社会认知和社会知觉成分都随年龄的增长，发展水平有显著的提高。具体表现为 3 岁儿童的心理理论水平显著低于 5 岁儿童的水平。儿童在心理理论两成分上的通过率无显著差异，且存在跨年龄的一致性。社会认知和社会知觉成分是相互独立的两个心理理论构成成分，二者之间不存在显著相关。

第三节 自我调节各成分与心理理论两成分间的关系研究

一 研究目的与方法

（一）研究目的

考察自我调节各成分与心理理论两成分的相关关系。

（二）研究方法

1. 被试：本书选取了吉林省长春市某师范大学幼儿园小班、中班、大班 9 个班级，共 103 名儿童。其中多数儿童的家长为该大学教职员工，其中，3 岁组 33 人，4 岁组 37 人，5 岁组 33 人，详见表 2。

2. 研究任务与编码

（1）白天—黑夜任务：白天—黑夜任务主要用于测量儿童的抑制控制能力，由 Gerstadt 等设计研发，[①] 本研究选取了魏勇刚等人设计的任务变式。[②] 该任务分为三个难度，在每个难度的任务中都包括规则介绍阶段：练习和正式实验三部分。任务一般程序是，主试向儿童呈现太阳和月牙图片，图片详见附录。要求被试按照每个子任务的要求做出回答。主试记录被试回答情况。其中各子任务的练习和正式实验阶段都相同，只有规

---

① Gerstadt C. L. , Hong Y. J. and Diamond A. , "The relation between cognition and action: Performance of children 3.5 – 7 years old on a Stroop – like day – night test", *Cognition*, Vol. 53 , No. 2 , 1994.

② 魏勇刚等:《抑制性控制在幼儿执行功能与心理理论中的作用》,《心理学报》2005 年第 37 卷第 5 期。

则介绍部分有所差别。三个子任务的呈现顺序随机。共进行 16 个试次，每类卡片各半，呈现顺序随机，回答正确记 1 分，错误记 0 分，总分为 0—16 分。

子任务 1（最低难度任务）。规则介绍阶段：主试指导语"××小朋友，我们一起来做一个看图片做回答的游戏。老师给你看这张图片（呈现太阳的图片），你就马上说白天；老师给你看这张图片（呈现月牙的图片），你就马上说晚上。记住了吗？我们来试一试。"练习阶段：按随机顺序给被试呈现太阳和月牙图片各 1 次，请被试作答。回答正确进入正式实验阶段，回答错误再次回到介绍游戏规则阶段。讲解完再次练习 2 次。无论对错进入正式练习阶段。正式实验阶段：太阳和月牙卡片分别随机呈现 8 次，记录每次反应正误。

子任务 2（中等难度任务）。规则阶段介绍：主试指导语"××小朋友，我们一起来做一个看图片做回答的游戏。老师给你看这张图片（呈现太阳的图片），你就马上说小猫；老师给你看这张图片（呈现月牙的图片），你就马上说老鼠。记住了吗？我们来试一试。"练习阶段：按随机顺序给被试呈现太阳和月牙图片各 1 次，请被试作答。回答正确进入正式实验阶段，回答错误再次回到介绍游戏规则阶段。讲解完再次练习 2 次。无论对错进入正式练习阶段。正式实验阶段：太阳和月牙卡片各呈现 8 次，呈现顺序随机。记录被试每次反应的正误。

子任务 3（最高难度）。规则介绍阶段：主试指导语"××小朋友，我们一起来做一个看图片做回答的游戏。老师给你看这张图片（呈现太阳的图片），你就马上说晚上；老师给你看这张图片（呈现月牙的图片），你就马上说白天。记住了吗？我们来试一试。"练习阶段：按随机顺序给被试呈现太阳和月牙图片各 1 次，请被试作答。回答正确进入正式实验阶段，回答错误再次回到介绍游戏规则阶段。讲解完再次练习 2 次。无论对错进入正式练习阶段。正式实验阶段：太阳和月牙卡片各呈现 8 次，呈现顺序随机。记录被试每次反应的正误。

（2）倒序数字广度任务：倒序数字广度任务用于测量儿童的工作记忆容量，采用的是 Davis 等人 1996 年研究的倒序数字广度任务。[①] 要求儿

---

① Davis H. L. and Pratt C., "The development of children's theory of mind: The working memory explanation", *Australian Journal of Psychology*, Vol. 47, No. 1, 1996.

童倒序回忆主试跟他/她说过的数字，主试记录儿童的回答情况。任务分为规则介绍、举例、练习和正式实验四个阶段。任务中使用的小动物玩偶即糖果（玩具）延迟任务中的玩偶，目的是使儿童对玩偶发生兴趣，玩偶形象见附录。复述最高组块数作为工作记忆广度成绩。

规则介绍阶段：主试指导语"小朋友，这是××（小动物名称）。我跟它玩一个游戏，你来看一看。无论我说什么，它都会反过来说一遍。"举例阶段：主试指导语"如果我说3、2，××会说2、3。你也来试一试好吗？我说5、2，你要说什么？"回答正确进入练习阶段，回答错误再演示一遍前面的举例过程。练习阶段：主试指导语"下面我们来一起玩，看看你学会了吗。"练习两次，两个数字一次，三个数字一次。主试指导语"我说，3、4，你要怎么说？"回答正确，主试指导语"对了，你真聪明。我们再玩一次"；回答错误，主试指导语"刚才你做的不对，我说3、4，你应该回答4、3。记住了吗？我们再试一试"。进入三个数字的练习，主试指导语"我说1、4、3，你应该说什么？"回答正确，主试指导语"对了，你做得真好，我们接着玩吧"；回答错误，主试指导语"刚才你说错了，我说1、4、3，你要说3、4、1，记住了吗？我们继续玩吧。"正式实验阶段：广度从2个组块到7个组块，每个组块进行3个试次，儿童正确倒序复述2个以上（含2个）试验任务，可以进入下一级别组块任务中。组块呈现顺序都是从2个组块任务开始，顺次呈现；但组块数目相同的3个试次，呈现顺序是随机的。

（3）敲打任务：敲打任务用于测量儿童抑制行为，特别是手部动作的实验任务，由 Diamond 等人设计研发。[①] 该任务要求儿童抑制模仿主试动作的倾向，做出相反的动作。任务分为规则介绍和正式实验两个阶段。主试一边演示一边解释游戏规则。看到玩偶敲一下桌子，被试就要用筷子敲两下；看到玩偶敲两下，被试就要敲一下。任务共分16个试次，8次敲一下、8次敲两下，敲击方式随机出现。主试记录被试的反应情况。反应正确记1分，错误记0分，总分为0—16分。

规则介绍阶段：主试指导语"来跟我一起玩一个——谁做对了的游

---

① Diamond A., Prevor M. B., Callender G. and Druin D. P., "Prefrontal cortex cognitive deficits in children treated early and continuously for PKU", *Monographs of the Society for Research in Child Development*, New York：Basic Books, 1997.

戏吧。你看，我敲一下桌子，（把筷子放在儿童手里，扶着儿童的手），你就要敲两下桌子；我敲两下桌子，（扶着儿童的手），你就要敲一下桌子。"一边演示一边解释规则。正式实验阶段：随机呈现两种敲击方式，两种方式各半，记录反应情况。

（4）放慢动作任务

慢画直线任务。慢画直线任务是用于测量儿童行为调节能力，特别是对手部动作的调节能力的实验范式，该任务源于 Kochanska 设计的研究任务,[1] 改编自张劲松的研究任务。[2] 任务要求儿童完成直线连点任务，其中第一次是以正常速度连点，第二次是以慢速连点。任务分为两类、两种速度，分别是水平和竖直方向的连点；正常速度和慢速的连点。故实验分为 8 次连点，分别是：水平—正常速度—第一次连点、水平—慢速—第一次连点、水平—正常速度—第二次连点、水平—慢速—第二次连点、竖直—正常速度—第一次连点、竖直—慢速—第一次连点、竖直—正常速度—第二次连点、竖直—慢速—第二次连点。两类任务的执行顺序随机，但都是先以正常速度画，后慢速画。用秒表记录儿童 8 次连点的时间，保留小数点后一位，测量单位为秒。该任务的总成绩为同向、同次慢速时间与正常速度时间的差值，求 8 次连点的 4 个差值的平均数，保留小数点后两位，单位为秒。为了便于儿童画线，画线工具为儿童美工课常用水彩笔。水平竖直两个方向的 8 条直线距离相等。

慢走任务。慢走任务是用于测量儿童行为调节能力，特别是走步动作的调节能力的研究任务，本书采用了 Kochanska 等的研究任务。[3] 任务要求儿童沿着一条直线走两次，一次是正常速度走，一次是慢速走。任务共要求儿童走 4 次，两次是从远离主试的一端向近主试端走，步速分正常和慢速两种，两次是从近主试的一端向远离主试端走，步速分正常和慢速两种。两种出发位置执行顺序随机，但都是先以正常速度走，后慢速走。用

①　Kochanska G., Murray K. T. and Harlan E. T., "Effortful control in early childhood: continuity and change, antecedents and implications for social development", *Developmental Psychology*, Vol. 36, No. 2, 2007.

②　张劲松：《儿童的自我调控能力——评估、影响因素及其事件相关点位的研究》，博士学位论文，华东师范大学，2006 年。

③　Kochanska G., Murray K. T. and Harlan E. T., "Effortful control in early childhood: continuity and change, antecedents and implications for social development", *Developmental Psychology*, Vol. 36, No. 2, 2007.

秒表记录儿童 4 次走步的时间，保留小数点后一位，测量单位为秒。该任务的总成绩为同一轮慢速走时间与正常速度走时间的差值，求 4 次走的两个差值的平均数，保留小数点后两位，单位为秒。为了便于儿童行走，将事先准备好的长 1.5 米的彩带贴在地面上，记录儿童脚尖离开起始端，到脚尖到达终点的时间。

（5）低语任务：低语任务是用于测量儿童的行为调节能力，特别是发音控制能力的任务，本书采用了 Kochanska 等的研究任务。[①] 主试向儿童一次呈现十二生肖的卡通图片（图片见附录），要求儿童小声告诉主试动物的名字。儿童声音发生变化或说错动物名字都不需要纠正，只记录儿童的声音控制状况。大声说或喊记 0 分，一会儿大声一会儿小声记 1 分，正常声音记 2 分，小声或耳语记 3 分。

（6）失望礼物程序：失望礼物程序测量的是儿童情绪调节能力，任务改自 Saarni 的经典失望礼物任务。[②] 该任务一般要放在所有研究任务之后，但在其他研究任务前可首先要求儿童选择对不同礼物的喜好。本研究是给小朋友看大的多层折叠卡片、小的简单卡片和碗形便利贴（图片见附录），然后，在预实验中让儿童选择最喜欢的和最不喜欢的礼物。如果年龄小的儿童无法做出三选一的决定，那么分别将 3 个礼物配对呈现给儿童，请他们选择较为喜欢的礼物，最后按照每次配对的喜好程度差异，确定该被试的礼物喜好等级。正式实验中将儿童选定的最不喜欢的礼物在儿童看不到的地方，放入事先准备好的不透明礼品袋中。在所有实验结束后，把礼品袋交给儿童，请儿童自己打开礼品袋，期间主试要强调礼物很好。然后记录儿童的面部表情（包括眉毛、鼻子、嘴、与主试的眼神交流的变化）、行动变化（如何处理礼物）和言语活动（主试询问儿童是否喜欢礼物）。记录了儿童的以上三类情况后，主试提出拿错了礼物，同时将儿童选择的最喜欢的礼物送给儿童，再次记录儿童以上三类反应。请未参加过本次实验的非心理学专业研究生两名，根据主试的记录情况，按照表 3 的编码方式，对儿童的行为进行编码。有不明确的地

---

① Kochanska G., Murray K. T. and Harlan E. T., "Effortful control in early childhood: continuity and change, antecedents and implications for social development", *Developmental Psychology*, Vol. 36, No. 2, 2007.

② Saarni C., "An observational study of children's attempts to monitor their expressive behavior", *Child Development*, Vol. 55, No. 4, 1984.

方，与实验主试讨论，并以主试对实验过程的回忆为准。两名编码员对全体被试反应的编码一致性在三个维度上分别是0.96、0.89、0.89。计分方式改编自Saarni的计分方式，根据中国儿童在得到礼物后一般不会主动说"谢谢"的情况，去掉了积极和消极维度中说"谢谢"的选项。得分为积极反应和消极反应两部分，积极反应总分为0—6分，消极反应总分为0—10分。

（7）情绪调节家长核查表：情绪调节家长核查表是用于测量儿童情绪调节能力的他评式问卷，是由Shields和Cicchetti设计的，[1] 包含24个项目（问卷节选见附录）。本研究统一要求由参与测试的儿童的家长来完成。核查表采用四点量表（1＝从不；2＝偶尔；3＝经常；4＝几乎总是）考察儿童出现某种情绪性行为的频率，量表分为两个维度：不稳定性/消极维度（lability/negativity）和情绪调节（emotion regulation）。项目2、6、8、10、13、14、17、19、20、22和24（正向计分），项目4、5、9和11（反向计分）代表不稳定性/消极维度，分数越高代表儿童的情绪失调越严重。项目1、3、7、15、21和23（正向计分），项目16和18（反向计分）代表情绪调节维度。项目12分数不计算。采用验证性因子分析，考察该问卷的因子结构，发现在删除3、4、9、11、14、19六题后，可以抽取出两个因子，第一个因子包括2、5、6、8、10、13、17、20、22、24，其中项目5为反向计分题，这个因子可以代表不稳定性/消极维度；第二个因子包括项目1、7、15、16、18、21和23，其中项目16和18为反向计分题，可以代表情绪调节维度，因子分析结果见表4。

（8）今天—明天任务：今天—明天任务是测量儿童延迟满足的延迟选择阶段的研究范式。[2] 由于该任务与失望礼物任务相冲突，因此被放在实验的第二阶段，即在第三章和第四章两个研究的两类嵌套心理理论任务之后施测。任务要求主试声明要送给儿童礼物，具体的指导语和操作如下："老师要送给你礼物，如果你今天就要礼物呢，就只能得到一个礼物（拿出小蜜蜂橡皮）；如果明天要礼物呢，就会得到两个礼物（拿出小老虎挂饰，和小蜜蜂橡皮一起给儿童看）。那你告诉我，你是想今天要还是

① Shelds A. and Cicchetti D., "Emotion regulation among school – age children: the development and validation of a new criterion Q – sort scale", *Developmental Psychology*, Vol. 33, No. 6, 1997.

② 王慧：《珠心算对儿童自我调节能力的影响》，硕士学位论文，东北师范大学，2009年。

明天要呢?"主试记录儿童的回答,回答今天要记 0 分,明天要记 1 分,总分为 0—1 分。选择今天要礼物的儿童,当场可以得到小蜜蜂橡皮;选择明天要礼物的儿童,实验结束后的第二天,再将小老虎挂饰和小蜜蜂橡皮两份礼物送给儿童。礼物实物图见附录。

(9)玩具延迟任务:玩具延迟满足任务是测量儿童延迟满足的延迟等待阶段的研究范式,改编自 Kochanska 的糖果延迟任务。[①] 在预实验中,笔者发现对 3—5 岁的儿童使用糖果已经无法引起他们的兴趣了,因此改用倒序工作记忆广度任务中使用的玩偶作为诱惑刺激。另外,在经典延迟任务中,设置了 4 个延迟时间:10 秒、20 秒、30 秒、40 秒,根据预实验实际情况,将时间改为 20 秒、40 秒和 60 秒 3 个延迟时间。将原任务中的摇铃换成中国儿童熟悉的拨浪鼓。每个延迟时间下记录儿童的行为。任务分为规则介绍、练习和正式实验三个阶段。主试拿起拨浪鼓前就拿玩具记 1 分;主试拿起拨浪鼓后碰玩具但没有拿起来玩记 2 分;等到主试摇拨浪鼓才拿玩具记 3 分。总分为 1—3 分。

规则介绍与练习阶段:主试指导语"老师这有一个漂亮的玩偶,你想玩吗?那你只要按照老师说的做就可以玩一会儿。老师把它放在桌子上,如果老师把这个拨浪鼓拿起来,然后晃起来让它响了,像这样(演示给小朋友看),你就可以自己去拿了。但是要是我把拨浪鼓只是拿起来,没有把它摇响了,你就不能拿了,记住了吗?现在老师问你,你什么时候能拿玩偶啊?"(回答正确就进行测试,错误则再讲一遍规则。)正式实验阶段:有四个部分,分别是等待 20 秒、40 秒和 60 秒,实验顺序随机。要注意的是,要在每次等待中间的时间,即 10 秒、20 秒和 30 秒的时候假装把拨浪鼓拿起来,但是并不摇动,而是又放下。主试记录儿童的行为。

(10)经典心理理论任务之意外地点任务:意外地点范式是最早的错误信念任务,由 Wimmer 和 Perner 设计。[②] 故事主要内容如下:鹏鹏(云云)把汽车(娃娃)放在了篮子里,然后出去玩。他/她离开后,明明

---

① Kochanska G., Murray K., Jacques T. Y., . Koenig A. L. and Vandegeest K. A., "Inhibitory conrtrol in young children and its role in emerging internalization", *Child Development*, Vol. 67, No. 2, 1996.

② Wimmer H. and Perner J., "Beliefs about beliefs: Representation and constraining function of wrong beliefs in young children's understanding of deception", *Cognition*, Vol. 13, No. 1, 1983.

（青青）把汽车（娃娃）从篮子里拿出来放在了盒子里。然后鹏鹏（云云）回来了，询问被试鹏鹏（云云）要到哪里去找汽车（娃娃），（提供选项）是在篮子里还是盒子里。回答在篮子里找记 2 分，回答在盒子里找记 1 分，回答在其他地方找记 0 分。

（11）基于信念和愿望的情绪理解任务：基于信念和愿望的情绪理解任务是用于考察心理理论任务条件下的情绪理解能力，改编自 Harris 等人的研究任务。[①] 任务是把意外内容任务的认知性理解提问改造成情绪理解性提问，实验程序如下：给被试讲一个小动物喝饮料的故事，故事中小动物的饮料被人偷偷换成小动物不喜欢的饮料了，要求被试回答小动物喝饮料前后的感受。其中对喝饮料前的感受的回答可以反映出被试对基于信念的情绪的理解，对喝饮料后的感受的回答则反映了被试对基于愿望的情绪的理解。本研究要求记录的是儿童对故事情节的记忆、对故事主人公情绪状态的判断、对情绪状态产生原因的理解三部分共计 9 个问题。回答正确记 1 分，错误记 0 分，总分为 0—9 分。

故事情节叙述部分。"小兔子把一杯橘子汁放在桌子上就出去玩了，妈妈回来把橘子汁倒掉了，换成了胡萝卜汁。小兔子喜欢喝橘子汁，不喜欢喝胡萝卜汁。那请你动脑筋想一想——"记忆检测问题。问题 1 "小兔子放在桌子上的是什么，是橘子汁还是胡萝卜汁？"问题 2 "妈妈把杯子里的饮料换成什么了，是橘子汁还是胡萝卜汁？"问题 3 "小兔子喜欢喝什么？不喜欢喝什么？"情绪状态判断和成因理解问题。问题 1 "小兔子在喝饮料之前，高兴还是不高兴？为什么？"问题 2 "小兔子在喝饮料之后，高兴还是不高兴？为什么？"

3. 研究程序

分两天完成，心理理论两个任务与今天—明天任务均在第二天完成。先随机测试两个心理理论任务，最后测试今天—明天任务。

（1）预实验：测量了 3 岁、4 岁和 5 岁儿童各 3 名，确定 3 岁儿童即可连续完成第一天的全部 8 个任务，实验时长为 20—25 分钟。并调整了指导语中儿童不熟悉的语言，如白天—黑夜任务中，将原任务中的"黑夜"改为"黑天"；倒序数字广度任务中确定用"反过来说"代替

---

① Harris P. L. , Johnson C. N. and Hutton D. , et al. , "Young children's theory of mind and emotion", *Cognition and Emotion*, Vol. 3, No. 4, 1989.

原指导语中的"倒过来说"表示倒序的含义。对失望礼物程序任务的喜好程度排序结果表明,多数儿童喜欢最大的卡片,最不喜欢便利贴。因此将大卡片作为儿童最喜欢的礼物,将便利贴作为儿童最不喜欢的礼物。

（2）主试培训阶段:四名主试按照主试指导手册的要求,进行为期一天的培训。培训内容包括熟悉指导语、熟悉实验器材、练习在记录单上记录被试反应。主试培训阶段每名主试在熟悉实验材料后测试3岁、4岁和5岁儿童各一名,使主试熟悉各年龄段儿童的反应差异和对指导语理解的差异程度。

（3）正式实验阶段

自我调节测试。每个被试要接受两天的实验测试。第一天,4名主试对103名儿童进行除今天—明天任务外,所有自我调节能力任务和经典心理理论任务的测量,并请儿童家长填写情绪调节家长核查表。实验在儿童所在班级的活动室内进行,准备好适合儿童使用的桌椅。分别对每个儿童进行个别施测,每名被试实验时长为20—25分钟。以上任务随机呈现。第二天,在所有任务结束后进行今天—明天任务。为避免已完成实验儿童拿到礼物后,未进行实验儿童看到礼物,所有礼物都在被试同意的情况下交由班级教师保管。由于今天—明天任务需时较短,因此能够保证选择今天拿到礼物的儿童都在同一天的同一时间得到礼物。而要求明天得到礼物的儿童,主试在今天—明天任务结束后的第二天,即全部实验结束后将这些儿童的礼物再送到各个班级。

心理理论测试。两任务呈现顺序随机,根据被试性别不同,主试要呈现给被试同性别主人公的意外地点人物卡片。

二 研究结果分析与讨论

（一）自我调节各成分与心理理论两成分的相关

分别求三个年龄组在自我调节各成分与心理理论两成分任务间的相关系数,结果见表12。发现只有在5岁组里存在自我调节与心理理论的显著相关,具体表现为,认知—行为调节与心理理论的社会认知成分相关显著（$p < 0.05$）,情绪调节与社会知觉成分相关显著（$p < 0.05$）。在其余的两个年龄组内,自我调节与心理理论的各个维度和任务间不存在相关。

（二）自我调节各成分测量指标与心理理论两成分的相关

由表12可见，在三个年龄组内都出现了认知行为调节与心理理论任务得分的显著相关，但只有在5岁组内才出现了情绪调节和需要动机调节任务与心理理论社会知觉成分的显著相关。

表12　儿童自我调节各成分与心理理论两成分在各年龄组内的相关矩阵

		社会知觉成分	社会认知成分
3岁组	认知—行为调节	− 0.03	0.21
	情绪调节	0.02	− 0.09
	需要动机调节	0.23	0.29
4岁组	认知—行为调节	− 0.01	− 0.05
	情绪调节	− 0.07	0.14
	需要动机调节	0.01	0.23
5岁组	认知—行为调节	− 0.22	0.39 *
	情绪调节	0.34 *	− 0.22
	需要动机调节	− 0.05	0.14

注：*，$p < 0.05$。

（三）讨论

本研究发现，5岁组儿童的认知—行为自我调节能力与心理理论的社会认知成分相关显著，情绪自我调节能力与心理理论的社会知觉成分相关显著。前一个结果与以往自我调节和心理理论关系的研究结果是一致的，[①] 根据其对应指标与心理理论的相关分析发现，不仅抑制控制能力与社会认知成分相关显著，而且工作记忆广度与之也有显著相关。这支持了执行功能与心理理论关系研究的结论，即认知—行为调节能力在心理理论

---

① Jahromi L. and Stifter C. A. ，"Individual differences in preschooler's self‐regulation and theory of mind"，*Merrill‐Palmer Quarterly*，Vol. 54，No. 1，2008.

中的作用，是通过实时存储功能和抑制能力两个成分共同起作用的。[1][2][3]本研究通过增加心理理论的构成成分，弥补了以往研究中将认知与情绪研究分离的不足，通过自我调节与心理理论两成分两大理论构架，将情绪调节与以情绪理解为代表的心理理论社会知觉成分纳入研究，发现自我调节的情绪调节成分与心理理论的社会知觉成分间存在显著相关，和以往情绪调节与情绪理解关系的研究是一致的。[4][5][6] 综合来看，本研究发现，儿童在 5 岁时自我调节的认知——行为成分与心理理论的社会认知成分建立了明确的联系；自我调节的情绪成分与心理理论中情绪状态相关的社会知觉成分建立了确实的联系。二者都是通过心理状态涉及的内容——认知性和情绪性内容，建立联系的。

本研究还进一步考察了自我调节各成分对应的测量指标与心理理论两成分的关系，这是为了实现下一个研究的嵌套任务而分析的。在相关分析中，笔者关心的是两个变量的共变关系。每个变量的变异既有来自个体内部的个体差异，也有来自性别、年龄等遗传、成熟因素的影响，更有来自测量任务本身的任务难度的外部变异。因此，为了确定相关的真实性，有必要控制来自遗传、成熟和外部的种种无关变异。在上面的分析中，本研究控制了年龄的影响；下一个研究将会进一步控制任务难度的影响。但是为了确定究竟要控制任务的哪一成分，因此还需要在与该成分相关的因素中进一步区分出相关显著的子成分。本研究考察自我调节各成分对应的测量指标就是为了达到这一目的。通过偏相关分析发现，对心理理论社会认知成分来说，认知——行为调节的抑制控制和工作记忆广度两个测量指标与

① Davis H. L. and Pratt C. , "The development of children's theory of mind: The working memory explanation", *Australian Journal of Psychology*, Vol. 47, No. 1, 1996.

② Hughes C. , "Executive function in preschoolers: Links with theory of mind and verbal ability", *British Journal of Developmental Psychology*, Vol. 16, No. 2, 1998.

③ Ziv M. and Frye D. , "The relation between desire and false belief in children's theory of mind: No satisfaction?", *Developmental Psychology*, Vol. 39, No. 5, 2003.

④ Denham S. A. , Blair K. A. , DeMulder E. , Levitas J. , Sawyer K. , Auerbach – Major S. and Queenan P. , "Preschool emotional competence: Pathway to social competence?", *Child Development*, Vol. 74, No. 1, 2003.

⑤ Tager – Flusberg H. and Sullivan K. , "A componential view of theory of mind: evidence from Williams syndrome", *Cognition*, Vol. 76, No. 1, 2000.

⑥ Malatesta – Magai C. Z. and Haviland M. , "Learning display rules: The socialization of emotion expression in infancy", *Child Development*, Vol. 53, No. 53, 1992.

其具有相对的跨年龄组一致性。因此，确定了下一个研究中心理理论任务
需要控制的任务难度成分就是抑制控制和工作记忆。

表 13 　　　　　儿童的自我调节各成分测量指标与心理理论
两成分在不同年龄组内的相关矩阵

年龄组	自我调节各指标	社会知觉成分	社会认知成分
3 岁组	白天—黑夜低难度任务	0.01	0.08
	白天—黑夜中等难度任务	0.30	0.47**
	白天—黑夜高难度任务	0.41*	0.25
	工作记忆广度	−0.08	0.44*
	慢画直线任务得分	0.20	0.03
	失望礼物之消极维度得分	0.13	−0.14
	情绪调节家长评定消极得分	0.16	−0.05
	玩具延迟任务延迟 20 秒	0.16	0.01
	玩具延迟任务延迟 40 秒	−0.07	−0.03
	玩具延迟任务延迟 60 秒	−0.20	−0.27
4 岁组	白天—黑夜低难度任务	0.08	−0.01
	白天—黑夜中等难度任务	−0.01	0.19
	白天—黑夜高难度任务	−0.02	0.28
	工作记忆广度	0.20	0.59***
	慢画直线任务得分	0.05	0.04
	失望礼物之消极维度得分	0.14	0.12
	情绪调节家长评定消极得分	−0.22	0.21
	玩具延迟任务延迟 20 秒	−0.03	0.19
	玩具延迟任务延迟 40 秒	−0.08	0.05
	玩具延迟任务延迟 60 秒	−0.01	−0.06

年龄组	自我调节各指标	社会知觉成分	社会认知成分
5 岁组	白天—黑夜低难度任务	− 0.15	0.15
	白天—黑夜中等难度任务	− 0.15	0.06
	白天—黑夜高难度任务	0.02	0.06
	工作记忆广度	0.10	0.49 **
	慢画直线任务得分	− 0.07	0.05
	失望礼物之消极维度得分	0.20	− 0.21
	情绪调节家长评定消极得分	0.18	− 0.16
	玩具延迟任务延迟 20 秒	0.49 **	0.04
	玩具延迟任务延迟 40 秒	0.12	− 0.33
	玩具延迟任务延迟 60 秒	0.07	− 0.26

注：*，$p < 0.05$；＊＊，$p < 0.01$；＊＊＊，$p < 0.001$。

三　结论

5 岁儿童的认知—行为自我调节能力与其心理理论社会认知发展水平相关显著。5 岁儿童的情绪自我调节能力与其心理理论社会知觉发展水平相关显著。抑制控制和工作记忆与心理理论社会认知成分存在跨年龄组的相关一致性。

第四节　改变心理理论任务难度条件下，自我调节各成分与心理理论社会认知成分关系的研究

一　研究目的与方法

（一）研究目的

1. 考察系统变化 ToM 任务抑制控制难度后，社会认知成分得分的年龄和性别差异。

2. 考察系统变化 ToM 任务中抑制控制难度后，抑制控制能力与社会认知成分的关系。

3. 考察系统变化 ToM 任务中工作记忆难度后，社会认知成分得分的

年龄和性别差异。

4. 考察系统变化 ToM 任务中工作记忆难度后，儿童工作记忆与社会认知成分的关系。

（二）研究方法

1. 被试：本书选取了吉林省长春市某师范大学幼儿园小班、中班、大班 9 个班级，共 103 名儿童。其中多数儿童的家长为该大学教职员工，其中，3 岁组 33 人，4 岁组 37 人，5 岁组 33 人，详见表 2。

2. 研究任务和编码

（1）抑制控制嵌套意外地点任务（IC 嵌套 ToM 任务）

选自魏勇刚等设计的降低抑制控制难度的心理理论任务。[1] 通过逐级降低抑制控制在心理理论任务中的难度，来排除抑制控制对心理理论水平的影响程度。经典意外地点任务是这个任务系列中难度最大的子任务；最低难度任务和最高难度任务都加入了提示。具体来说，在经典心理理论任务中，儿童受到物体所在实际位置的干扰，难以抑制自己的反应，故难度较大；在中等难度任务中，提示儿童留在房间里的孩子不想让故事主人公找到物品，有利于儿童的抑制行为，故难度降低；难度最小的任务中，儿童通过故事中的第三人"妈妈"的出现，提示儿童应该分别思考两个孩子各自要去哪里找物品，提示更多，更加有利于儿童抑制优势反应，故假设其难度降低程度更大。这里给出中等难度和最低难度任务的提问方式。

中等难度任务。重复两次"明明（青青）想要鹏鹏（云云）找不到这个小汽车（娃娃）"，继续提问时继续强调"明明（青青）为了让鹏鹏（云云）找不到小汽车（娃娃），他/她应该告诉鹏鹏（云云），小汽车（娃娃）在哪里？在篮子里还是在盒子里？"回答在篮子里找记 2 分，回答在盒子里找记 1 分，回答在其他地方找记 0 分。

最低难度任务。"鹏鹏（云云）回来了，妈妈也回来了，想问问他/她们小汽车（娃娃）在哪里。她问鹏鹏（云云）要到哪里去找小汽车（娃娃）？在篮子里还是在盒子里？又问明明（青青）要到哪里去找小汽车（娃娃）？在篮子里还是在盒子里？"回答鹏鹏（云云）在篮子里找记 2 分，回答在盒子里找记 1 分，回答在其他地方找记 0 分。明明（青青）

---

① 魏勇刚等：《抑制性控制在幼儿执行功能与心理理论中的作用》，《心理学报》2005 年第 37 卷第 5 期。

的回答作为参考，不进入总分计算。

（2）工作记忆嵌套意外地点任务（WM 嵌套 ToM 任务）

这套任务由笔者自主研发，设计逻辑为：通过增加或减少儿童需要记忆的物品所在地点数量，控制在心理理论任务中儿童记忆地点的个数。该系列任务中，经典心理理论任务的记忆地点为两个组块，设为中等难度任务；分别设计了一个记忆地点和三个记忆地点的最低难度与最高难度任务。最高和最低难度任务操作程序如下。

最高难度任务。鹏鹏（云云）把小汽车（娃娃）放在了篮子里，牛牛（梅梅）把小皮球放在了小桶里，然后他/她们都出去玩了；他/她们离开后，明明（青青）把小汽车（娃娃）从篮子里拿出来，放到了盒子里。然后鹏鹏（云云）和牛牛（梅梅）回来了，询问儿童鹏鹏（云云）要到哪里去找小汽车（娃娃），在篮子里、盒子里还是小桶里；牛牛（梅梅）要到哪里去找小皮球，在篮子里、盒子里还是小桶里。回答鹏鹏（云云）在篮子里找记 3 分，在盒子里找记 2 分，在小桶里找记 1 分，其他回答记 0 分；回答牛牛（梅梅）找的情况作为参考，不计入总分。

最低难度任务。鹏鹏（云云）把小汽车（娃娃）放在了篮子里，然后出去玩；在鹏鹏（云云）离开后，明明（青青）把小汽车（娃娃）从篮子里拿出来，然后离开了房间。后来，鹏鹏（云云）回来了。询问儿童主人公要到哪里去找小汽车（娃娃）。回答在篮子里找记 2 分，回答在另一个小朋友那里找记 1 分，回答与任务无关的地点记 0 分。

3. 研究程序

两组嵌套任务第三天测量，采用个别施测的方法完成。两组任务间和任务内呈现顺序都是随机的。

二　研究结果分析与讨论

（一）儿童在 IC 嵌套 ToM 任务中得分的年龄和性别差异

对儿童在 IC 嵌套 ToM 任务上的得分进行 3（年龄组）×2（性别）×3（任务难度）的重复测量方差分析，描述统计结果见表 14。结果发现，年龄组的主效应非常显著（$F_{(2, 97)}=18.66$，$p < 0.001$），性别的主效应不显著（$F_{(1, 97)}=0.02$，$p > 0.1$），任务难度的主效应不显著（$F_{(2, 194)}=0.87$，$p > 0.1$）。所有的交互作用都不显著。对年龄组主效应做进一步的事后比较发现，3、4 岁组之间没有显著的差异，但得分显著低于 5 岁组。

表 14　　　　　　　　　　儿童在 IC 嵌套 ToM 任务中得分的描述统计

年龄组（岁）	IC 嵌套 ToM 任务	样本量	平均数	标准差	得分范围
3 岁组	ICToM1	33	1.21	0.42	1—2
	ICToM2	33	1.09	0.29	1—2
	ToM	33	1.12	0.33	1—2
4 岁组	ICToM1	37	1.19	0.40	1—2
	ICToM2	37	1.19	0.40	1—2
	ToM	37	1.30	0.46	1—2
5 岁组	ICToM1	33	1.58	0.50	1—2
	ICToM2	33	1.48	0.62	0—2
	ToM	33	1.55	0.51	1—2

注：ICToM1 代表 IC 嵌套 ToM 任务的最低难度任务；ICToM2 代表 IC 嵌套 ToM 任务的中等难度任务；ToM 代表 IC 嵌套 ToM 任务的最高难度任务，即经典意外地点任务。

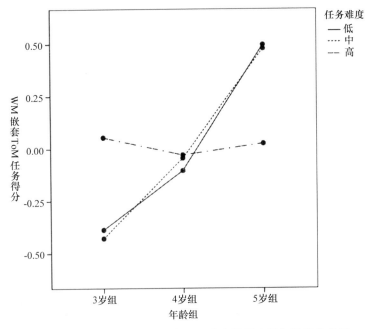

图 8　儿童在 IC 嵌套 ToM 任务不同难度等级上的年龄变化趋势

（二）在 IC 嵌套 ToM 任务中，儿童抑制控制能力与心理理论任务得分的相关

表 15　　　　IC 嵌套 ToM 任务中儿童抑制控制与心理理论任务的
各个年龄组内相关矩阵

		ICToM1	ICToM2	ToM
3 岁组	白天—黑夜低难度任务	− 0.08	0.10	0.08
	白天—黑夜中等难度任务	0.2	0.11	0.47 * * *
	白天—黑夜高难度任务	0.2	0.37 *	0.25
4 岁组	白天—黑夜低难度任务	− 0.26	0.11	− 0.01
	白天—黑夜中等难度任务	− 0.03	0.10	0.19
	白天—黑夜高难度任务	− 0.09	0.17	0.28
5 岁组	白天—黑夜低难度任务	− 0.13	0.42 *	0.15
	白天—黑夜中等难度任务	− 0.03	0.40 *	0.06
	白天—黑夜高难度任务	− 0.07	0.25	0.06

注 1：*，$p < 0.05$；* *，$p < 0.01$；* * *，$p < 0.001$。

注 2：ICToM1 代表 IC 嵌套 ToM 任务的最低难度任务得分；ICToM2 代表 IC 嵌套 ToM 任务的中等难度任务得分；ToM 代表 IC 嵌套 ToM 任务的最高难度任务，即经典意外地点任务得分。

从抑制控制能力和心理理论不同难度任务的相关矩阵来看（表 15），3 岁组抑制控制的中等难度任务得分与 IC 嵌套 ToM 任务最高难度任务之间存在非常显著的相关（$p < 0.001$），抑制控制最高难度任务则与 IC 嵌套 ToM 任务中等难度任务得分之间存在显著相关（$p < 0.05$）。在 4 岁组，二者不存在任何相关关系。在 5 岁组，抑制控制的最低和中等难度任务都与 IC 嵌套 ToM 任务得分存在相关（$p < 0.05$）。

（三）儿童在 WM 嵌套 ToM 任务中得分的年龄和性别差异

表16　　　　　　　　儿童在 IC 嵌套 ToM 任务中得分的描述统计

年龄组（岁）	WM 嵌套 ToM 任务	样本量	平均数	标准差	得分范围
3 岁组	WMToM1	33	1.21	0.55	1—3
	ToM	33	1.12	0.33	1—3
	WMToM3	33	1.24	0.56	0—2
4 岁组	WMToM1	37	1.43	0.69	1—3
	ToM	37	1.30	0.46	1—2
	WMToM3	37	1.19	0.57	0—3
5 岁组	WMToM1	33	1.88	0.86	1—3
	ToM	33	1.55	0.51	1—3
	WMToM3	33	1.21	0.60	0—3

　　注：WMToM1 代表 WM 嵌套 ToM 任务的最低难度任务；ToM 代表 WM 嵌套 ToM 任务的中等难度任务，即经典意外地点任务；ICToM3 代表 WM 嵌套 ToM 任务的最高难度任务。

　　对儿童在 WM 嵌套 ToM 任务上的得分进行 3（年龄组）×2（性别）×3（任务难度）的重复测量方差分析，描述统计结果见表16。结果发现，年龄组的主效应非常显著（$F_{(2, 97)} = 7.06$，$p < 0.01$），进一步的事后比较显示，3、4 岁组的差异不显著，得分显著低于 5 岁组。性别的主效应不显著（$F_{(1, 97)} = 0.06$，$p > 0.1$）。任务难度的主效应非常显著（$F_{(2, 96)} = 6.22$，$p < 0.01$），进一步的事后比较表明，儿童在最低难度组得分显著高于在中、高难度组的得分，但中高组之间差异不显著。年龄组与任务难度的交互作用显著（$F_{(4, 194)} = 2.58$，$p < 0.01$）。为了进一步确定交互作用的情况，分别对三个子任务进行 3（年龄组）×2（性别）的方差分析，结果表明，在最低难度任务上，年龄组的主效应非常显著（$F_{(2, 97)} = 7.36$，$p < 0.01$），具体表现为 3、4 岁组的得分显著低于 5 岁组；在中等难度任务上，即经典意外地点任务得分上，年龄组的主效应非常显著（$F_{(2, 97)} = 7.51$，$p < 0.01$），表现为 3、4 岁组的得分显著低于 5 岁组；最高难度任务上，年龄组主效应不显著（$F_{(2, 97)} = 0.06$，$p > 0.1$）。详见图9。

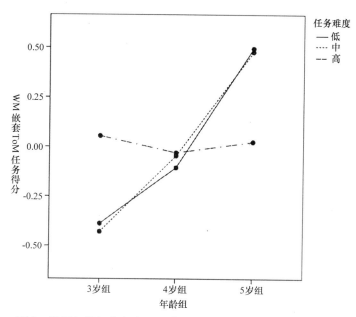

图9 不同年龄组儿童在 WM 嵌套 ToM 不同难度上的得分情况

（四）在 WM 嵌套 ToM 任务中，儿童抑制控制能力与心理理论任务得分的相关

从工作记忆广度和心理理论不同难度任务的相关矩阵来看（表17），儿童的工作记忆广度都与 WM 嵌套 ToM 任务的中低难度任务得分呈显著相关，而与最高难度心理理论任务无关。

表17　　WM 嵌套 ToM 任务中儿童工作记忆与心理理论在
各个年龄组的相关矩阵

		WMTOM1	TOM	WMTOM3
3 岁组	工作记忆广度	0.70 ***	0.44 *	0.14
4 岁组	工作记忆广度	0.60 ***	0.59 ***	− 0.05
5 岁组	工作记忆广度	0.56 **	0.49 **	0.13

注1：*，$p < 0.05$；**，$p < 0.01$；***，$p < 0.001$。

注2：WMTOM1 代表 WM 嵌套 ToM 任务的最低难度任务得分；TOM 代表 WM 嵌套 ToM 任务的中等难度任务，即经典意外地点任务得分；WMTOM3 代表 WM 嵌套 ToM 任务的最高难度任务得分。

（五）讨论

根据上一个研究的结果，本研究选取了抑制控制和工作记忆作为心理理论社会认知成分任务难度变化的对应因素。通过系统变化心理理论任务中的抑制控制难度和工作记忆难度，均发现儿童的心理理论任务得分仍旧呈现出随年龄变化而有显著提高的趋势，即3、4岁组的差异不显著，3、4岁组的得分显著低于5岁组，在4岁出现了发展的加速。这与研究二和以往研究的结果都是一致的。[①] 说明变化心理理论的任务难度并没有影响心理理论任务的测量效果，任务难度并不是影响心理理论水平的因素。

在通过增加提示数量降低抑制控制难度的嵌套条件下，发现在3岁组和5岁组自我调节的抑制控制能力与心理理论社会认知成分的相关依然存在。具体来说，在3岁组，共变关系体现在中等难度和最高难度任务上；而在5岁组，共变关系体现在最低难度和中等难度任务上。这说明对3岁儿童来说，中高难度的抑制控制水平上存在着个体差异，故与心理理论的个体差异存在共变，即二者存在真实联系。在最低难度任务中，由于抑制控制能力不发挥作用，二者的相关也就消失了。即3岁儿童在自我调节和心理理论水平上得分普遍偏低，少数儿童得分较高，因此共变是出现在中高级上。同样地，对5岁儿童来说，中低难度的抑制控制水平上是存在着个体差异的，也就是说5岁儿童的发展水平普遍较高，少数儿童的发展相对缓慢，因此个体差异是出现在中低级别的，故中低难度的抑制控制与心理理论任务之间才会存在共变。

系统变化工作记忆广度的嵌套条件下，三个年龄组的儿童都在中低难度任务上与其工作记忆广度出现了显著的相关，而无论是哪个年龄组的儿童都没有出现工作记忆与最高难度任务的相关。这一方面可能是工作记忆嵌套任务最高难度任务过难，甚至超出了5岁儿童的广度水平；另一方面说明，儿童的工作记忆广度和心理理论水平的个体差异是具有跨年龄一致性的，因此才会出现三个年龄组都存在显著相关的结果。

结合以上两种嵌套设计的结果可以认为，在控制了性别、年龄和任务难度等因素后，在自我调节与心理理论水平的相关关系中，认知—行为调节与社会认知成分的显著相关是真实有效的。

① Meltzoff A. N. , "Understanding the intentions old mind tasks decline in old age?", *British Journal of Psychology*, Vol. 93, No. 4, 2002.

三　结论

在控制了心理理论社会认知成分中抑制控制难度后，儿童心理理论社会认知成分的发展仍旧呈现随年龄增长而显著提高的趋势，即3、4岁儿童的心理理论社会认知成分发展水平显著低于5岁儿童。在控制了心理理论社会认知成分中工作记忆难度后，儿童心理理论社会认知成分的发展仍旧呈现随年龄增长而显著提高的趋势，即3、4岁儿童的心理理论社会认知成分发展水平显著低于5岁儿童。在控制了心理理论社会认知成分中抑制控制难度后，3岁组和5岁组儿童抑制控制能力和心理理论社会认知成分发展水平间的相关依然存在。在控制了心理理论社会认知成分中工作记忆难度后，三个年龄组的儿童工作记忆广度和心理理论社会认知成分发展水平间的相关依然存在。

第四章　总结与展望

第一节　总讨论与结论

一　总讨论

（一）自我调节构成成分及其相互关系

自我调节是个体有目的、有策略地对自身认知、情绪、动机和行为进行激活、控制、调整和维持的过程。调节的发出者是主我，调节的对象是物理世界和精神世界。调节所带来的动态平衡过程也就是机体在物理和心理上的适应过程。因此，个体的适应内容和涉及的领域即自我调节的构成成分。自我调节的构成成分划分方式非常多，既有如本研究总结的概念所指向的四成分说，也有如 Bodrova 等划分为社会和情绪自我调节（social - emotional self - regulation）与认知自我调节的传统二分法。[①] 相比较而言，Mischel 的冷热系统二分法[②]分类更加系统，划分依据也较为明确（见表1）。可见自我调节的划分方式依研究者采用的概念不同、研究领域不同（如气质研究或认知神经研究）和理论假说的不同，而有多种划分方式。本书从理论和数据驱动两个角度，采用因素分析技术，抽取出了自我调节的三个主要成分——认知—行为自我调节、情绪自我调节和需要动机自我调节能力。三个主成分的命名有以下几个原因。首先，在因素分析过程中，根据已有研究将因子数设定为 2—4 个。其次，根据测量指标和任务得分的取舍，发现第一个主成分包含的任务有白天—黑夜三个难度的任

---

①　Bodrova E. and Leong D. J. , "Self - regulation as key to school readiness: How early childhood teachers promote this critical competency", In Zaslow M. and Martinez - Beck I. , *Critical issues in early childhood professional development*, Baltimore: Paul H. Brookes Publishing, 2006.

②　Carlson S. M. , Moses L. J. and Hix H. R. , "The role of inhibitory processes in young children's difficulties with deception and false belief", *Child Development*, Vol. 69, No. 3, 1998.

务、倒序数字广度任务和慢画直线任务，它们分别测量的是抑制控制能力、工作记忆容量和手部动作调节能力（一种行为调节能力），基本上覆盖到了冷执行功能、努力控制的认知和行为层面，以及认知调节、行为调节的内容，因此将第一个成分命名为认知—行为自我调节能力。第二个主成分包括失望礼物程序中的消极维度得分、家长评定情绪调节能力核查表的不稳定性/消极得分，二者都是儿童消极情绪反应的指标，主要反映了儿童情绪方面的自我调节能力，因此将第二个成分命名为情绪自我调节能力。这一成分还反映出了一个重要的信息，即在3—5岁这一阶段，儿童的情绪调节能力是由其控制消极情绪表现的能力体现出来的，此时儿童还不能用积极情绪代替消极情绪反应。抽取的第三个主成分对应的是玩具延迟任务的三个延迟时间的成绩，玩具延迟任务代表的是典型的延迟等待能力，是儿童对自己需要的调节，属动机性调节，因此将第三个成分命名为需要动机自我调节能力。本书提出的三成分基本上与以往研究者对自我调节的界定是一致的，①②③④⑤ 支持了自我调节是一个多维度复杂结构的论断，并肯定了自我调节在个体心理的知、情、意、行四个层面的作用。事实上，自我调节的多成分、多领域特性也反映出了一个重要的信息，即以往心理学的研究是以领域作为研究主体的，但是从个体心理功能角度来看，心理功能是以问题为导向的，如为了完成一次自我调节，个体不仅要调整行为或认知任何一个单一的成分，而且必须是多成分协同调节才能达到效果。因此，自我调节的概念与构成成分就是一种问题导向型的研究思维，整合认知、情绪、动机以及社会性研究的成果，作用于个体发展问题。自我调节的三成分结果同时还表明，在个体适应环境的过程中，认

---

① Moilanen K. L., "The adolescent self – regulatory inventory：The development and validation of a questionnaire of short – term and long – term self – regulation", *Journal of Youth and Adolescence*, Vol. 36, No. 6, 2007.

② Rothbart M. K. and Bates J. E., "Temperament", In Damon W. and Eisenberg N., *Handbook of child psychology：Social, emotional, personality development*, New York：Wiley, 1998.

③ Baumeister R. F., Stillwell A. M. and Heatherton T. F., "Guilt：An interpersonal approach", *Psychological Bulletin*, Vol. 115, No. 2, 1994.

④ Calkins S. D. and Fox N. A., "Self – regulatory processes in early personality development：A multilevel approach to the study of childhood social withdrawal and aggression", *Development & Psychopathology*, Vol. 14, No. 3, 2002.

⑤ Karoly P., "Mechanisms of self – regulation：A systems view", *Annual Review of Psychology*, Vol. 44, No. 44, 1993.

知、情绪、动机和行为是密不可分的整体。如果说行为是结果，认知就是过程，而其中动机和情绪为心理过程提供了动力性支持，其中情绪的作用是要特别关注的。我们知道积极情绪有利于个体有效解决问题，消极情绪会降低工作效率，但这只是高强度情绪对认知和行为的影响。情绪与认知的关系是你中有我，我中有你的，任何一项认知活动缺少了情绪的参与，都会出现偏差。① 同样地，动机是行为结果的能动性因素。根据认知不协调理论和自我肯定理论，需要动机是能够影响个体的信息加工过程的。② 因此，自我调节的认知—行为自我调节能力、情绪自我调节能力和需要动机自我调节能力能够反映自我调节的主要内容，符合个体心理过程的运行机制。

本研究发现自我调节三大成分并没有出现跨年龄组的普遍联系，仅在3岁组出现了认知—行为调节与情绪调节间的联系，结果并不支持以往的理论假设③④和实证研究。⑤ 以往假设认为或以情绪调节为起点，或以认知调节为起点，自我调节的各成分间以抑制控制为连接，相互影响。目前最具系统性的一项实证研究已经证实了各成分间存在着联系，⑥ 但其他相关研究并没有得到普遍联系的证据。⑦ 但事实上，既不能根据已有实证研究，也不能根据本研究得出成分间是否存在联系的确实证据。这是因为，以往研究和本研究均未将抑制控制能力作为各成分的共同因素加以有效控制，即通过系统变化抑制控制水平来看它对于其他因素的影响，实现实验性的因果假设，而是将抑制控制作为认知调节的成分纳入分析中，没有建立起抑制控制与各成分间的联系。相关分析有较大的局限性，因为它不能

① Perner J., Leekam S. R. and Wimmer H., "Three‐year‐olds' difficulty understanding false belief: Representational limitation, lack of knowledge or pragmatic misunderstanding?", *British Journal of Developmental Psychology*, Vol. 5, No. 2, 1987.

② ［美］乔纳森·布朗：《自我》，陈浩莺译，人民邮电出版社2005年版。

③ Blair C., "School readiness: Integrating cognition and emotion in a neurobiological conceptualization of children's function at school entry", *American Psychologist*, Vol. 57, No. 2, 2002.

④ Kopp C. B., "Regulation of distress and negative emotions: A developmental View", *Developmental Psychology*, Vol. 25, No. 3, 1989.

⑤ Jahromi L. and Stifter C. A., "Individual differences in preschooler's self‐regulation and theory of mind", *Merrill‐Palmer Quarterly*, Vol. 54, No. 1, 2008.

⑥ Ibid..

⑦ Liebermann D., Giesbrecht G. F. and Müller U., "Cognitive and emotional aspects of self‐regulation in preschoolers", *Cognitive Development*, Vol. 22, No. 4, 2007.

确定变量间关系的因果联系，因此有必要通过实验法，系统变化抑制控制的难度，以探索成分间因果的关系。本研究发现，3 岁组存在认知—行为调节与情绪调节间的显著相关，证明自我调节各成分间不存在跨年龄组的共变关系。结合测量指标相关分析的结果，二者相关支持以往执行功能与情绪调节相关研究的结论。①②③

（二）自我调节成分的性别和年龄特点

本研究没有发现自我调节各成分及其对应的测量指标上存在任何的性别差异。其中，在认知—行为调节层面上，Kochanska 等人的研究发现儿童在学龄前阶段在放慢动作、抑制任务等方面表现出显著的性别差异，即女孩的认知—行为调节能力相对优于男孩。④⑤ 认知—行为调节能力的性别差异结论在以往研究中是相对一致的，但是本研究却未发现这一成分上的性别差异。在情绪和动机调节层面上，本研究没有发现性别差异。但值得注意的是，以往研究是存在一定的争议的。Weinberg 等人的研究发现早在 6 个月左右，女孩在情绪维持、注意匹配等情绪调节能力上强于男孩；⑥ 姚瑞纬等人对 3—5 岁儿童情绪能力的发展研究没有发现在情绪调节能力上的性别差异。有研究者认为，之所以会出现矛盾的结果，是因为成熟、气质和社会性因素等都可能会影响性别差异的产生。⑦ Sliverman 等的元分析结果表明女孩和男孩在各年龄段没有性别的差异，但是从整体上

---

① Carlson S. M. and Wang T. S. , "Inhibitory control and emotion regulation in preschool children", *Cognitive Development*, Vol. 22, No. 4, 2007.

② Hoeksma J. B. , Oosterlaan J. and Schipper E. M. , "Emotion regulation and the dynamics of feelings: A conceptual and methodological framework", *Child Development*, Vol. 75, No. 2, 2004.

③ Kieras J. E. , Tobin R. M. , Graziano W. G. and Rothbart M. K. , "You can't always get what you want: Effortful control and children's responses to undesirable gifts", *Psychological Science*, Vol. 16, No. 5, 2005.

④ Kochanska G. , Murray K. and Coy K. C. , "Inhibitory control as a contributor to conscience in childhood: from toddler to early school age", *Child Development*, Vol. 68, No. 2, 1997.

⑤ Kochanska G. , Murray K. , Jacques T. Y. , Koenig A. L. and Vandegeest K. A. , "Inhibitory control in young children and its role in emerging internalization", *Child Development*, Vol. 67, No. 2, 1996.

⑥ Weinberg M. K. , Tronick E. Z. , Cohn J. F. and Olson K. L. , "Gender differences in emotional expressivity and self – regulation during early infancy", *Developmental psychology*, Vol. 35, No. 1, 1999.

⑦ Raffaelli M. , Crockett L. J. and Shen Y. L. , "Developmental stability and change in self – regulation from childhood to adolescence", *The Journal of Genetic Psychology*, Vol. 166, No. 1, 2005.

来看女孩成绩稍好。[1] 杨丽珠等人对 3—5 岁儿童自我控制能力的研究却发现女孩在自我延迟满足任务上表现优于男孩。[2] 性别差异产生的原因是比较复杂的,一些研究者指出,教养方式和气质的交互作用导致性别差异的出现。[3][4] 还有的研究者发现,学龄前阶段男孩的成熟速度要落后于女孩。[5] 但之所以本书的实证研究未能发现性别差异,一方面在情绪调节和需要动机调节层面,本研究支持了以往研究未发现性别差异的结论,即在情绪和动机等热自我调节能力方面,可能由于教养方式或成熟等综合原因,男女确实不存在差异;另一方面在认知—行为调节层面,本研究的被试群体特性可能是造成性别差异不显著的直接原因。具体来说,首先,本研究选取的是 3—5 岁三个年龄段的儿童,与以往研究相比,被试年龄更加集中于学龄前阶段,因此反映的是学龄前儿童跨年龄的一种总体性别差异。以往研究较多采用的是单一年龄组内的性别差异比较,因此年龄组间的性别差异和与年龄变化相关的其他因素引起的性别差异等都可能会干扰本研究性别差异的结果。其次,本研究被试全部来自同一所大学附属幼儿园,因此被试的家庭环境、父母社会经济地位以及教养方式等具有一定的同质性,后天因素同质性高可能对儿童调节能力产生了影响。

本研究发现,在自我调节的各成分和所有测量指标上,除行为调节的慢走直线和低语任务外,均发现了不同年龄间的显著差异,即 3 岁儿童在各种自我调节能力上水平均低于 5 岁儿童的水平。这与以往关于儿童冷执

① Silverman I. W., "Gender Differences in Delay of Gratification: A Meta – Analysis", *Sex Roles*, Vol. 49, No. 9, 2003.

② 杨丽珠、宋辉:《幼儿自我控制能力发展的研究》,《心理与行为研究》2003 年第 1 卷第 1 期。

③ Kochanska G., Murray K. and Coy K. C., "Inhibitory control as a contributor to conscience in childhood: from toddler to early school age", *Child Development*, Vol. 68, No. 2, 1997.

④ Kochanska G., Murray K., Jacques T. Y., Koenig A. L. and Vandegeest K. A., "Inhibitory control in young children and its role in emerging internalization", *Child Development*, Vol. 67, No. 2, 1996.

⑤ Else – Quest N. M., Hyde J. S., Goldsmith H. H. and Van Hulle C. A., "Gender differences in temperament: A meta – analysis", *Psychological Bulletin*, Vol. 132, No. 1, 2006.

行功能①②③④⑤⑥、努力控制能力⑦、情绪调节能力⑧和延迟满足能力⑨的发展研究结果是一致的。Benson 认为，自我调节是儿童期早期的一个关键性、标志性的发展成就。⑩ 自我调节与执行功能在功能、测量指标和任务上有较高的重合。本研究认为，指向自我的执行功能在功能上基本等同于自我调节。因此，二者也可能共享大部分功能性脑区。执行功能的功能脑区主要是前额叶，前额叶的发展相对缓慢，一直要到成年初期才能够完全成熟，但是已有研究发现前额叶在学龄前阶段的发展是非常迅速的。因此，自我调节在儿童期早期如此快速的发展是有其生理发育的原因的。依据 Kopp 对自我控制和自我调节在婴幼儿时期发展的研究，⑪ 可以看到自我调节能力是在儿童元认知、反省等能力进一步成熟的条件下才得以发展起来的。⑫ 根据 Demetriou 的经验结构式认知发展理论，⑬ 儿童在 3—5 岁

---

① Rothbart M. K. and Posner M. I., "Temperament and the development of self regulation", In Hartledge H. and Telzrow C. R., *Neuropsychology of Individual Differences*, New York: Plenum, 1985.

② Kieras J. E., Tobin R. M., Graziano W. G. and Rothbart M. K., "You can't always get what you want: Effortful control and children's responses to undesirable gifts", *Psychological Science*, Vol. 16, No. 5, 2005.

③ 廖渝、吴睿明、Zelazo P. D.：《意外地点任务中不同测试问题及意图理解与执行功能的关系》，《心理学报》2006 年第 38 卷第 2 期。

④ Cole P. M., "Children's spontaneous expressive control of facial expression", *Child Development*, Vol. 57, No. 6, 1986.

⑤ Blair C. and Razza R. P., "Relating effortful control, executive function, and false - belief understanding to emerging math and literacy ability in kindergarten", *Child Development*, Vol. 78, No. 2, 2007.

⑥ 郑红兰、李红：《简述延迟满足与执行功能、心理理论的关系》，《贵州师范大学学报》（社会科学版）2005 年第 6 期。

⑦ Karniol and Miller, "The development of self control in children", In Brehm S., Kassin S. and Gibbons F., *Developmental Social Psychology*, Oxford: Oxford University Press, 1981, pp. 32 - 50.

⑧ McCabe L. A., Hernandez M., Lara S. L. and Brooks - Gunn J., "Assessing preschoolers' self - regulation in homes and classrooms: Lessons from the field", *Behavioral Disorders*, Vol. 26, No. 1, 2000.

⑨ 王慧：《珠心算对儿童自我调节能力的影响》，硕士学位论文，东北师范大学，2009 年。

⑩ Benson P., *Teaching and Researching Autonomy in Language Learning*, Harlow: Longman/Pearson Education, 2001.

⑪ Kopp C. B., "Antecedents of self - regulation: A Developmental Perspective", *Developmental Psychology*, Vol. 18, No. 2, 1982.

⑫ Flavell J. H., *Cognitive development*, Englewood Cliffs, N. J: Prentice - Hall, 1977.

⑬ 王元、张向葵：《走向整合的智力研究——Demetriou 的经验结构式认知发展理论述评》，《心理科学进展》2008 年第 16 卷第 6 期。

正处于从原表征向整合性表征发展的时期，此时表征从已有的单一表征区组发展为多表征、多操作协同的状态，儿童具有了同时表征外部与协调自身反应的能力，这极大地促进了儿童调节能力的发展，也为儿童自我作为调节发出者提供了必要的心理基础。

（三）心理理论两成分的发展特点与相互关系

根据心理理论两成分理论，心理理论包括社会认知和社会知觉两个成分，二者在与其他认知能力的关系、发展时序、功能性脑区和病理性损伤研究等方面都有明显的区别。本研究发现，两成分在3—5岁期间均随年龄增长而有显著的变化，但年龄间的变化稍有不同。具体来说，3岁组和4岁组儿童在心理理论社会认知成分上的水平接近，但显著低于5岁组儿童，这支持了以往研究提出的4岁是获得一级心理理论之错误信念理解能力关键期的论断。[1] 而在社会知觉成分上，三个年龄组间都是水平显著递增的趋势，符合以往情绪理解发展研究的结果。[2][3][4] 两成分在发展程度上没有差异，说明在学龄前期儿童对认知性和情绪性心理状态的理解能力都是相对平衡的。儿童在3—4岁已经能够表征内部和外部世界，即形成自我，并认识到外部环境对心理表征的影响。此时，诸如执行功能、言语能力等因素的发展在一定程度上触动了心理理论水平的提高。更为重要的是，这一时期儿童开始接受系统教育，外界刺激以系统的、有序的和符合儿童身心特点的状态施加给儿童，环境刺激的有效性进一步提高；这一时期多数儿童进入幼儿园，他们在幼儿园不仅能够接受系统的教育，更为重要的是，增加了社会互动的机会，他们与成人、同伴间的接触更加密切。这都给儿童更多了解他人心理状态的机会。事实上，心理理论能力的提高与社会互动的关系是非常密切的。[5]

---

① Meltzoff A. N. , "Understanding the intentions old mind tasks decline in old age?", *British Journal of Psychology*, Vol. 93, No. 4, 2002.

② Denham S. A. , Blair K. A. , DeMulder E. , Levitas J. , Sawyer K. , Auerbach – Major S. and Queenan P. , "Preschool emotional competence: Pathway to social competence?", *Child Development*, Vol. 74, No. 1, 2003.

③ 王桂琴等：《儿童心理理论的研究进展》，《心理学动态》2001年第9卷第2期。

④ Denham S. A. and Couchoud E. A. , "Young preschoolers' ability to identify emotions in equivocal situations", *Child Study Journal*, Vol. 20, No. 3, 1990.

⑤ 陈英和、姚端维、郭向和：《儿童心理理论的发展及其影响因素的研究进展》，《心理发展与教育》2001年第3期。

　　本研究通过考察三个年龄段儿童在两成分上的通过率，探讨二者发展的先后问题，结果支持 Wellman 等人的研究结论，即二者在发展水平上是一致的。[①] 但是本研究的结果并不支持两成分理论的发展时序观点。该理论认为儿童的社会知觉成分发展要早于社会认知成分。[②] 但由于本研究并没有找到社会知觉成分的"从无到有"或发展的加速点，因此还不能就此得出二者是平行发展的结论。在后面的研究中，我们将通过增加心理理论任务类型和扩大被试年龄取样范围，如 2—6 岁，进一步验证本研究的结论。

　　本研究没有发现心理理论社会认知成分和社会知觉成分间的相关关系，这与以往研究情绪理解与心理理论关系的研究结论是矛盾的，[③④⑤⑥⑦] 但支持基于心理理论两成分理论的研究结果。[⑧] 从心理理论两成分理论的角度来说，二者不相关意味着两个成分是相对独立的，是心理理论的不同性质的成分，这一结论是合理的。同时，阿斯伯格综合征（Asperger syndrome）患者能通过心理理论社会认知成分测验却无法通过社会知觉成分测验的独特现象，也说明二者是分离且相互独立的。以往发现情绪理解和心理理论存在真实联系的研究与本研究选取的社会知觉成分任务不同。本研究采用的是基于信念和愿望的情绪理解任务，其任务难度与错误信念任务相匹配，且任务内容和结构都是类似的，因此能说明在同一信念理解的

　　① Wellman H. M. and Bartsch K. ，"Young children's reasoning about beliefs"，*Cognition*，Vol. 30，No. 3，1988.

　　② Farrant A. ，Boueher J. and Blades M. ，"Meta – memory in children with Autism"，*Child Development*，Vol. 70，No. 1，1999.

　　③ 陈英和、崔艳丽、王雨晴：《幼儿心理理论与情绪理解发展及关系的研究》，《心理科学》2005 年第 28 卷第 3 期。

　　④ Huges C. and Dunn J. ，"Understanding mind and emotion：longitudinal associations with mental – state talk between young friends"，*Developmental Psychology*，Vol. 34，No. 5，1998.

　　⑤ Alexandra L. ，Cutting and Dunn J. ，"Theory of mind，emotion understanding，language，and family Background：individual differences and interaction"，*Child Development*，Vol. 70，No. 4，1999.

　　⑥ Dunn J. ，"Children as psychologists：The later correlates of individual differences in understanding of emotions and others minds"，*Cognition and Emotion*，Vol. 9，No. 2 – 3，1995.

　　⑦ Astington J. W. and Jenkins J. M. ，"A longitudinal studay of the relation between language and theory – of – mind development"，*Developmental Psychology*，Vol. 35，No. 5，1999.

　　⑧ Wellman H. M. and Bartsch K. ，"Young children's reasoning about beliefs"，*Cognition*，Vol. 30，No. 3，1988.

过程中，认知和情绪的相互独立性。

（四）自我调节各成分与心理理论两成分间的关系

本研究设定了心理理论的两个成分与自我调节的三成分分别求相关关系。结果发现，认知—行为调节与社会认知成分相关显著，这支持了以往的研究结论。[①] 结合后面自我调节各测量指标与心理理论两成分的相关分析结果，发现其中主要还是抑制控制和工作记忆与社会认知成分存在关联。根据以往研究可知，单独的抑制控制能力或单独的工作记忆能力都不足以说明认知—行为调节与社会认知成分的关系，[②] 本研究采用因素分析抽取的认知—行为调节成分能够代表抑制控制和工作记忆能力的一种混合成分。因此，可以得到如下结论，自我调节与心理理论社会认知成分是通过抑制控制和工作记忆两个因素建立联系的。根据执行功能假说，这两个因素是作用于概念形成的过程，最终影响心理理论社会认知成分。[③] 本研究还发现，情绪调节与社会知觉成分的相关非常显著。这与以往情绪调节与情绪理解关系研究的结论是一致的。[④][⑤][⑥] 情绪理解和情绪调节都是情绪能力，是情绪的两大主要功能。它们分别起到了对信息的解释和适应环境的作用。情绪理解能力保证了个体能够正确解读环境中的情绪性信息，而情绪调节能力则是个体能动地调整内外部的情绪性平衡。从这个意义上来看，二者的关系方向是不明确的，但二者却都服从于情绪适应性功能这一基本前提。虽然以往有关于执行功能与社会认知成分关系、情绪调节与情绪理解关系的研究，但将这些因素置于自我调节对社会认知发展影响的框架下的研究还是不多见的，本书的特色正在于此。

①　Jahromi L. and Stifter C. A.，"Individual differences in preschooler's self – regulation and theory of mind"，*Merrill – Palmer Quarterly*，Vol. 54，No. 1，2008.

②　Carlson S. M.，Moses L. J. and Breton C.，"How specific is the relation between executive function and theory of mind? Contributions of inhibitory control and working memory"，*Infant and Child Development*，Vol. 11，No. 2，2002.

③　Moses L. J.，"Executive accounts of theory of mind development"，*Child Development*，Vol. 72，No. 3，2001.

④　Denham S. A.，Blair K. A.，DeMulder E.，Levitas J.，Sawyer K.，Auerbach – Major S. and Queenan P.，"Preschool emotional competence: Pathway to social competence?"，*Child Development*，Vol. 74，No. 1，2003.

⑤　Tager – Flusberg H. and Sullivan K.，"A componential view of theory of mind: evidence from Williams syndrome"，*Cognition*，Vol. 76，No. 1，2000.

⑥　Malatesta – Magai C. Z. and Haviland M.，"Learning display rules: The socialization of emotion expression in infancy"，*Child Development*，Vol. 53，No. 53，1992.

　　虽然得到了二者联系的结果，但是由于本研究的研究设计与以往研究采用的都是相关设计，不可避免地会出现对相关可靠性的质疑。在相关分析中，研究者关心的是两个变量的共变关系。每个变量的变异既有来自个体内部的个体差异，也有来自性别、年龄等遗传、成熟因素的影响，更有来自测量任务本身的任务难度的外部变异。因此，为了确定相关的真实性，有必要控制来自遗传、成熟和外部的种种无关变异。循着这样的思路，本研究根据自我调节各成分对应测量指标与心理理论两成分的相关分析结果，发现抑制控制和工作记忆两个指标与社会认知成分的相关具有跨年龄一致性，因此选择了抑制控制、工作记忆和心理理论社会认知成分三个因素完成下一步的实验控制。在控制心理理论任务中的抑制控制难度的任务设计中，通过逐渐增加提示数量的办法，改变了其中抑制控制难度的等级，从结果上来看，三个难度的任务都反映出儿童的心理理论变化趋势，并没有影响对心理理论能力的侦测敏感性。另外，抑制控制与 IC 嵌套 ToM 任务的相关也表明，系统变化任务难度后，自我调节和心理理论社会认知成分关系依然存在，即二者相关是由于儿童在自我调节和心理理论社会认知成分上的个体差异共变关系引起的。在控制心理理论任务中的工作记忆难度的任务设计中，通过改变儿童需要记忆的放置物品地点（1—3），改变了其中的记忆组块数，结果发现除三个地点的最高难度无法反映儿童的心理理论变化趋势外，其余两个任务都能测量到儿童的年龄变化。工作记忆与 WM 嵌套 ToM 任务的相关在三个年龄组都非常显著，这再次表明，自我调节与心理理论社会认知成分的相关是二者个体差异共变形成的。

　　综合分组相关、嵌套任务设计的结果，研究结果显示，3—5 岁儿童自我调节的认知—行为调节能力与心理理论社会认知成分间存在着密切的联系；自我调节的情绪调节能力与心理理论社会知觉成分间存在着密切的联系。

　　（五）本研究存在的不足

　　本研究的取样范围较小，没有控制儿童的家庭社会经济地位、父母文化程度等因素。在测量任务取样上，由于时间和实验场地的局限没有将诸如礼物延迟、Stroop 任务等纳入进来，在一定程度上可能影响了自我调节成分抽取的准确性。心理理论任务的任务取样也较少，每个成分仅有一项任务，在以后的研究中需要增加任务量，采用因素分析方式，验证心理理论两成分模型。本研究的嵌套任务中工作记忆嵌套任务是自主设计的，但从结果来看，难度的设计还需调整。应将以地点作为组块的设计调整为以故事典型特征为组块，同时如果能在控制工作记忆的同时，嵌套抑制控制难度就更为理想了。事实上，本研究还设计了以提问形式出现的延迟满足嵌套 ToM 任务，但由于研究三中并未发现需要动机调节与心理理论认知成分间的相关，因此没有将这部分结果纳入进来。希望在后续的研究中，能设计延迟满足难度嵌套 ToM 社会知觉任务的实验，考察社会知觉能力与自我调节相关的可靠性。

二 结论

针对本研究的被试和测量指标、测量任务取样条件，自我调节包括三个主要的构成维度：认知—行为自我调节、情绪自我调节和需要动机自我调节。

认知—行为自我调节能力包含的测量指标有抑制控制能力、工作记忆广度和手部动作的行为调节能力；情绪自我调节能力以儿童消极的情绪反应为代表性指标；需要动机调节能力主要包括代表延迟等待能力的测量指标。

本研究未发现自我调节各成分及其测量指标存在性别差异。

自我调节各成分及其测量指标在儿童 3—5 岁这一阶段表现为随着年龄的增长而有显著的提高，即 3 岁儿童的自我调节水平显著低于 5 岁儿童的自我调节能力水平。

儿童在 3 岁时认知—行为调节能力与情绪调节能力呈显著正相关。

心理理论的社会认知和社会知觉成分都随年龄的增长，发展水平有显著的提高。具体表现为 3 岁儿童的心理理论水平显著低于 5 岁儿童的水平。

儿童在心理理论两成分上的通过率无显著差异，且存在跨年龄的一致性。

社会认知和社会知觉成分是相互独立的两个心理理论构成成分，二者之间不存在显著相关。

5 岁儿童的认知—行为自我调节能力与其心理理论社会认知发展水平相关显著；情绪自我调节能力与其心理理论社会知觉发展水平相关显著。

在控制了心理理论社会认知成分中抑制控制的难度后，儿童心理理论社会认知成分的发展仍旧呈现随年龄增长而显著提高的趋势，即3、4岁儿童的心理理论社会认知成分发展水平显著低于5岁儿童。

在控制了心理理论社会认知成分中工作记忆的难度后，儿童心理理论社会认知成分的发展仍旧呈现随年龄增长而显著提高的趋势，即3、4岁儿童的心理理论社会认知成分发展水平显著低于5岁儿童。

在控制了心理理论社会认知成分中抑制控制的难度后，3岁组和5岁组儿童抑制控制能力和心理理论社会认知成分发展水平间的相关依然存在。

在控制了心理理论社会认知成分中工作记忆的难度后，三个年龄组的儿童工作记忆广度和心理理论社会认知成分发展水平间的相关依然存在。

第二节 自我调节研究的新取向

自我调节对心理理论发展的影响，从一个侧面反映了自我调节在个体心理发展乃至人生发展中的重要地位和作用。在自我调节的近期研究中，可以发现针对自我调节中的冷自我调节，即执行功能的训练成为新的"热点"。这一章正是笔者在结束了自我调节对心理理论发展影响的系列研究之后，对其训练和干预研究的总结与梳理，以期引发新的思考。在执行功能的训练研究中，体育训练对执行功能的影响是目前的"热中之热"，笔者仍以本书的研究主体——3—6岁儿童为执行功能训练的主体，来展开对体育训练和执行功能关系的论述。

党的十八大以来，党中央、国务院将体育运动发展摆在了非常突出的位置。习近平总书记强调："体育是社会进步和人类进步的重要标志，是综合国力和社会文明程度的重要体现。体育在提高人民身体素质和健康水平、促进人的全面发展，丰富人民精神文化生活，推动经济社会发展，激励全国各族人民弘扬追求卓越、突破自我的精神方面，都有着不可替代的作用。"《国家中长期教育改革和发展规划纲要（2010—2020年）》特别强调，实现素质教育，促进个体全面发展，必须加强体育教学的质量。可见，国家已经从培养个体全面发展的角度，重视体育运动所发挥的作用。那么，体育运动在早期的个体全面发展中是否有同样的重要作用呢？《幼儿园教育指导纲要》明确提出："幼儿园教育应当贯彻国家的教育方针，坚持保育与教育相结合的原则，对幼儿实施体、智、德、美诸方面全面发展的教育，全面落实《幼儿园工作规程》所提出的保育教育目标。"这表明，在幼儿园教育阶段，体育运动引领着个体的全面发展，是各类教育的排头兵。

执行功能是一种适应性的目标指向行为，能使个体在完成复杂认知任务时，协调各种资源，控制系统完成各种加工。[①] 其核心成分包括抑制控制、工作记忆。抑制控制的功能是抑制优势反应、抵制诱惑和保持注意力；工作记忆则类似于一个临时的"心理工作平台"，个体通过这个平台完成对信息的暂时储存和实时操作处理。执行功能是一个比智力更具预测力的因素，它既能影响个体发展序列近端的成就因素（如学业成绩），又能有效预测远端的个体成年后的健康情况、社会经济地位等。[②] 因此，在个体执行功能迅速发展的时期，适当的干预训练，能够提升个体执行功能的发展水平，进而促进其全面发展。在众多干预执行功能的方法中，体育运动逐渐进入研究者的视野。[③④] 体育运动（Exercise）是为了维持和提高体能而有计划并重复进行的身体活动。大量动物实验证明，体育运动能够提升受试动物的注意、学习等与执行功能密切相关的能力。[⑤] 但目前针对人类被试，特别是执行功能发展极其迅速的幼儿群体的实证研究还比较缺乏。因此，有必要关注幼儿的执行功能受到体育运动训练的影响情况。因此可以推断，体育训练项目能够促进其执行功能的发展。

研究发现，执行功能的两个核心成分抑制控制和工作记忆的发展加速期在幼儿期至儿童期这个阶段。具体来说，抑制控制发展的加速期在3—

① Perner J. and Lang B., "Development of theory of mind and executive control", *Trends in Cognitive Sciences*, Vol. 3, No. 9, 1999.

② Moffitt T. E., Arseneault L. and Belsky D., et al., "A gradient of childhood self – control predicts health, wealth, and public safety", *Proceedings of the National Academy of Sciences*, Vol. 108, No. 7, 2011.

③ Hillman C. H., Pontifex M. B., Raine L. B., Castelli D. M., Hall E. E. and Kramer A. F., "The effect of acute treadmill walking on cognitive control and academic achievement in preadolescent children", *Neuroscience*, Vol. 159, No. 3, 2009.

④ 陈爱国、殷恒婵、颜军、杨钰：《不同强度短时有氧运动对执行功能的影响》，《心理学报》2011年第43卷第9期。

⑤ Neeper S. A., Góauctemezpinilla F. and Choi J., et al., "Exercise and brain neurotrophins", *Nature*, Vol. 373, No. 6510, 1995.

5岁，工作记忆在5岁后开始快速发展。[1] 目前，许多执行功能干预研究年龄取样为儿童期早期（小学低年级）、青少年期和成年期。[2] 学龄前期的干预研究数量明显少于其他阶段。已有儿童执行功能干预研究可归为六类干预方法（表18）。[3] 计算机训练开展得最多也最早，但对抑制控制的干预效果较差，对工作记忆的干预效果和迁移效果相对较好。武术和正念训练的干预效果虽好，但从效果量大小来看，比较适合于小学儿童及年龄更大的被试。幼儿园活动方案和一些国家级干预项目的干预效果较好，但很难明确究竟是干预方案中的哪些成分影响了个体执行功能的变化，因此重复验证和推广需特别慎重。

表18　　　　　　　　　　　六种干预方法及其效果

干预方式	干预对象	干预效果	迁移效果	明显改善的 EF 成分
计算机训练	幼儿—老年人	一般	差	工作记忆
计算机和非计算机混合游戏	幼儿—老年人	一般	差	工作记忆
武术与正念练习	小学生—老年人	较好	较好	工作记忆、抑制控制
幼儿园活动方案	幼儿	较好	较好	工作记忆、抑制控制
国家干预项目	幼儿—青少年	较好	较好	工作记忆、抑制控制
体育运动	幼儿—老年人	较好	较好	工作记忆、抑制控制

　　体育运动干预研究的被试，无论是儿童、青少年还是存在认知缺陷（如阿尔茨海默病）的老人，产生的干预效果都非常明显。[4] 动物实验显示，体育运动对执行功能相关的心理因素的改善主要通过三个重要途径：

---

[1] Best J. R., Miller P. H. and Jones L. L., "Executive functions after age 5: changes and correlates", *Developmental Review*, Vol. 29, No. 3, 2009.

[2] Diamond A. and Lee K., "Interventions shown to aid executive function development in children 4 – 12 years old", *Science*, Vol. 333, No. 6045, 2011.

[3] Ibid. .

[4] Ratey J. J. and Hagerman E., "Spark: The revolutionary new science of exercise and the brain", *Illinois Journal for Health Physical Education Recreation & Da*, Vol. 59, No. 8, 2008.

一是通过平衡谷氨酸盐、γ-氨基丁酸和血清素等神经递质，促进神经细胞的连接，以增强连通新信息的能力；二是提高海马中的 BDNF 水平，激发神经细胞的生长，以提高学习速度；三是提高小脑、前额叶皮层和海马等脑区激活水平，激发大脑记录和处理新信息的潜能。[①] 简单来说，就是体育运动通过提高血流量、供氧量，改善与个体神经电传导相关的生化过程，提高个体调控行为和情绪的能力，增强个体实时信息储存和加工的水平。例如，一次 30 分钟中等强度的有氧运动，就能够提高大学生的执行功能水平。[②]

但目前较有影响的体育运动干预方案，关注的焦点还停留在操纵训练项目类型、训练持续时间和强度，以及改善不健康群体（ADHD 儿童或阿尔茨海默病患者）认知水平的层面，并没有深入分析体育运动中抑制优势反应或集中注意力等抑制控制成分的参与情况，如手—眼—脚协调等；也没有关注个体是否在运动中运用了实时加工和存储信息的能力，如篮球运动中记忆、分析球员跑动位置和下一步运动方位等问题。而这些正是个体在体育运动中运用抑制控制、工作记忆最直接的体现，是可以在训练中加以操纵的有意义指标。从体育学成果的应用情况来看，在操纵自变量的层面，已有干预方案没有引入如间歇训练法（interval training）等有效提高运动成绩的训练程序。[③]

年龄取样和干预目的的变化趋势：取样从以老年人、有疾患的成年人和特殊儿童为主转向关注健康儿童，关注低龄群体（如儿童）；干预目的从扶助弱势群体、修复发展问题转向关注个体积极心理发展与毕生发展。[④] 干预方法的变化趋势从实验室训练走向生态化训练。早期干预原则是"测量什么，训练什么"，将各种执行功能任务范式改编成计算机操作的训练任务；现今的干预研究既有加入认知成分的正念训练，又有关注积

① Ratey J. J. and Hagerman E., "Spark: The revolutionary new science of exercise and the brain", *Illinois Journal for Health Physical Education Recreation & Da*, Vol. 59, No. 8, 2008.

② 陈爱国等：《不同强度短时有氧运动对执行功能的影响》，《心理学报》2011 年第 43 卷第 9 期。

③ Thorell L. B., Lindqvist S., Nutley S. B., Bohlin G. and Klingberg T., "Training and transfer effects of executive functions in preschool children", *Developmental Science*, Vol. 12, No. 1, 2009.

④ Diamond A. and Lee K., "Interventions shown to aid executive function development in children 4 - 12 years old", *Science*, Vol. 333, No. 6045, 2011.

极情绪、研究生态学效度的幼儿园活动方案等。①② 体育运动干预研究的变化趋势：从短时、单次、单项运动（如一次 30 分钟的长跑训练）转向挖掘体育运动的活动规律（如注重手—眼—脑协调、手—脚—脑协调）；从单独训练个体扩展到团体项目（如篮球、体育舞蹈）训练；③④ 从主要研究儿童、青少年体育教育和锻炼向探索幼儿体育运动及体育游戏发展。⑤

　　体育运动脑功能研究的新趋势：有氧运动主要调动的是与运动和视觉空间能力相关的双侧后扣带回皮层、左侧背外侧前额叶等脑区。⑥ 有研究发现，音乐训练可以调动的是与言语能力相关的颞横回、布罗卡区和威尔尼克区等区域。将音乐和动作结合起来，训练所影响的大脑皮质区域可能更为广泛，能够引发的迁移效应等也可能会更大。⑦

---

① Moffitt T. E., Arseneault L. and Belsky D., et al., "A gradient of childhood self – control predicts health, wealth, and public safety", *Proceedings of the National Academy of Sciences*, Vol. 108, No. 7, 2011.

② Diamond A., "Effects of physical exercise on executive functions: going beyond simply moving to moving with thought", *Annals of Sports Medicine & Research*, Vol. 2, No. 1, 2015.

③ 蒋长好、陈婷婷：《有氧锻炼对执行控制和脑功能的影响》，《心理科学进展》2013 年第 21 卷第 10 期。

④ 陈爱国等：《不同强度短时有氧运动对执行功能的影响》，《心理学报》2011 年第 43 卷第 9 期。

⑤ Diamond A., "Effects of physical exercise on executive functions: going beyond simply moving to moving with thought", *Annals of Sports Medicine & Research*, Vol. 2, No. 1, 2015.

⑥ Ratey J. J. and Hagerman E., "Spark: The revolutionary new science of exercise and the brain", *Illinois Journal for Health Physical Education Recreation & Da*, Vol. 59, No. 8, 2008.

⑦ Lobo B. and Winsler A., "The effects of a creative dance and movement program on the social competence of head start preschoolers", *Social Development*, Vol. 15, No. 3, 2006.

附　　录

1. 自我调节——情绪调节家长核查表（部分题目）

儿童姓名：　　　　　　所在班级：　　　　　编号：

填写人与儿童关系：父亲□　　　　　母亲□　　　　其他□

尊敬的家长：

您好！感谢您抽出宝贵的时间参与这项活动！

这是一份关于您的孩子平时行为表现的调查问卷。所有调查信息将严格保密，不会用于任何商业用途。请您认真阅读左侧的句子，并根据孩子平时的表现，在右侧符合该行为出现频率的数字上画"○"。请参考下面的例子作答：

　　　　　　　　　　　　　　　　从不　偶尔　经常　总是

例：他（她）和小朋友一起玩，很开心。

　　　　　　　　　　　　　　　1－－－2－－－3－－－4

- -

　　　　　　　　　　　　　　　　从不　偶尔　经常　总是

他（她）是个快乐的孩子。

　　　　　　　　　　　　　　　1－－－2－－－3－－－4

情绪波动很大（情绪变化很快，刚才还很高兴，一下就显得不高兴了）。

　　　　　　　　　　　　　　　1－－－2－－－3－－－4

容易灰心丧气。

　　　　　　　　　　　　　　　1－－－2－－－3－－－4

小朋友对他（她）友好，他（她）也会友好。

　　　　　　　　　　　　　　　1－－－2－－－3－－－4

很容易一下子就生气了。

$$1---2---3---4$$

能都做到为了得到更好的礼物而放弃眼前的小礼物。

$$1---2---3---4$$

缠着大人或者令人烦躁。

$$1---2---3---4$$

容易忽然变得很兴奋、兴高采烈的。

$$1---2---3---4$$

被大人放在小屋子或小空间里会生气。

$$1---2---3---4$$

看上去不高兴或无精打采。

$$1---2---3---4$$

想跟别人玩的时候，过分兴奋或过分活跃。

$$1---2---3---4$$

没有什么情绪表现（没有表情、表情空洞）。

$$1---2---3---4$$

同情别人；在别人苦恼或难过的时候能表示关心。

$$1---2---3---4$$

2. 自我调节任务——抑制控制任务——白天—黑夜任务

3. 自我调节任务——低语任务

4. 自我调节任务——表情识别任务——男女四种表情共八张图片

悲伤—女   悲伤—男

快乐—女   快乐—男

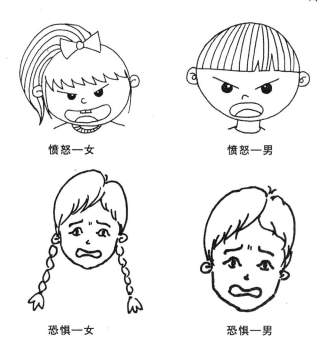

愤怒—女　　　　　　　　　愤怒—男

恐惧—女　　　　　　　　　恐惧—男

5. 自我调节——失望礼物程序——三类礼物

6. 自我调节——今天—明天任务——两类礼物

小蜜蜂橡皮　　　　　　　　小老虎挂件

7. 自我调节——糖果（玩具）延迟任务

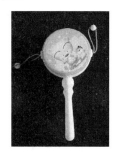

玩具　　　　　　　　　　　替代铃铛的拨浪鼓

8. 心理理论任务——经典意外地点任务（男孩版）

9. 心理理论任务——IC 嵌套意外地点任务——最低难度任务（男孩版）

10. 心理理论任务——WM 嵌套意外地点任务——最低和最高难度任务（女孩版）

最低难度任务

最高难度任务

后　记

夜深了，周围渐渐沉静下来，一切细小的响动都能够轻易地被觉察出来，包括内心。我自己很喜欢深夜写些什么，这时的文字踏实而静谧。

客观地说，这篇文字前的诸多文字中是充满了遗憾的。于是在准备毕业的时间里，都在思考着、努力着降低这种抱憾的情绪，尽管有过很大的焦虑，但是自己是如此的幸运，得到了许多许多人无私的帮助。虽然有缺憾，但是这个过程中我收获的更多，体会到了弥足珍贵的幸福。猜想，在这里是可以向众人展示这种幸福的。

有一种幸福来自我的父母。一路上冷暖他们陪我分担，快乐与我共享，包容我的一切，为我最大限度地营造快乐学习的氛围。他们给予我的是生命的幸福，谢谢你们，我最亲爱的爸爸妈妈，今后的岁月我会努力让我们的家庭更加幸福。

有一种幸福来自我的一位老师。那个早在 2001 年惊鸿一瞥的背影，竟一路点拨一路呵护我走过了七年的求学之路。我的老师，张向葵教授，以她的行动教会了我做一个坚强、独立、勇敢的知识女性，以她的睿智启迪了我走上求真求实的科学之路，以她的博大包容了我的成长，以她的乐观赋予了我力量。谢谢您，我的老师。一路走来，一路向前，一路风雨，一路精彩，谢谢您一路与我们同行。谢谢您，我的老师。

有一种幸福来自我的许多老师。

谢谢你，孙燕老师，她在我人生中第一段最艰难的时期以高度的责任感为我撑起了一片希望，正是孙老师的付出才改变了我曾经曲折的命运，谢谢您，我的老师，不论走到那里，我永远是您的学生。

谢谢张嘉玮老师和盖笑松老师。2004 年的春天，发生了许多事情，但是对 2000 级心理班的同学来说，最难忘的就是认识了一位慈爱的长者和一位博学的青年老师。谢谢您，张老师，您教会我们的不仅是知识更是修身为善的人生箴言，您的人格魅力多年来一直深深地影响着一代又一代的学生，愿您更加健康。谢谢您，盖老师，您曾进入我的严师排行榜前三名，作为与我们年龄接近的老师，您的博学令人敬佩，但您乐学求真的生活态度，才是许多人毕生无法获得的。以您为榜样的学习工作充满了乐趣，相信这是您乐于听到的。谢谢您在我陷入困境时的无私帮助，谢谢您的鼓励，我会更加努力，做一名合格的乐学求实的科研工作者。

谢谢您，马文卿老师。认识您是一件幸福的事情，您有着西方学者的轻松与朴实，您有着师长的无私与宽容，您有着小母亲的可爱与紧张。您让我爱上了统计学，这是件不可思议的事情。谢谢您为我打开了一扇已经关闭的窗，未来我会努力让窗子透进来空气与阳光。

谢谢心理系的各位老师，张明老师、刘晓明老师、刘秀丽老师、缴润凯老师、路海东老师、姜英杰老师、陈宏老师，谢谢你们多年的培养和无私的帮助，我的成长是各位老师共同培养的结果，你们永远是我尊重爱戴的老师。

还有一种幸福来自手足。很幸运能够认识这么多的兄弟姐妹。谢谢我的潘颖姐姐和她的家人，我永远记得繁重的实验任务中每天语气轻松却雪中送炭的一份午餐，我永远记得惶然无措时来自姐姐的坚定支持，我永远记得你在那个午夜的一个个鼓励的字句。谢谢你，姐姐，做你的妹妹是我这段时间最大的收获。谢谢孙阳师姐对我一直以来的支持，你是一位出色的领导者、一个充满责任感的大姐姐、一个善良的母亲、一个优秀的教师、一个永不服输的强者。谢谢我的同学和兄弟姐妹，论文的全部施测工作是由田金来、丁相玲、李璐、曲崴、邱阳、张剑、于文思这些可爱的师妹们和张晓梅姐姐帮助完成的，谢谢你们忍受难吃的盒饭和孩子们的调皮不配合，谢谢你们牺牲自己的休息时间帮助我完成这个不可能的任务。实验的全部图片得益于谢剑炜师弟、赵佳旭师弟和胡媛艳的大力帮助，谢谢你们及时高效的帮助。谢谢我的大学同学张豹和师弟邓小平，帮助我理顺了数据处理的许多棘手的问题，并且在许多方面都给了我宝贵的帮助，谢谢你们，我的智囊团。

谢谢师大附属幼儿园的张立新大姐，各个班级的超过二十位老师。是她们的付出才使我们获得了宝贵的实验数据，各位老师辛苦了，感谢你们。

我人生中最幸福的事情是从事儿童研究，关注学龄前儿童的发展。感谢所有的孩子们，你们是我留下来的动力，是我走进实验室的动力，是我学海苦读的动力。七年间我参与测试的孩子超过 500 人，孩子们真实自然的存在本身，就使得我的所有研究具有了意义和乐趣。谢谢你们，可爱的孩子们，我已许下一个愿望，会为了你们努力去实现。

多年的习惯了，写好一篇文字就会精神百倍，看来今夜无眠了。整理内心、检视过往居然发现了这么多的幸福，这实在是更加幸福的事情。通篇在谈幸福，幸福是什么？在论文住笔之时，我的操作定义是：传递帮助，传递友善，传递宽容，传递快乐。谢谢你们，所有人，完美地注释了幸福。

2010.5.27 凌晨于师大

P. S. 这篇后记写于博士论文定稿那一夜，现在读来仍旧感怀，于是保留下来，附于书底。